A-Z SOUTHAMPTON, PORTSMOUTH & WINCHESTER

CONTENTS

REFERENCE

Motorway	M27
A Road	A27
B Road	B2177
Dual Carriageway	
One-way Street — Traffic flow on A Roads is indicated by a heavy line on the driver's left.	→
Large Scale Pages Only	⇨
Restricted Access	
Pedestrianized Road	
Track	
Footpath	
Residential Walkway	
Railway	Level Crossing / Station / Tunnel
Heritage Railway	Station
Built-up Area	CENTRAL RD
Local Authority Boundary	–·–·–·–
New Forest Boundary	
Posttown Boundary	
Postcode Boundary	

Map Continuation	16 / Large Scale City Centre / 4
Berth Number	101
Car Park Selected	P
Church or Chapel	†
Dock Gate Number	⑧
Fire Station	■
Hospital	H
House Numbers — A & B Roads only	83 96
Information Centre	i
National Grid Reference	⁴45
Police Station	▲
Post Office	★
Toilet — With facilities for the Disabled	▽ / ♿
Educational Establishment	
Hospital or Hospice	
Industrial Building	
Leisure or Recreational Facility	
Place of Interest	
Public Building	
Shopping Centre or Market	
Other Selected Buildings	

SCALE

Map Pages 8-149 1:14,908 4¼ inches to 1 mile	Large Scale Map Pages 4-7 & 150 1:7,454 8½ inches to 1 mile
0 ¼ ½ Mile	0 ⅛ ¼ Mile
0 250 500 750 Metres	0 100 200 300 Metres
6.708 cm to 1 km / 10.8 cm to 1 mile	13.42 cm to 1 km / 21.59 cm to 1 mile

Geographers' A-Z Map Company Ltd.

Head Office:
Fairfield Road, Borough Green, Sevenoaks, Kent TN15 8PP
Telephone 01732 781000 (General Enquiries & Trade Sales)

Showrooms:
44 Gray's Inn Road, London WC1X 8HX
Telephone 020 7440 9500 (Retail Sales)

www.a-zmaps.co.uk

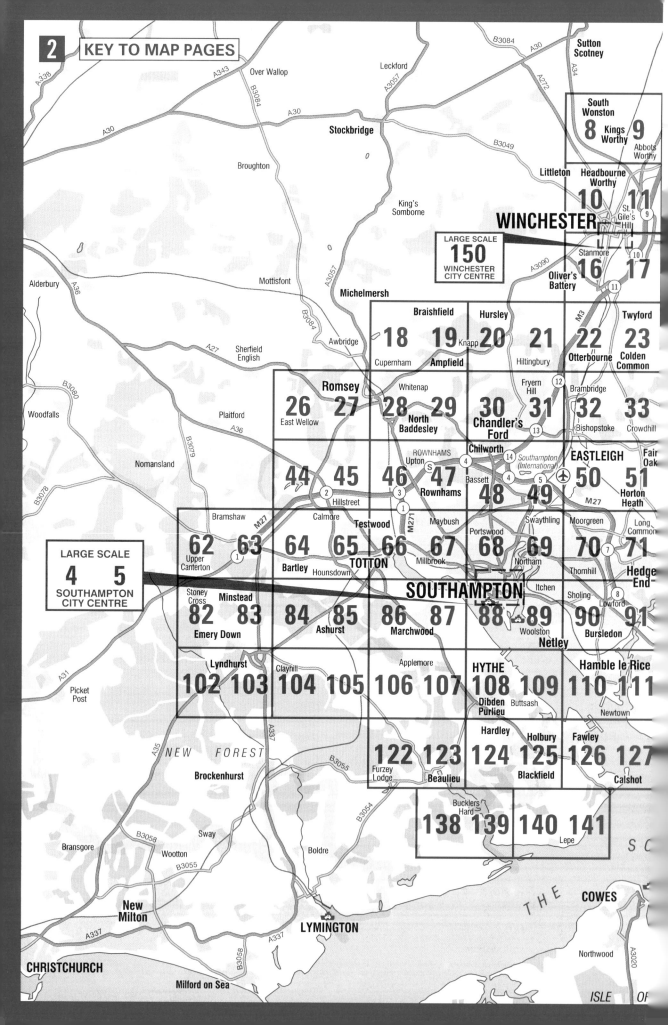

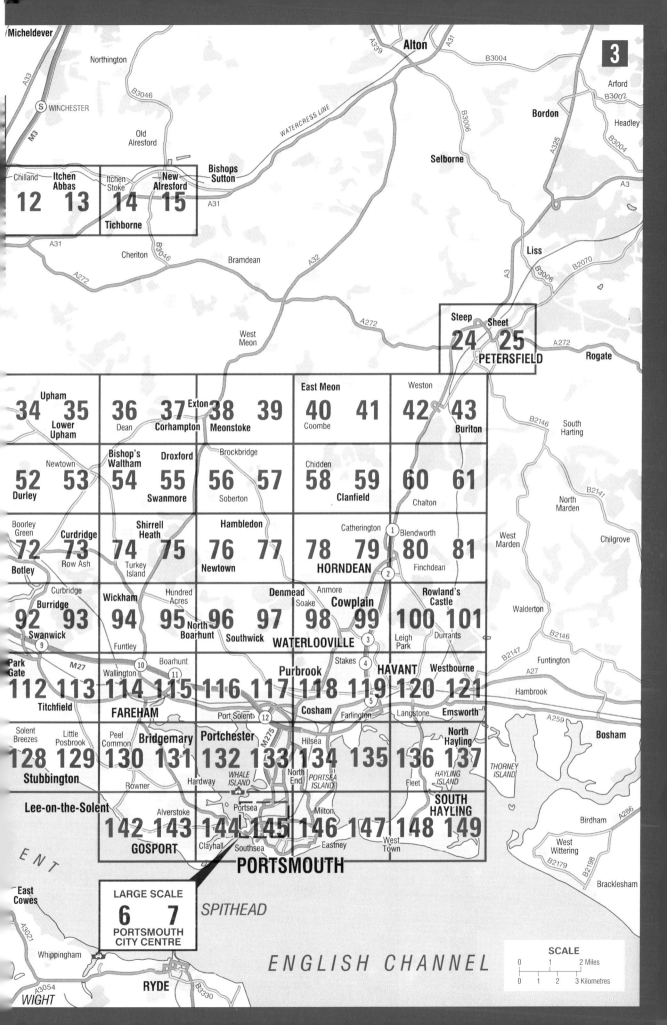

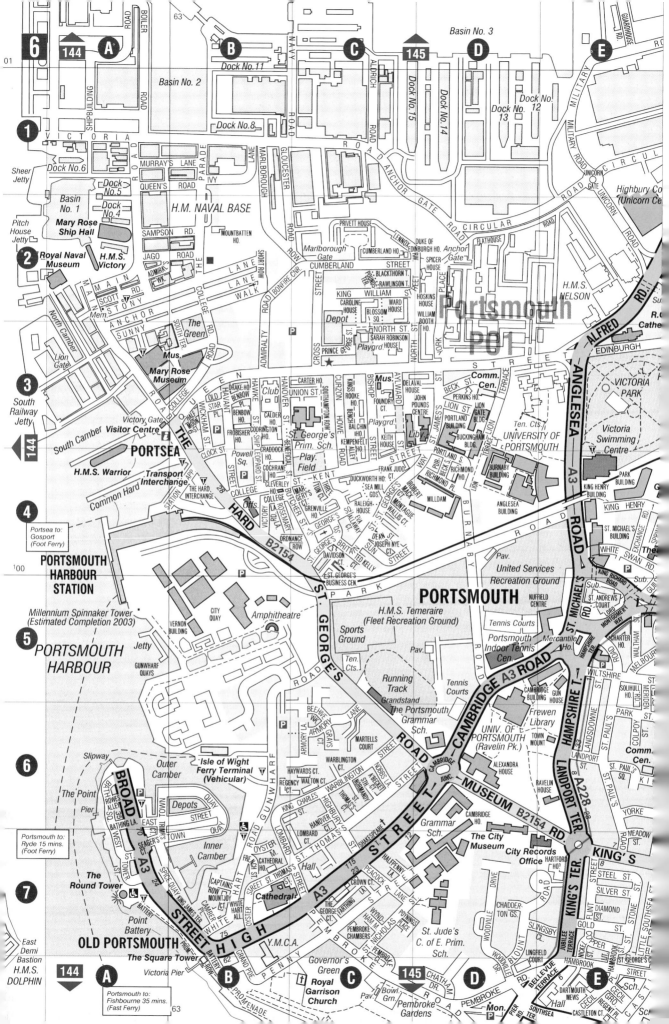

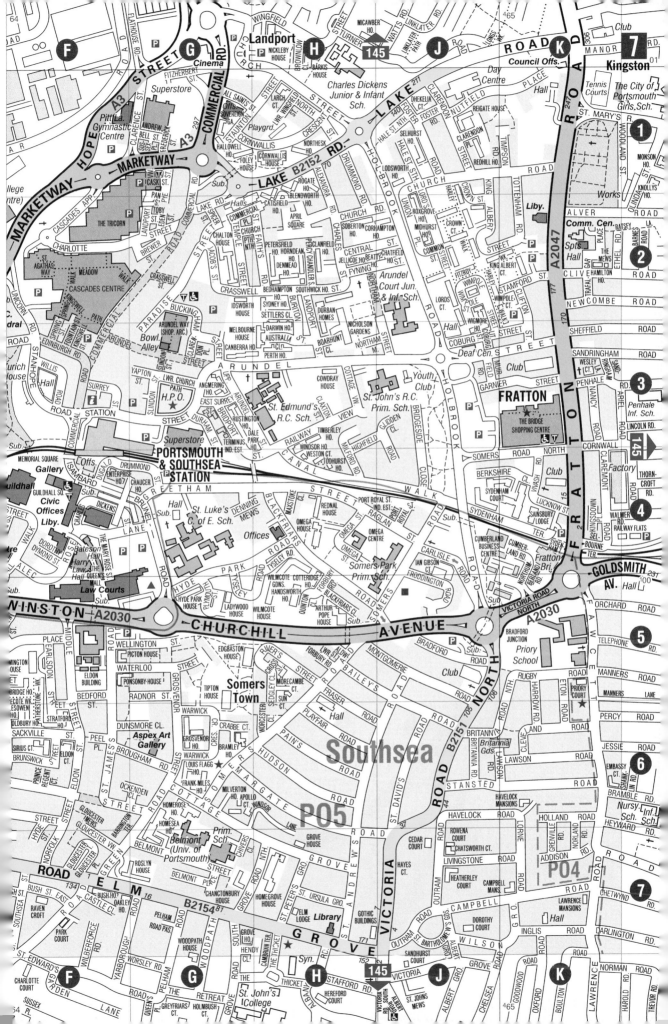

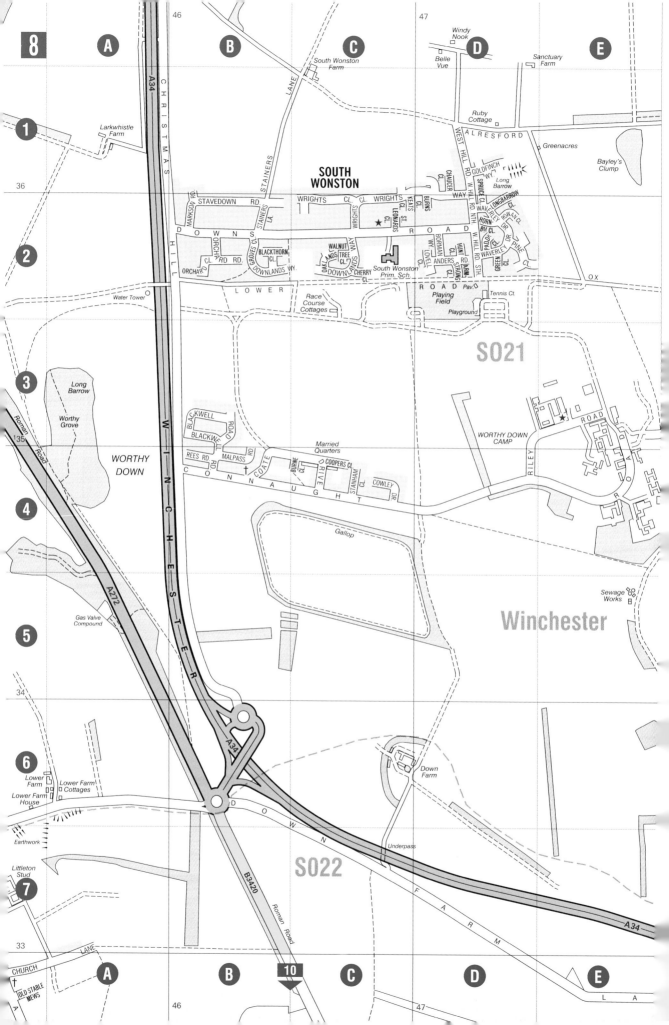

9

F   G   H   J   K

1
2
3
4
5
6
7

48   49   450

DROVE

Reservoir (covered)

Burnt Wood 36

OLD STOKE ROAD

Wallers Ash

ALRESFORD

DROVE

STOKE

Southridge Copse

WALLERS ASH TUNNEL

DROVE

CHARITY

Kingsway Farm

Little Stoke

Depot

North Winchester Farm

135

Railway Cottages

Southstoke Farm

Burntwood Cotts.

Yearly Cotts.

Burntwood Farm

Down Farm

ROAD

CLOVER BANK

VALE WY

KINGS CL

A34

ROAD

Burntwood Cottages

THE PASTURES PASTURES

ROBERTS CL

Bank Fm.

Bull Farm

Abbots Worthy

34

DROVE

CUNDELL

LARCH CL

CEDAR CL

MAPLE DR

FIRS CL

HOOKPIT FM. LA.

ILEX CL

LABURNUM DR

CASTLE RISE

NICK BURGH RD

CHURCHILL CL

ELIZABETH CL

BURGH RD

SOMERVILLE RD

WEST FIELD RD.

FRASER RD.

SYCAMORE DR.

BROOKE CL

FORBES

MOUNTBATTEN PL

SHERBROOKE

Copse Farm

Depot

Meadow Farm

ROMAN ROAD

A33

Springvale

SO23

TUDOR WY

BOYNE

HAYDN CL

H.R. WOOD RD

POUND RD

ROAD

TOVEY PL

VIAN PL

RAMSAY RD

WESLEY RD

Rec. Grd.

CEDAR WOOD

SNIPES CL

GILL-INGHAM CL

ROAD

LEGION LA.

VALE

MEADOWLAND

BOYNE MEAD RD

FIELD END WAY

HOLDAWAY

ST. SAMPTON WAY

LOADER CL

Club

Recreation Ground

Playground

Hinton Cott.

Woodhams Farm

King's Worthy Prim. Sch.

The New House

BY-PASS

F   G   H   **11**   J   K

SPRINGVALE AV.

NATIONS

PRINGS

BENTLEY CL

ST. NICHOLAS RISE

MORTIMER CL

LYNN WY

CAMPION

FILMER DR

Hinton House

HILL

HINTON

KINGS WORTHY

Worthy Park

Wood

Worthy Park

BASINGSTOKE

PARK LA.

OLD RECTORY GDS.

WORTHY PARK

33

450

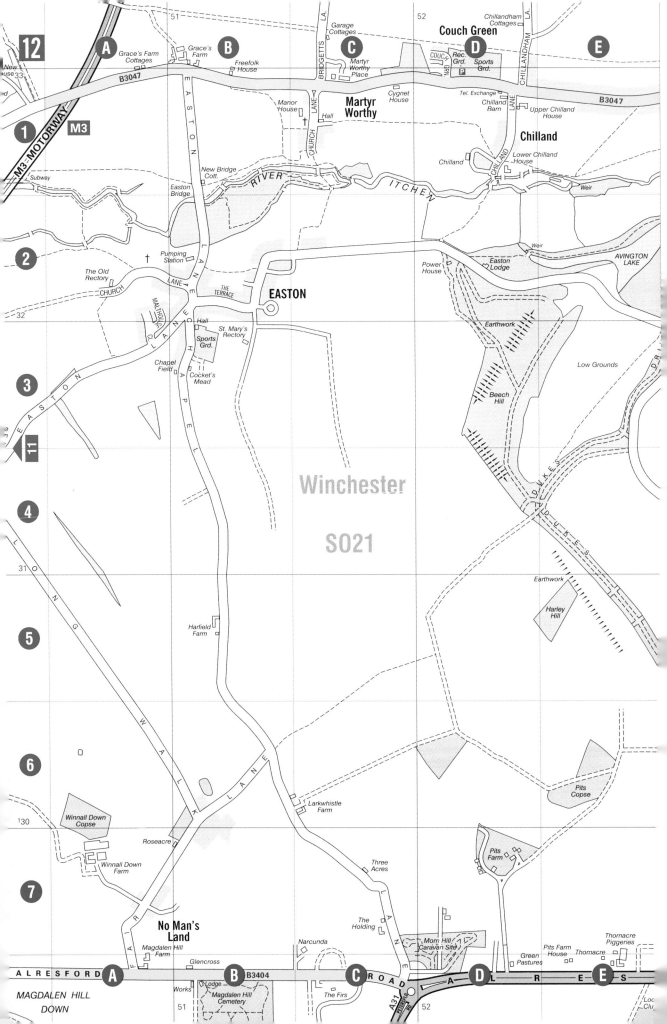

12

A
B
C
D
E

New House 33

B3047

M3 MOTORWAY

M3

1

Subway

The Old Rectory

CHURCH LANE

32

2

Pumping Station

MALTHOUSE LANE

EASTON LANE

Grace's Farm Cottages

Grace's Farm

Freefolk House

Manor House

Hall

CHURCH LANE

BRIDGETTS LANE

Garage Cottages

Martyr Worthy Place

Martyr Worthy

Cygnet House

New Bridge Cott.

Easton Bridge

RIVER

The Terrace

EASTON

Couch Green

COUCH GRN

P

Rec. Grd.

Sports Grd.

Tel. Exchange

Chilland Barn

CHILLANDHAM LA.

Chillandham Cottages

B3047

Upper Chilland House

Chilland

Chilland

Lower Chilland House

Weir

ITCHEN

Power House

Easton Lodge

AVINGTON LAKE

Weir

3

CAPEL LANE

Hall

Sports Grd.

Chapel Field

Cocket's Mead

St. Mary's Rectory

Earthwork

Beech Hill

Low Grounds

DUKES DRIVE

11

Winchester

SO21

4

LONG WALK LANE

31

Earthwork

Harley Hill

5

Harfield Farm

6

130

Winnall Down Copse

Roseacre

Larkwhistle Farm

Pits Copse

Pits Farm

7

Winnall Down Farm

No Man's Land

Magdalen Hill Farm

Three Acres

The Holding

Morn Hill Caravan Site

Green Pastures

Pits Farm House

Thornacre

Thornacre Piggeries

ALRESFORD

A

Glencross

Narcunda

B B3404

Lodge

Works

MAGDALEN HILL DOWN

Magdalen Hill Cemetery

51

The Firs

C ROAD

A31

PETERSFIELD RD

D

LANE

R E E S

E

52

ITCHEN ABBAS
Railway Cottages
HAZELDENE GDS.
STATION CL.
STATION APPROACH
OLD STATION RD.
NORTHINGTON RD.
SCHOOL LA.
Itchen Abbas Prim. Sch.
Works
STATION HILL
SHELLEY CL.
HAYES LA.
Itchen Abbas Ho.
Clock Cottage
Winton Cottages
Abbey House
RECTORY LA.
BARING CL.
The Elms
Fish Farm
Fish Farm
Park Farm
B3047
Itchen Abbas Manor
Waterfall
Avington Lodge
THE PARK GOLF COURSE
Chalk Pit
Club House
Earthwork
Avington House
The Pavilion
The Rectory
AVINGTON PARK
Pinder Centre
Lonsica
The New Houses
Avington
The Row
TEMPLE
West Hill Dairy
Yavington Farm Cottage
Yavington Farm
LOVINGTON LANE
Yavington Mead
Lovington House
Lovington Cottages
DRIVE
Gospel Oak
Bushy Close
Alresford
SO24
HAMPAGE WOOD
Hampage Farm
TEMPLE DRIVE
Bottle Cottages
Avington Manor Farm
DRIVE
New Cottages
New Cottages
A31
ROAD
Matterly Farm
Barley Down Cottages
The Bungalow
Barley Down House
Little Hampage Wood
DRIVE
Duke's Lodge
ORD
Turnpike Cottages
F G H J K
1 2 3 4 5 6 7
14
53 54 455 33 32 31 30

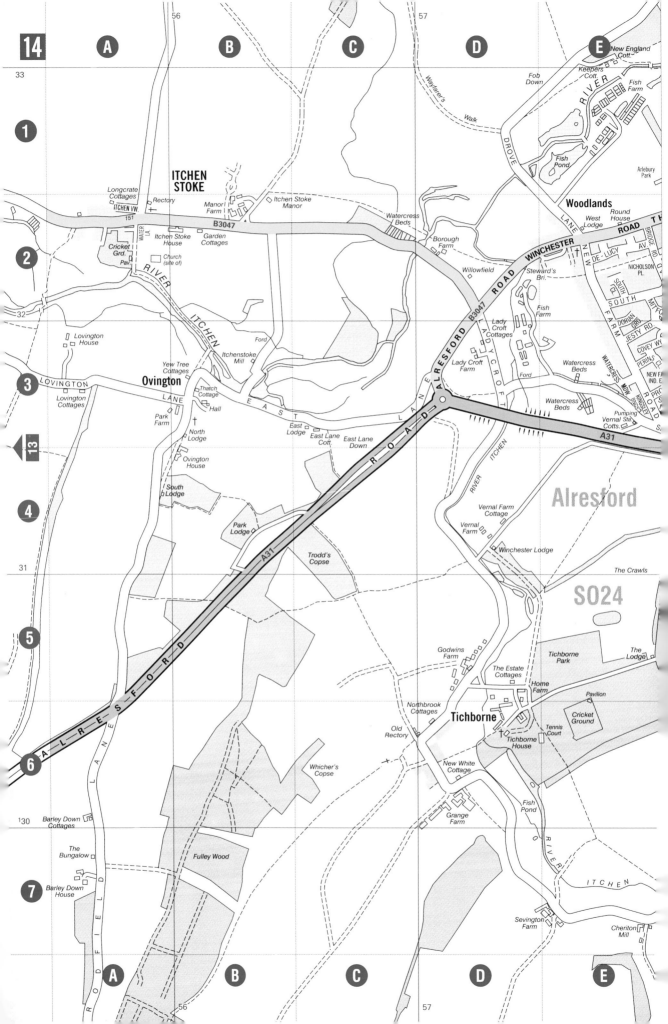

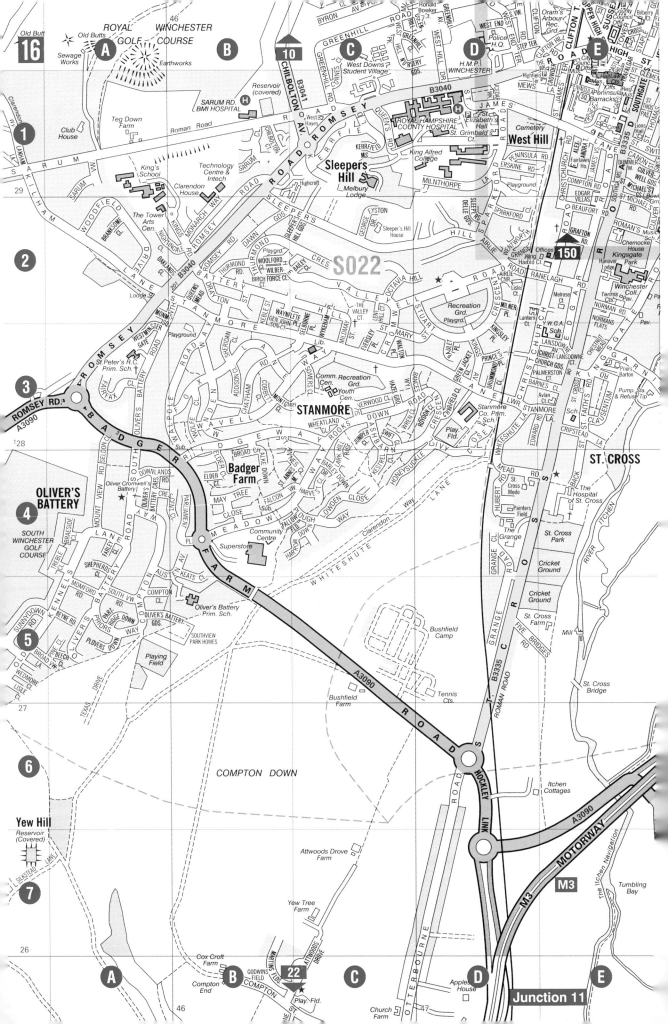

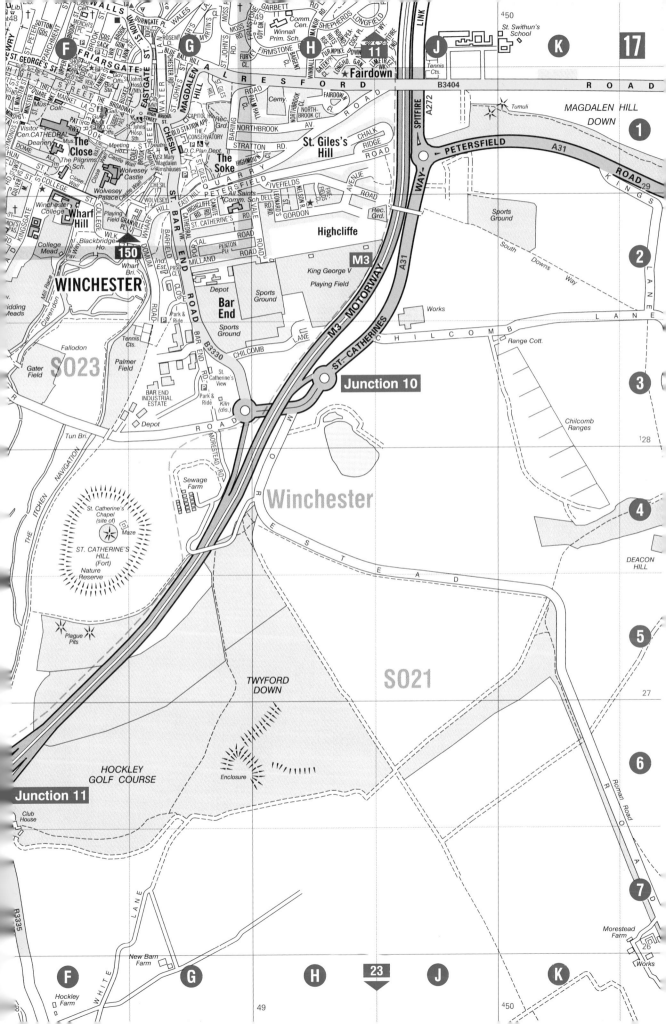

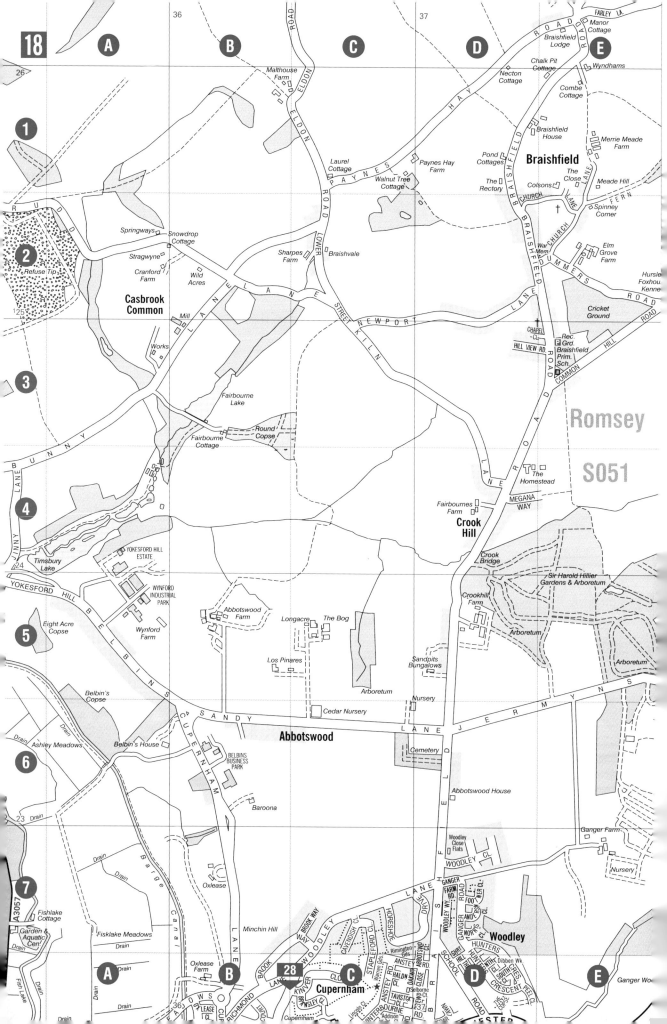

F   G   H   J   440   K

38   39   440

Upper
Slackstead

Upper Slackstead
Farm

Dores
Copse

1

26

Broom
Hill
Copse

WINCHESTER TEST VALLEY

Fern Hill
Copse

Fern Hill
Cottage

Lower
Slackstead

Orchard
Copse

Slackstead
Manor

Berryhill
Copse

Poultry
Houses

Dell Copse

2

Hawkes
Farm

The
Kennels

Churchers
Barn

Woolley
Green Farm

Ampfield
Wood

DOVE LA

125

Pucknall
Cottage

Pucknall

Oxlease
Copse

Hodge
Copse

Pucknall
House

Pucknall
Farm

3

20

Red Gate

AMPFIELD   WOOD

4

24

Knapp
Hill

5

LANE

Great Close
Row

Jermyns
House

Knapp

Lodge

Nursery

Morleys

Plantation
Copse

Great Close

Hall

KNAPP

Sch

Nursery

Outwood
Lodge

Ampfield
Hill

Tadburn

Ampfield
House

Monkswood
House

Ampfield

Bracken
Wood

LANE

GREEN POND LA

A3090

Redburn
Farm

6

23

Fishery and
Fish Farm

STRAIGHT

MILE

A3090

South Holmes
Copse

Lower
Farm

Club House

Sports
Ground

AMPFIELD
GOLF COURSE

POUND

LANE

Gosport
Farm

7

Woodlands

Drain

Bramble
Cottages

Gosport

Purser's
Great
Copse

GREEN

LANE

F   G   H   29   J   K

Crampmoor Farm

GROVELY WAY

LANE

Green Lane
Farm

Oxlease
Copse

38   39   440

26

A Pillinch Copse

Sheephouse Cottage

41

B Anmery Cottages

42

C Anmery Lodge

D

E Chalk Pit

1 Dores Copse

Waterloo Plantation

Cromwell House

Sunlight Cottages

Home Farm

Hursley Park

Recreation Ground

Vicarage

2

Home Farm Row

Rifle Range

Pavilion

Sports Ground

Hursley

Pelican Ct

125

Sports Ground

Hall

3

Tennis Court

Pavilion

Cricket Ground

The Keble Memorial C.of E. Primary School

Little Fir Hill

19

Keeper's Lodge

Ampfield Copse

B3043

Ladwell

4

Hawker's Fir Hill

Portland Bank

Deer Park Farm

Snow's Copse

Fitts Copse

Hawker's Paddock

24

Portland Copse

Square Copse

Bushy Copse

Petty Priest Copse

Red House

Kent's Copse

5 Knapp Hill

RATLAKE

AMPFIELD WOOD

RIDE

LANE

Lower Ratlake Farm

Knapp

Ampfield Plantation

Nevil's Copse

Ratlake

Drain

WINCHESTER

TEST VALLEY

Ampfield

A3090

Ratlake Hall

Lake Court

Purdue's Copse

Ryder's Row

Monkswood House

6

Upper Ratlake Farmhouse

White's Copse

Hawstead Farm

Hocombe

...burn ...rm

Buddy's Barn

Sandpit Copse

Hook Row

Hocombe Upper Plantation

23

Ampfield Common Piece

Broadgate

Romsey SO51

Nursery

Rothville Pl.

HOOK WATER CL.

Hook Water Rd

HOCOMBE

TITHEWOOD CL.

7 Purser's Great Copse

Bluebell Copse

HOOKWOOD LA.

WOODLEA WAY

HOOK WATER CRESCENT

HOCOMBE WOOD

B3043 ROAD

DRIVE

HOCOMBE DR.

Great High Trees

A

Broadgate Clump

B

30

...Copse

C

BEECHWOOD

BEECHWOOD CLOSE

BEECHWOOD

D

Hursley Ct.

HILTINGBUR...

E

41

42

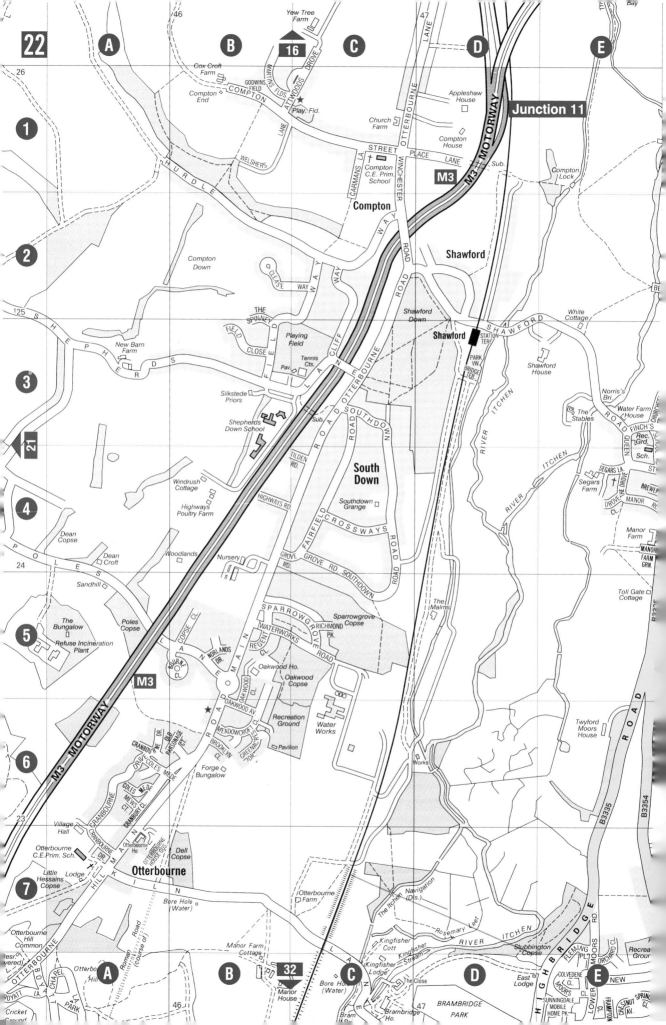

Morestead Works
Farm 26

New Barn
Farm

Hockley
Farm

Hazeley
Down

Hazeley Down

Hazeley Down
House

Hockley
House

B3335 COX'S

WHITE

Twyford
Lodge

ROAD

COLES CL.

NEWTON

PENTON R.
RD.

KINGS

FRANK
LIN R.

SHIPLEY

North Fields
Farm

Hazeley
Cottages

Hazeley Farm
Cottages

Maytrees

Hazeley

1

2

125

Gates

CHURCH

HILL

STREET

CHURCH LA.

OLD RECTORY LA.

BOURNE

BOURNEFIELDS

NORTH FIELDS

Twyford
School

Orchard
Close

Works

Hazeley
Farm

3

RD CHURCH FLDS

THE AV.

THE CRES

LANE

Twyford

HAZE

LANE

Littlebourne
Cottage

EWATLEY

LANE

Hazeley Copse

DOLPHIN
HILL

ROMAN
ROAD

NURSE'S PATH

Bowling
Green

Littlebourne

LOVE

LANE

Roundbushes
Copse

4

HIGHFIELD

HIGHFIELD AV.

PARK
LANE

Beechborough

P

Roman Villa
(site of)

Tennis
Courts

Knighton
Lodge

Cricket
Ground

LANE

Cockscomb
Hill Farm

Colleton
House

Recreation
Ground

Knighton

Keepers
Cottage

WATLEY

Cockscomb Hill
Copse

24

HARE

Winchester

LANE

Gabriel's
Copse

LANE

5

Mayfield

SO21

North
Copse

6

ODLAND

DROVE

Park Farm

Hill View
Farm

Meadow View
Poultry Farm

23

Dell

Colden
Covert

HENSTING

7

Taylor's
Copse

Colden
Common
Park

PARK COPSE

Houndacre
Row

Hensting
Farm

Hensting Farm
Cottages

The
Meadows

LANE

MAIN RD

Hall

BOT

LANE

Nordeg

Tan... ood
Equestrian
Centre

33

Park
Cottage

THO

WATER

LANE

West

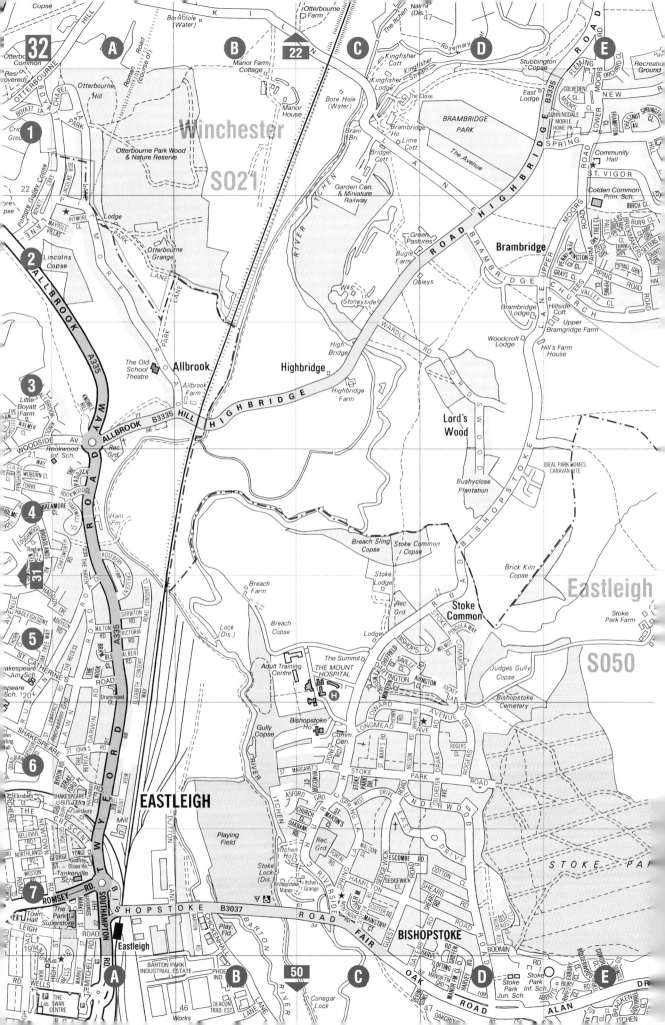

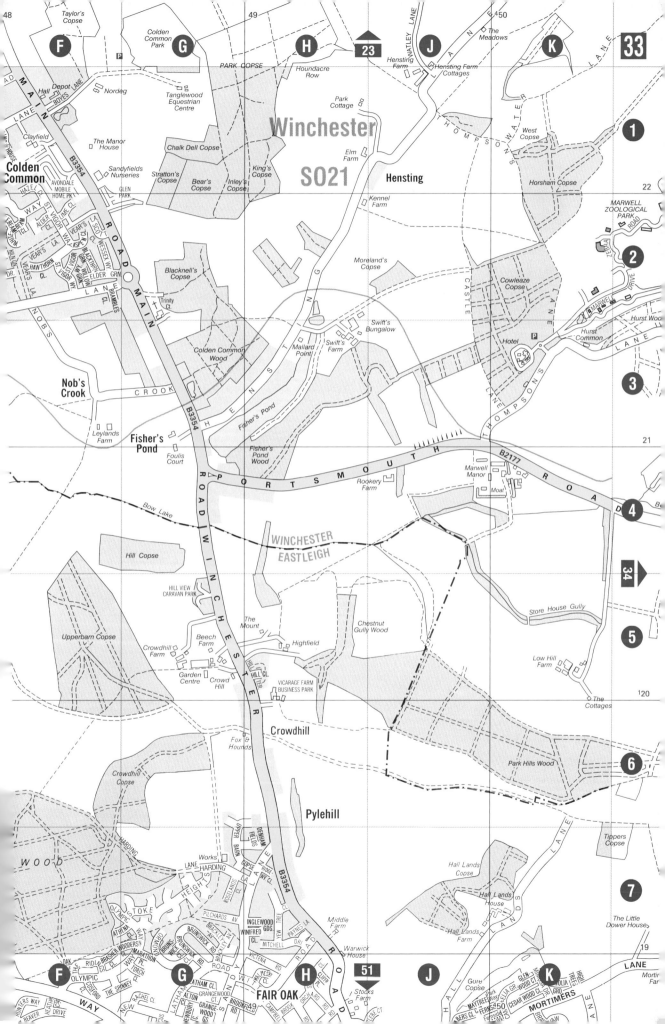

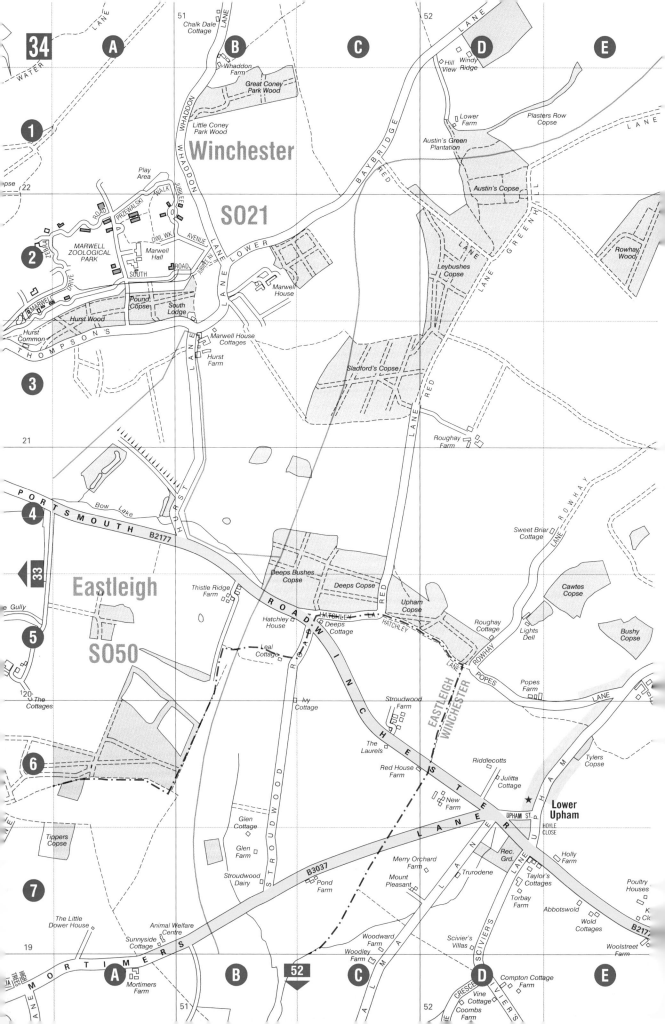

A B C D E

1

Stony Hard Cottages
Hazards Copse
Middle Preshaw
Preshaw Wood

Priest Wood

22

Belmore House

Lower Preshaw Farm
Little Preshaw
Betty Mundy's Cottages

2

Ower Farm

Sargeant's Copse

3

Stephen's Castle Down

21

Southampton

St. Clair's Farm

4

SO32

Hazel Copse

Dean Farm Cottages

35

Beech Copse

Franklin Farm

5

Dean Farm

CORHAMPTON DOWN

Street End

120

Street End Farm

Buryfield Farm

Cleverly Cottages

Strete End

6

Rid

Oatfield Bungalow

7

Highfield Farm

Gilbert's Knapp

Claytons

Beech Close

LIMEKILN

Dean

Little Ashton Lane

Poultry Houses

Grove Farm

Meadowbank

The Hangers

Hill Top Farm

Poultry Houses

Galley Down

Suettes Farm

19

Margaret

Poultry

A B C D E

54

B3035

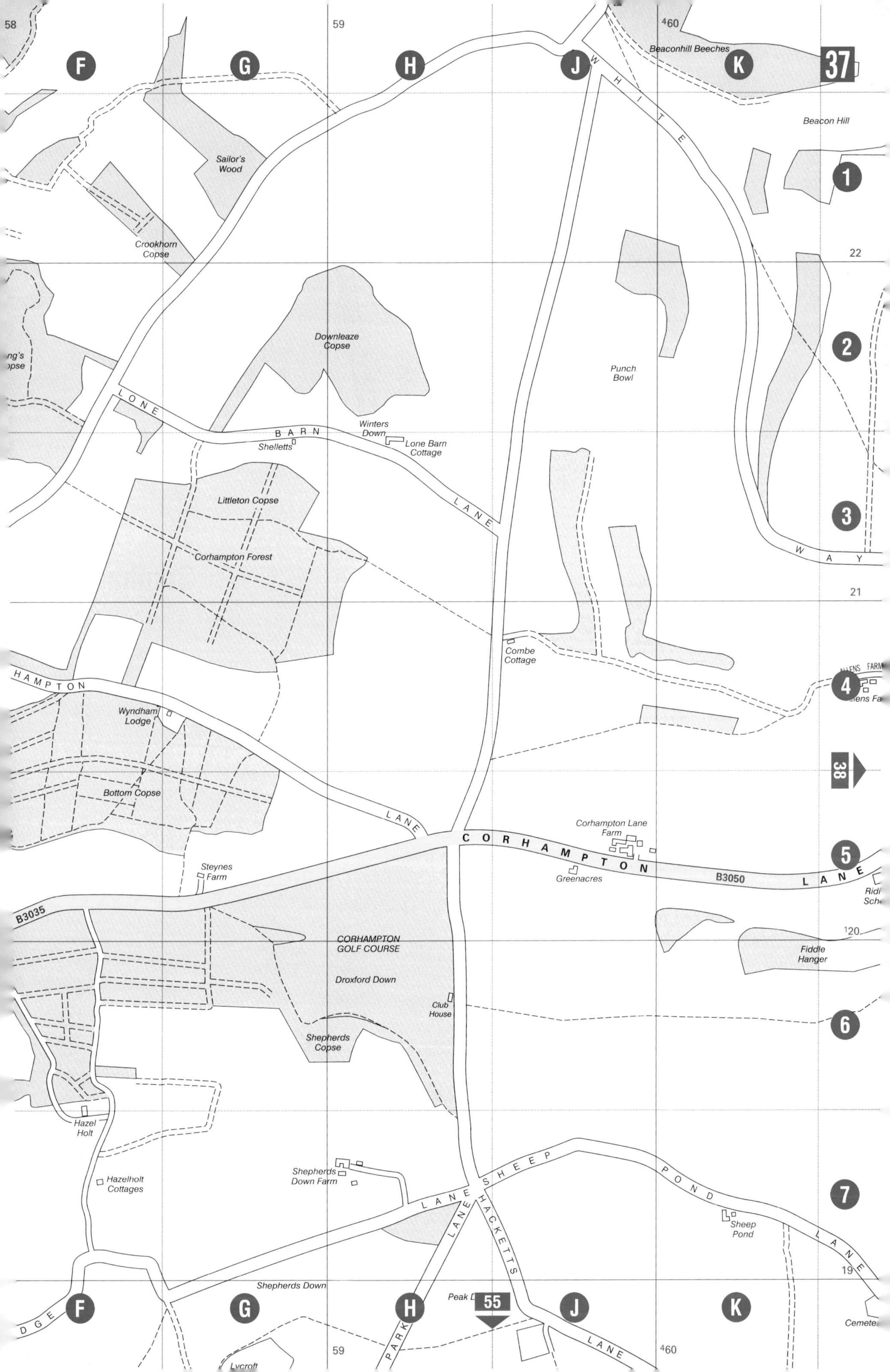

58
59
460
37

Beaconhill Beeches

Beacon Hill

1

Sailor's
Wood

Crookhorn
Copse

22

Downleaze
Copse

Punch
Bowl

2

LONE

ng's
opse

BARN

Winters
Down

Shelletts

Lone Barn
Cottage

LANE

3

WAY

Littleton Copse

21

Corhampton Forest

Combe
Cottage

HAMPTON

ALLENS FARM

Allens Fa

4

Wyndham
Lodge

LANE

38

Bottom Copse

Corhampton Lane
Farm

CORHAMPTON

5

Steynes
Farm

Greenacres

B3050

LANE

Ridi
Sch

B3035

**CORHAMPTON
GOLF COURSE**

120

Fiddle
Hanger

Droxford Down

Club
House

6

Shepherds
Copse

Hazel
Holt

SHEEP

POND

Hazelholt
Cottages

Shepherds
Down Farm

LANE

Sheep
Pond

7

LANE

LANE

HACKETTS

19

DGE

F G H J K

Shepherds Down

Peak D

Cemeter

Lycroft

59

460

F   **G**   **H**   **J**   **K**   **39**

63   64   465

OLD

WINCHESTER HILL LANE

WINCHESTER HILL LANE

OLD

WINCHESTER

EAST HAMPSHIRE

1

22

ROAD

Lower Peake Cottage

Bullshead Copse

Whitewool Pond

2

Peake Farm

Peake Wood

Whitewool Lodge

Whitewool Farm

LANE

Roll's Copse

3

21

Petersfield

Old Winchester Hill Nature Reserve

GU32

4

Old Winchester Hill

Old Winchester Hill Fort

The Seven Wells

Castle Cottages

40

5

120

END   LANE

Stocks Cottage

Waterlooville

6

Stocks Farm

LANE

Teglease Down

Little West End Farm

PO7

Teglease Copse

7

19

F   **G**   **H** Westend Down **57**   **J**   **K**

64   465

Sheepbarn

Teglease

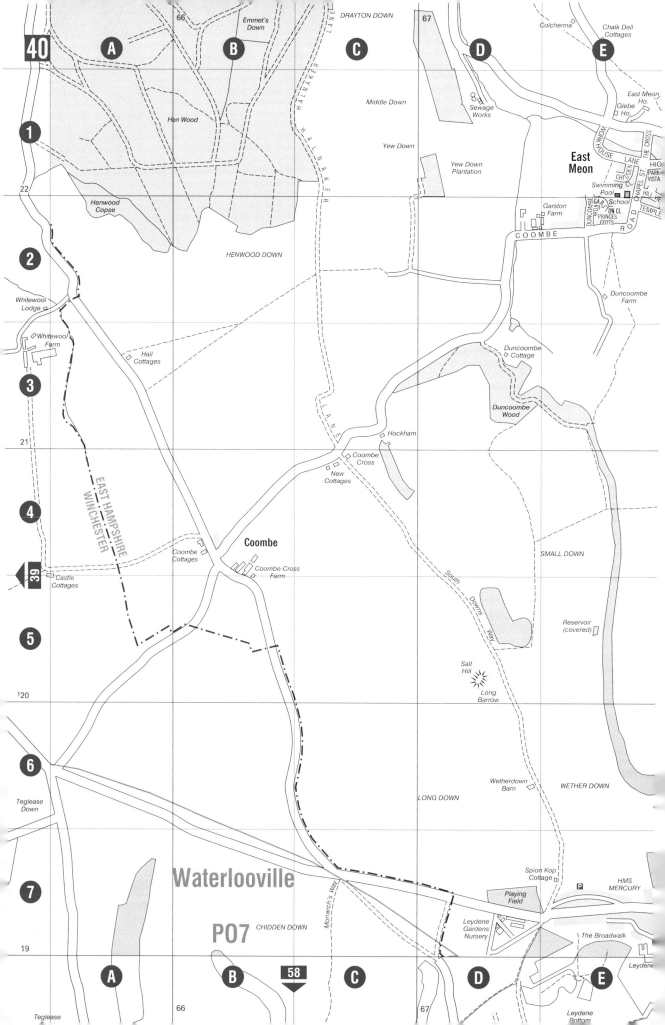

A   B   C   D   E

1

2

3

4

39

5

6

7

A   B   58   C   D   E

66   67

DRAYTON DOWN

66   67

Emmet's Down

Hen Wood

22

Henwood Copse

HENWOOD DOWN

Middle Down

Yew Down

Yew Down Plantation

Colchenna   Chalk Dell Cottages

East Meon Ho.
Glebe Ho.

East Meon

Sewage Works

WORK HOUSE LANE   THE CROSS

HIGH

PARK VISTA

Swimming Pool

School

Garston Farm

COOMBE

DUNCOMBE ROAD

GAR. PRO.
PRINCES COTTS

ON CL.

CHIDDEN

CHAPEL ST
HILL VIE
TEMPLE

Duncoombe Farm

Whitewool Lodge

21

Whitewool Farm

Hall Cottages

EAST HAMPSHIRE
WINCHESTER

Hockham

Coombe Cross

New Cottages

Duncoombe Cottage

Duncoombe Wood

4

Castle Cottages

Coombe Cottages

Coombe

Coombe-Cross Farm

SMALL DOWN

South Downs Way

Reservoir (covered)

5

120

Salt Hill

Long Barrow

6

Teglease Down

Wetherdown Barn

WETHER DOWN

LONG DOWN

Waterlooville

P07

7

CHIDDEN DOWN

Monarch's Way

Spion Kop Cottage

Playing Field

P

HMS MERCURY

Leydene Gardens Nursery

The Broadwalk

Leydene

19

Teglease

66   67

Leydene Bottom

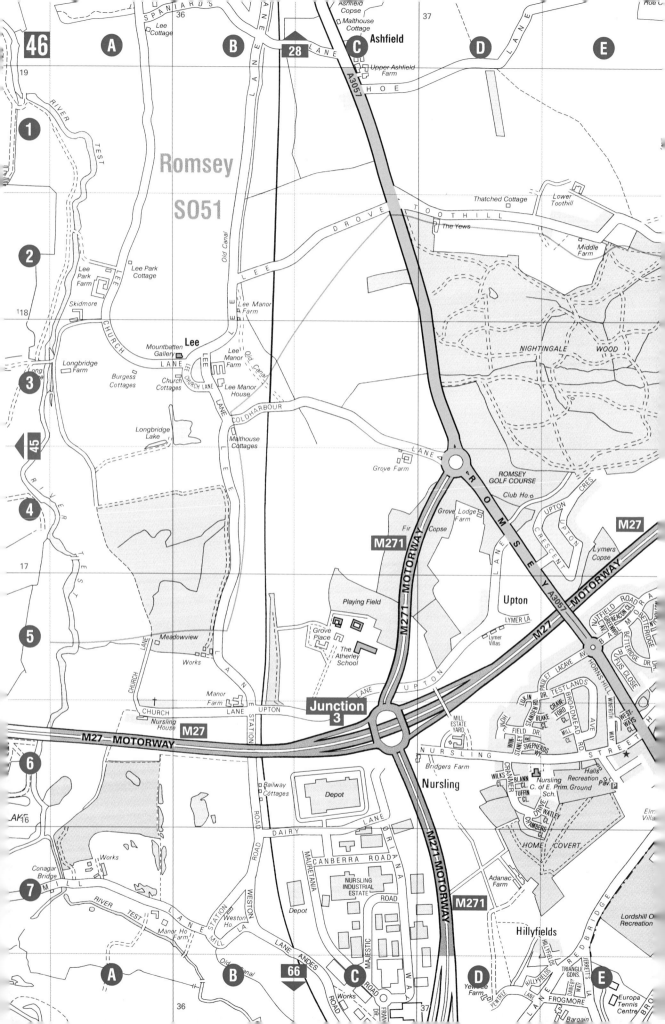

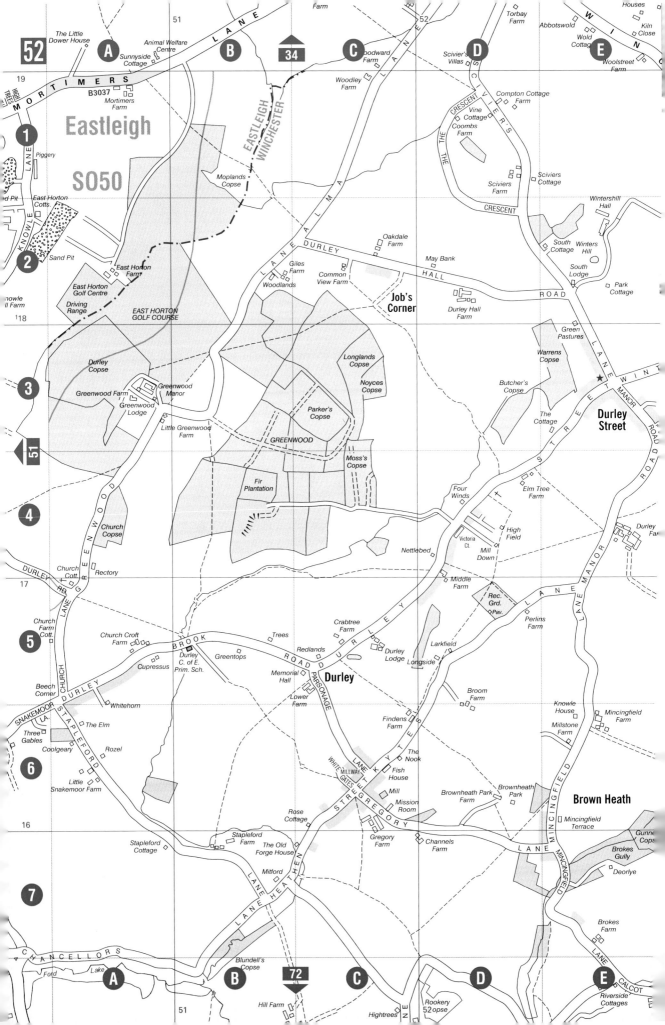

F **G** **H** **35** **J** **K** **53**

Down Farm
The Bungalow
Lower Lodge
Limmers
The Homestead
Meadowview
Bucklands
Kimbers Copse
Glendale
Wintershill Farm
Oak Tree Cottage
Tolgate House Farm
Wintershill
B2177
HESTER STAKES LANE

CROSS LANE

Old Farm
Little Manor
Little Ashton Farm
Ashton Cottage
Ashton
Thimble Cottage
Becketts Farm
Yew Cottage
Dell Cottage
Cross Lanes Farm
Park Dairy Farm
The Cottage
Applegarth
Sunny Hill House
Ashton Stoke Cottages
Wingham Ho.
The Hawthorns
ASHTON CLOSE
CHURCHILL
MARLOW
Northfield CL.
HRMTGE CL.

Gilbert's Knapp
Ashton Farm
455
Ermans Farm
Suettes Farm
SHIPCOTE LA.
BEECHES LA.
19
Poultry Houses
Vernon Hill House
VERNON
Green Oaks
Elberry Farm
Works
Roke Farm
Green Gables
Ivy Cottage
Barrule
Works
Northbrook Farm
Northbrook
118
VERNON HILL
VERNON CL.
Tennis Court

1
2
3
4

Southampton

SO32

Manor Terrace
Manor Cottages
Park View
Trullingham Farm
Laurel Farm
Trixacre
Woodlea Nursery
Albany Farm
ALBANY CT.
ALBANY DR.
ALBANY
SISKIN CL.
HAWK CL.
KESTREL CL.
MKLARD CL.
AMBLESIDE
Newtown
Newtown Farm
PARK RD.
THE AVENUE
LEOPOLD DR.
PRINCES CLOSE
VICTORIA WAY
OLD SCH. CL.
ELIZABETH
Playing Field
Tennis Cts.
Pavilion
Playing Field
Priory Ct.
Cunningham Ho.
Victoria Bldgs.
THE PRY.
MARTIN ST.
MAR... ST.
ALBERT RD.
BATTERY HILL
CLAYLANDS RD.
CUNNINGHAM
CLAYLANDS CT.
CLAYLANDS
BLANCHARD RD.
LANGTON
GREENS
Clayands Training Ground
POTTERY
CLAYLANDS RD. IND. EST.
MERLIN CL.
CUNNINGHAM
MERLIN
CLAYLANDS RD.
Works
ANDREWES CL.
BEAUFORT DR.
DENE
MINTER CL.
BROOKLANDS RD.
GARFIELD
GARFIELD CL.
ORANVILLE
LOWER LANE
Court Off...
...rks
Lib.
ROMAN ROW
ST. PETER'S CL.
MIDBRK.
BROOK ST.
BANK
CROSS ST.
BASINGWELL ST.
HOUCHIN ST.
LITTLE SHORE LA.
ST. GEORGE'S SQ.
MALT LA.
SOUTHFIELDS CL.
STATION RD.
STATION RD.
River Hamble
BISHOP'S LANE
Mill
Bishop's Palace (remains of)
Palace Ho.
BISHOP'S WALTHAM
Play. Fld.
Road
P
Rec. Grd.
SHORE LA. W.
COPPICE HILL W.
B2177
Coppice Hill
COPPICE HILL
17
TANGIER LANE
PONDSIDE
PONDSIDE LA.
MORLEY RD.
B3035
ROAD

5
6
7

Tangier Farm
Lodge Copse
Works
Thickets Farm
Thickets Farm Cott.
Thickets House
Thickets Hill
The Bungalow
Brooklands Farm
Park Lane Cottage
Poultry House
Halland Croft
Park Ho.
Crossways
St. Swithens
Townfield
Locks Farm
Weir and Sluice
Depot
Three Oaks
Sewage Works
B3035
ROAD
HAMBLE
Ford
16
RIVER HAMBLE
BOTLEY
Brokes Copse
Treefield Farm
Fir Tree
Calcot Row
Harfields Bungalow
Glebe Farm
Glebe
Yewtree Farm
...ns Farm House
RIDGE LANE

F **G** **H** **73** **J** **K**

Calcot House
Foxburrow
54
455
Woodman's

Teglease
Copse

465

Westend Down

Sheepbarn
Copse

Teglease
Farm

1

Teglease
Cottage

2

Poultry
Houses

Reservoir

Stoke
Wood

Little
Sheardley
Wood

Great
Sheardley
Wood

118

Big West
End Farm

New
Cottages

3

Ch
F

Wallops
Wood
House

Stockram
Copse

Stoke
Wood

Westend
House

Thatch
Cottage

Dickey
ey's Copse

Wallops
Wood
Parlour

Waterlooville

▶ 58

B2150

Grenville
Hall

Poultry
Houses

Upper
Grenville
Copse

P07

Battlegreen
Cottages

Hook
Cottage

Beckless
Plantation

Chidden Holt
Farm

The
Nook

4

17

Lower
Grenville
Copse

Beckless
Farm

Beckless
Copse

Avoca

Homefield

5

Brooks
Copse

Brook
Cottages

HOME DOWN

Three Corners

B R O O K

Recreation
Ground

Pav.

6

East Hoe
House

Park
House

P
Fa

WINDMILL DOWN

16

Windmill Down
Farm

Coombe
Down

DOGKENNEL

East Hoe
Manor

Tennis
Court

Hambledon
Vineyard

Whitedale
Farm

7

Whitedale
House

Litheys
Hanger

B2150 LANE

Mill Down
Cottage

CHURCH

Hamb
Infa
Sch.

LANE

St Peters
Farm
Folly

465

Fairfield
House

GLIDDEN

LANE

Vicarage

HLY MDW.

58

A B C D E

19

1 Teglease Farm
Teglease Cottage

2

Limekiln Copse

Playing Field

Leydene

Petersfield

GU32

Leydene Bottom

WINCHESTER

EAST HAMPSHIRE

Coombe Wood

118

New Cottages

Grove Copse

Hyden Cottage

Chidden

Lower Chidden Farm

3

Chidden Farm

The Bungalow

Thatch Cottage

Hyden Farm

57

Hermitage Farm

Shuttlecock Cottages

4 The Nook

P07

den Holt Farm

CHIDDEN HOLT

The Peak

5

Park Wood

Cricket Ground
Pav
Monument

Scotland Farm

reation und

6

Park House

Park Farm

Park Cottages

16

BROOK LANE

DOGKENNEL LANE

Whitedale Farm

7

The Hangers

BROADHALFPENNY DOWN

Scotland Cottage

A B C D E

LANE

GLIDDEN LANE

78

HORSEPOST

Poultry Houses

Glidden Farm

HYDEN

MILL LANE

Lone Barn Cottage

40

CHIDDEN

Monarch's W

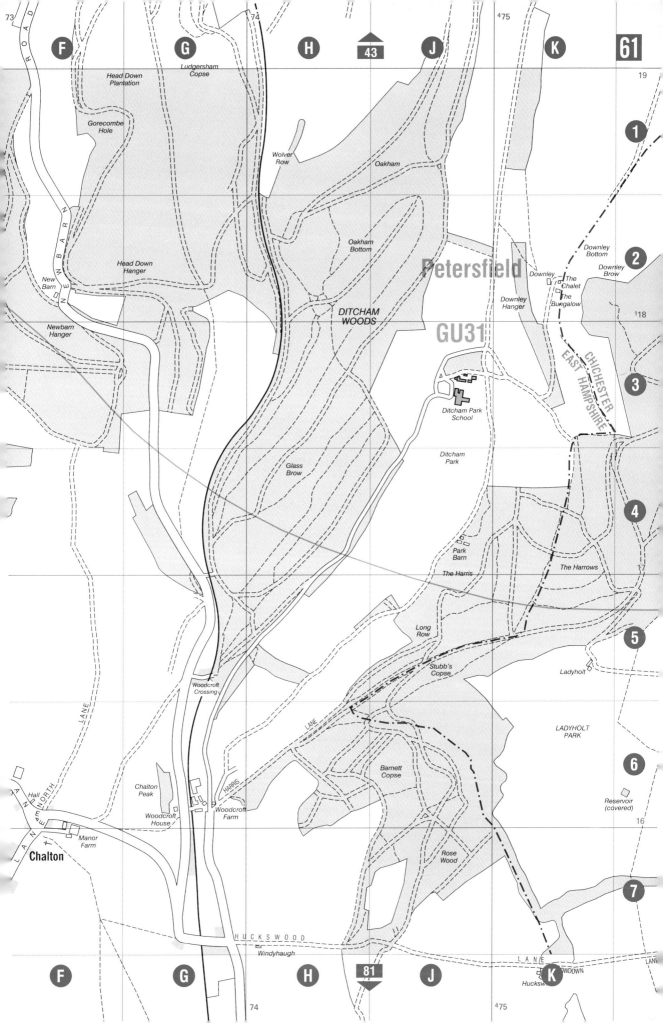

73　　　　　　　74　　　　　475　　　19

Head Down
Plantation

Ludgersham
Copse

Gorecombe
Hole

Wolver
Row

Oakham

1

Downley
Bottom

Petersfield

Downley

Downley
Brow

The
Chalet

2

New
Barn

Head Down
Hanger

Oakham
Bottom

Downley
Hanger

The
Bungalow

118

**DITCHAM
WOODS**

GU31

NEW　BARN

Newbarn
Hanger

Ditcham Park
School

3

CHICHESTER
EAST HAMPSHIRE

Ditcham
Park

4

Glass
Brow

Park
Barn

The Harris

The Harrows

17

Long
Row

5

Stubb's
Copse

Ladyholt

Woodcroft
Crossing

LANE

*LADYHOLT
PARK*

6

Chalton
Peak

Barnett
Copse

Reservoir
(covered)

16

Woodcroft
House

Woodcroft
Farm

HARRIS

LANE

NORTH

Manor
Farm

Rose
Wood

Chalton

7

LANE

HUCKSWOOD

Windyhaugh

LANE

OWDOWN

Hucksw

74　　　　　　　　　　475

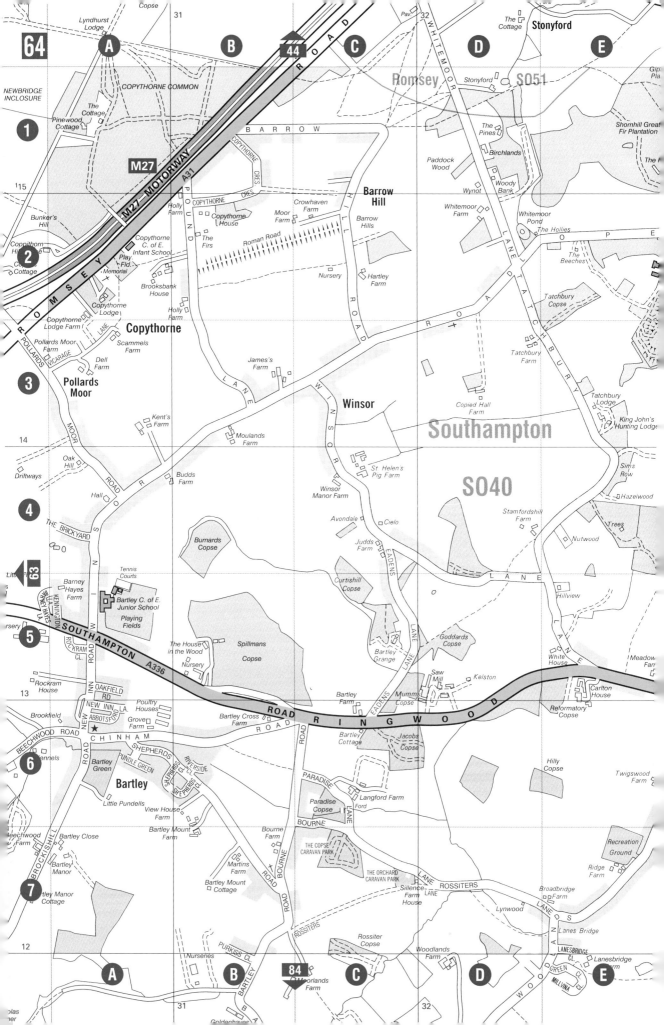

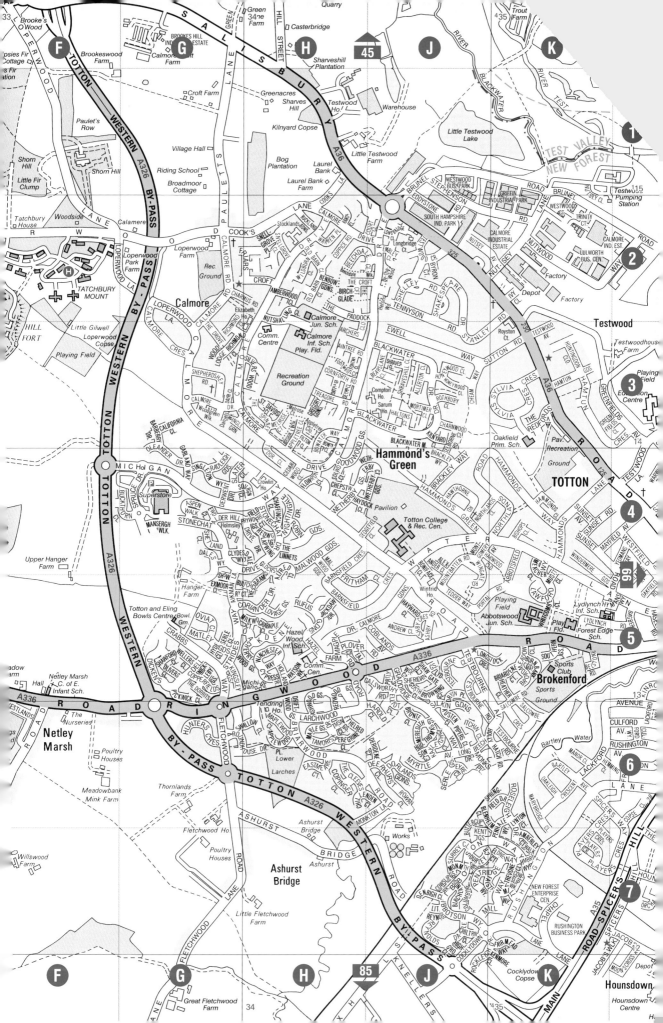

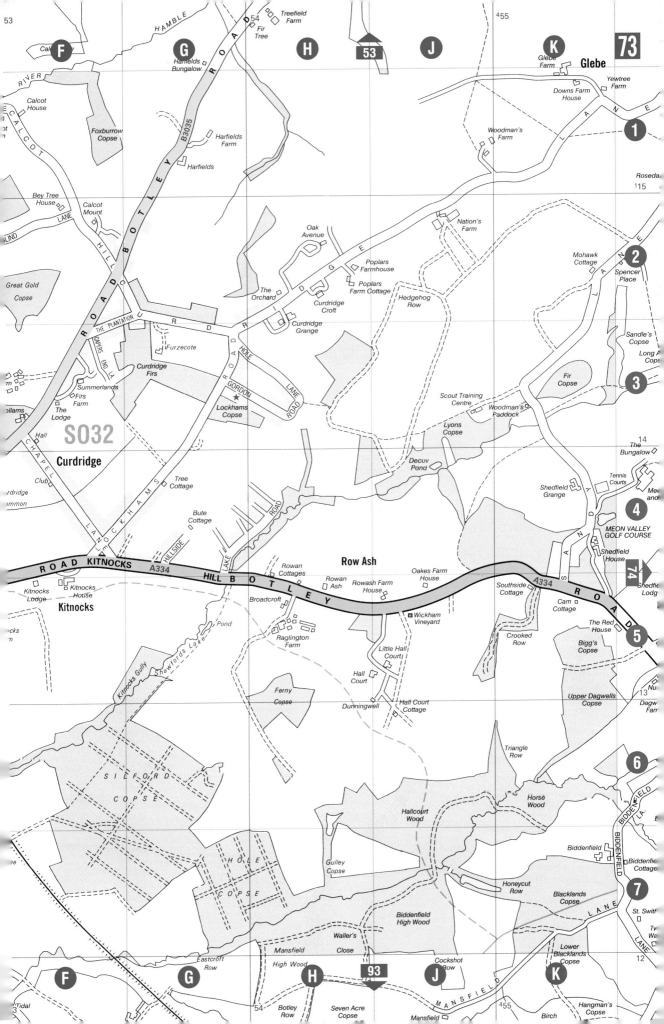

53

455

F

G

H

53

J

K

73

River

HAMBLE

ROAD

Treefield
Farm

54

Fir
Tree

Glebe
Farm

Glebe

Calcot

Harfields
Bungalow

Yewtree
Farm

Downs Farm
House

1

Calcot
House

B3035

Harfields
Farm

Woodman's
Farm

Roseda
115

Foxburrow
Copse

Harfields

CALCOT

Bey Tree
House

HILL

Calcot
Mount

ROAD

Nation's
Farm

Mohawk
Cottage

LANE

Spencer
Place

2

BLIND

Great Gold
Copse

BOTLEY

THE PLANTATION

Oak
Avenue

GE

Poplars
Farmhouse

Sandle's
Copse

Long A
Cops

3

CHAPEL

CURDRIDGE

CAPERS END LA

Furzecote

D

Curdridge
Firs

ROAD

The
Orchard

Poplars
Farm Cottage

Curdridge
Croft

GO

Curdridge
Grange

Hedgehog
Row

Fir
Copse

The
Bungalow
14

GORDON

Lockhams
Copse

HOLE

Scout Training
Centre

Woodman's
Paddock

Tennis
Courts

Summerlands

Firs
Farm

ROAD

Lyons
Copse

Shedfield
Grange

Me
and

4

The
Lodge

Decoy
Pond

MEON VALLEY
GOLF COURSE

Hall

S032

Tree
Cottage

LANE

Shedfield
House

Curdridge

rdridge
mmon

LOCKHAMS

HILLSIDE

Bute
Cottage

LAKE ROAD

74

Shedfie
Lodg

ROAD KITNOCKS

A334

HILL

BOTLEY

Row Ash

Rowan
Cottages

Oakes Farm
House

Southside
Cottage

A334

ROAD

13

Cam
Cottage

The Red
House

5

Kitnocks
Lodge

Kitnocks
House

Broadcroft

Rowan
Ash

Rowash Farm
House

Crooked
Row

Bigg's
Copse

Kitnocks

cks

Kitnocks Gully

Shawfords Lake

Pond

Raglington
Farm

Little Hall
Court

Wickham
Vineyard

Upper Dagwells
Copse

Dagw
Nu

Ferny
Copse

Hall
Court

Dunningwell

Hall Court
Cottage

Triangle
Row

6

BIDDENFIELD

SILFORD

COPSE

Hallcourt
Wood

Horse
Wood

Biddenfield

Biddenfie
Cottage

BIDDENFIELD LA

HOLE

COPSE

Gulley
Copse

Honeycut
Row

Blacklands
Copse

7

St. Swith

Biddenfield
High Wood

LANE

Lower
Blacklands
Copse

Tv
Wa

Eastcroft
Row

Mansfield

High Wood

Waller's
Close

93

Cockshot
Row

MANSFIELD

Hangman's
Copse

12

F

G

H

93

J

K

Tidal

54

Botley
Row

Seven Acre
Copse

Mansfield

455

Birch

Hillpound

F

Hillpound Farm

Woodgreen

Forest Lodge

Chasewood

SWANWICK GOLF COURSE

Swanwick Golf Centre

Bishopswood Farm

Woodview

Hawksnest Farm

Hawk's Nest Farm Cottage

G

Dirty Copse

Timber Yard

Wassalls Hall Farm

Brookfield Farm

Lindfield Kennels

WESTFIELD DR.

ROAD

The Bungalow

West Lodge

WOOD

HOLYWELL

HILL

ROAD

Mislingford

Riversmead

River Meon

Lazy J's

Bishop's Wood

Meon Orchard

Kingsmead Farm

KINGSMEAD

The Acre

Woodlands Cottage

Meon Vale

Mayfield

Riverwood

Kingsmead

Wood

Lowerford Copse

A32

MEON VALLEY

Chiphall Paddock

Chiphall Cottage

The Cottage In The Woods

LANE

A32

Rookesbury Park

Rookesbury Park Farm

F

G

Sitches Cottage Playing Field

59

H

Coach Road Copse

Holywell House

West Lodge

Great Lion Copse

Little Lion Copse

Little Holywell Copse

East Lodge

Huntage Row

Huntage Copse

Riverside

Timber Yard

Bridge Cottages

BUDDEN'S

Upperford Copse

P

P

Nore Copse

55

Great Holywell Copse

Crooked Copse

Soberton Mill

Soberton Mill Cottages

Bere Farm

Meonwood

LANE

HEATH

Wood End House

Woodend Cottage

Woodend

West Walk

WEST WALK

Lodge Hill

West Lodge

P

ACRES

ROAD

Rookesbury Park Caravan Site

HUNDRED

95

H

COTT

59C

STREET

Cott Street Farm

Cott Street Farm Cottages

Oxford Cottages

J

460

Ragnals Copse

Mill Copse

Soberton Heath

LIBERTY

ROAD

J

Hundred Acres

LANE

GREEN

K

WICKHAM ROAD

St. Clair's Cottage

St. Clair's Farm

75

1

West Dene

Ivy Cott.

THE LIBERTY

Rec. Grd.

Selb. Poultr.

2

FORESTER ROAD

115

14

3

4

76

Haraldsle Farm

5

13

6

LODG

Lo

High

7

12

460

K

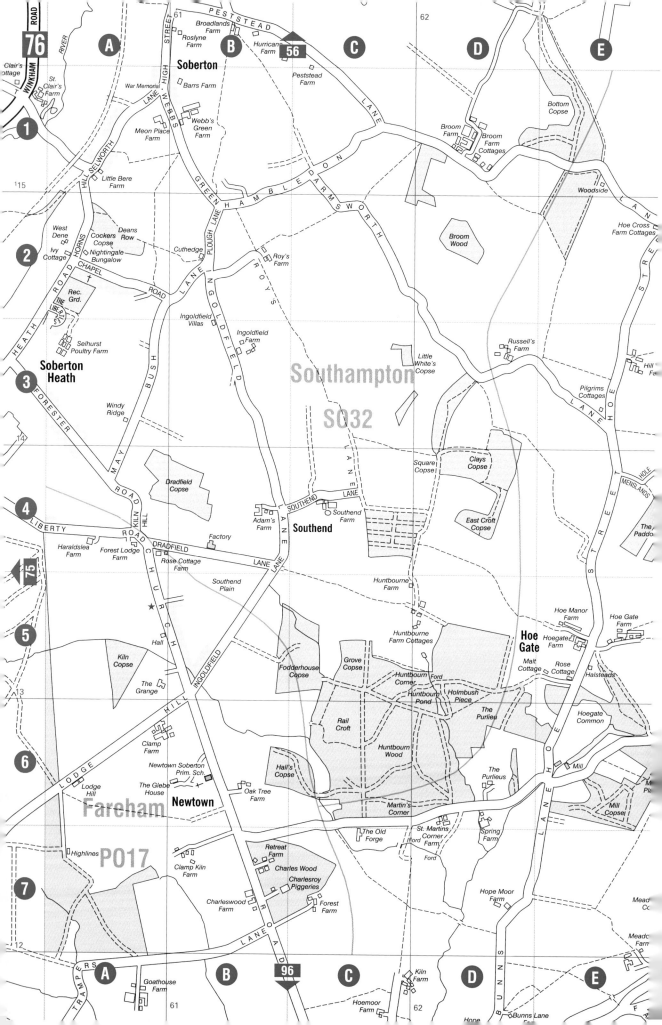

F   G   HUCKSWOOD   H   **61**   J   K   **81**

Windyhaugh

LANE   COWDOWN
LANE

Huckswood

1

CHALTON DOWN

Huckswood
Copse

115

2

IDSWORTH DOWN

Old Idsworth
Farm

3

The Folly

Heberdens   †

14

EAST HAMPSHIRE
CHICHESTER

Manor
Copse

4

Oxleys
Copse

Old Idsworth
Garden

MARKWELLS WOOD

Murrants
Copse

5

Murrants

13

H PARK

South Holt
Farm

Shortleys
Copse

ASHCROFT LA.   **Finchdean**

The Old Iron
Foundry

Keepers
Cottage

6

Adam's
Copse

Northwood
Farm

Finchdean
Farm

Bottom
Copse

Forestside

ROAD

Coronation
Cottage

DEAN LANE

MAGPIE ROAD LANE

White
Hill

Woods
Copse

**Rowland's Castle
PO8**

Forestside
Farm †

7

WELLSWORTH Row

Magpie
Cottages

WOODHOUSE LANE

AD CASTLE LANE

Deanlane End

Warren
Down

12

F   G   **H**   **101**   J   K

Diddy
Bones Kn

74   Drews
Farm   475

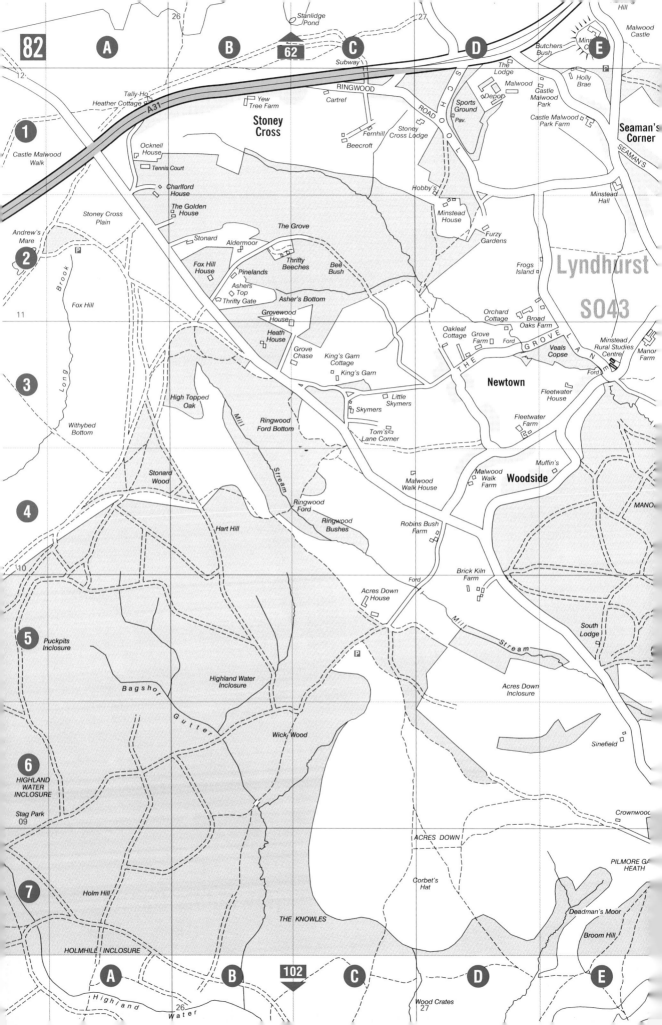

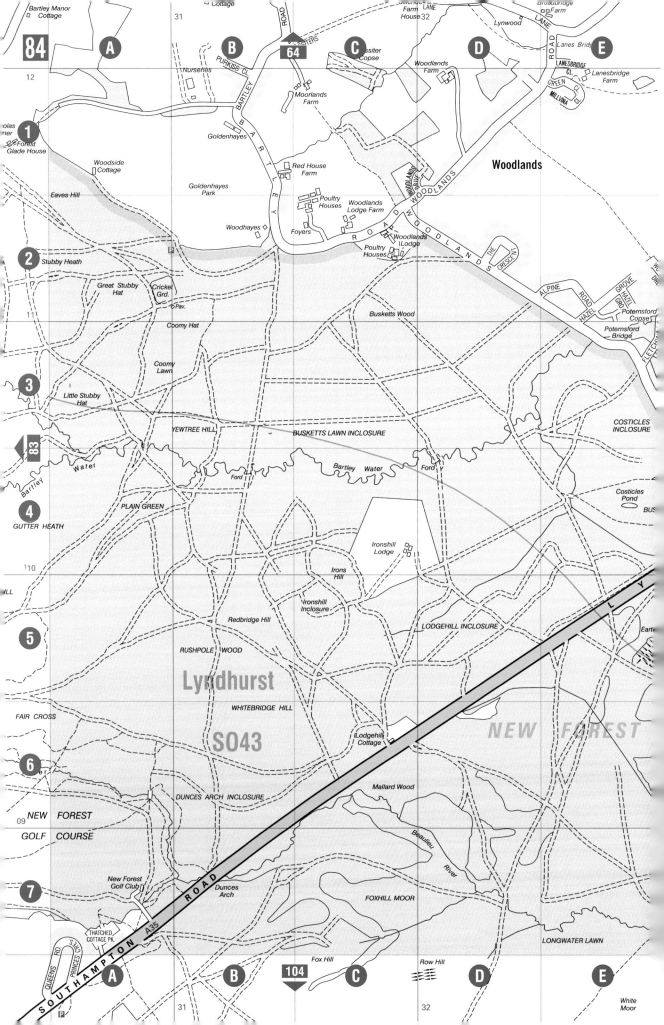

84

A   **B**   ▲64   **C**   **D**   **E**

Bartley Manor Cottage

31

Cottage

Farm House 32

LANE

Lynwood

LANE

Broadbridge Farm

ROAD

Lanes Bridge

12

Nurseries

PURKISS CL.

Rossiter Copse

Woodlands Farm

LANESBRIDGE

GREEN

MILLVINA

CL

Lanesbridge Farm

B A R T L E Y

1

olas ner

Forest Glade House

Goldenhayes

Moorlands Farm

Woodside Cottage

Goldenhayes Park

Red House Farm

Poultry Houses

Woodlands Lodge Farm

WOODLAND

DRIVE

Woodhayes

Foyers

Woodlands Lodge

ROAD

WOODLANDS

Woodlands

Eaves Hill

2

Stubby Heath

Great Stubby Hat

Cricket Grd.

Poultry Houses

THE CRESCENT

ALPINE ROAD

GROVE

HAZEL

Poternsford Copse

11

Pav.

Coomy Hat

Busketts Wood

HAZEL GRO

FLETCH

Poternsford Bridge

Coomy Lawn

3

Little Stubby Hat

YEWTREE HILL

BUSKETTS LAWN INCLOSURE

COSTICLES INCLOSURE

▲83

Water

Bartley Water

Ford

Costicles Pond

BUS

Bartley

Ford

4

GUTTER HEATH

PLAIN GREEN

Ironshill Lodge

110

Irons Hill

Redbridge Hill

Ironshill Inclosure

LODGEHILL INCLOSURE

5

RUSHPOLE WOOD

Lyndhurst

WHITEBRIDGE HILL

SO43

Lodgehill Cottage

NEW FOREST

FAIR CROSS

6

Mallard Wood

NEW FOREST

GOLF COURSE

09

DUNCES ARCH INCLOSURE

Beaulieu River

ROAD

7

New Forest Golf Club

Dunces Arch

FOXHILL MOOR

LONGWATER LAWN

THATCHED COTTAGE PK.

SOUTHAMPTON A35 ROAD

QUEENS RD

PRINCES CRES

A   **B**   ▲104   **C**   **D**   **E**

31

Fox Hill

Row Hill

White Moor

32

P

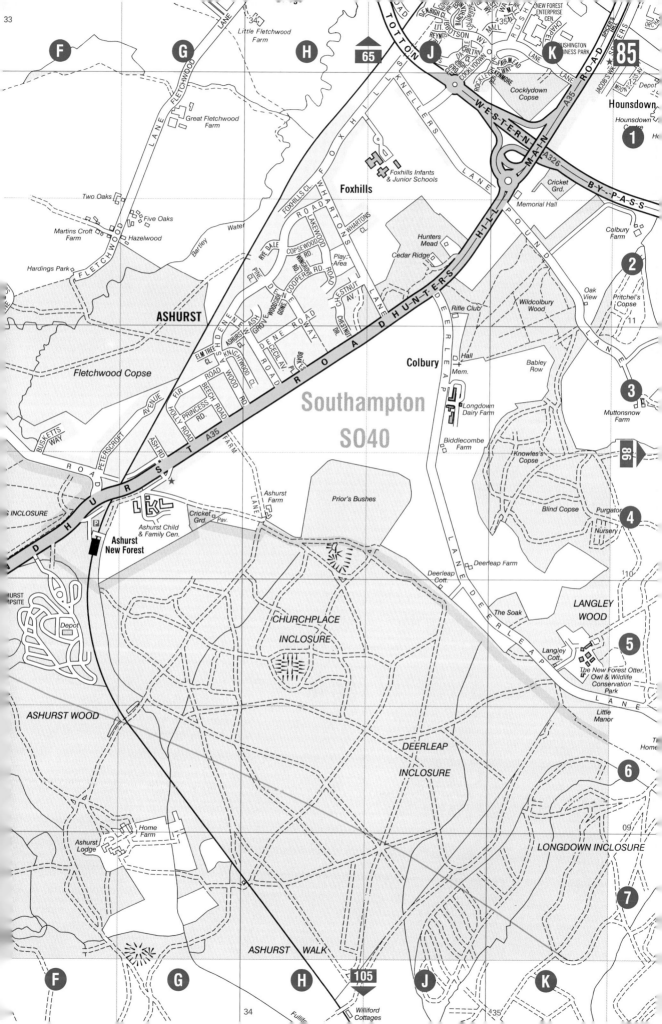

F   **G**   **H**   65   **J**   **K**   **85**

Little Fletchwood Farm

TOTTON

DENBIGH CL
BURGHLEY CL
BROTSON WY
RUSHINGTON
BUSINESS PARK

New Forest Enterprise Cen

Great Fletchwood Farm

Foxhills Infants & Junior Schools

Foxhills

WESTERN

Cocklydown Copse

Hounsdown

Hounsdown Copse

1

Two Oaks

Five Oaks

Martins Croft Farm

Hazelwood

Water

Bartley

Hunters Mead

Cedar Ridge

Cricket Grd.

Memorial Hall

Colbury Farm

2

Hardings Park

ASHURST

Rye Dale

Copsewood Rd.

Lakewood Rd.

Wingrove Rd.

Play Area

Rifle Club

Oak View

Pritchel's Copse

11

Wildcolbury Wood

Fletchwood Copse

Fir Avenue

Holly Road

Beech Road

Princess Rd.

Ash Rd.

Elm Tree Cl

Ashdene Cl

Ashurst Cl

Grove Rd

Woodside Rd

Cooper's Rd

Dene Road

Dene Cl

De Cecil Av.

Chestnut Av.

Chestnut Dr.

Boa's La.

Knightwood Cl.

Wood Rd.

Ash Dene

Southampton SO40

Colbury

Mem.

Hall

Longdown Dairy Farm

Biddlecombe Farm

Babley Row

Knowles's Copse

3

Muttonsnow Farm

86

Busketts Way

Road

Peterscroft Avenue

Ashurst Farm Road

Cricket Grd. Pav.

Ashurst Farm

Prior's Bushes

Blind Copse

Purgatory

Nursery

4

110

Ashurst Child & Family Cen.

P

Ashurst New Forest

Ashurst Lane

Deerleap Farm

Deerleap Cott.

The Soak

Langley Cott.

LANGLEY WOOD

5

Ashurst Campsite

Depot

CHURCHPLACE INCLOSURE

The New Forest Otter, Owl & Wildlife Conservation Park

Little Manor

ASHURST WOOD

HURST ROAD

DEERLEAP INCLOSURE

6

09

Home Farm

Ashurst Lodge

LONGDOWN INCLOSURE

7

ASHURST WALK

F   **G**   **H**   105   **J**   **K**

Williford Cottages

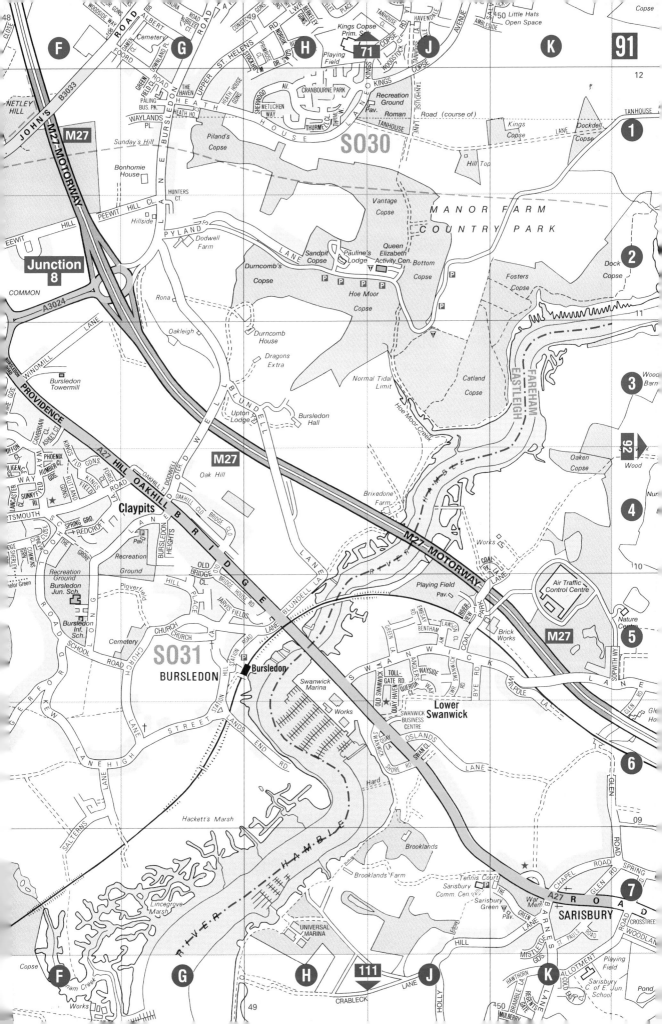

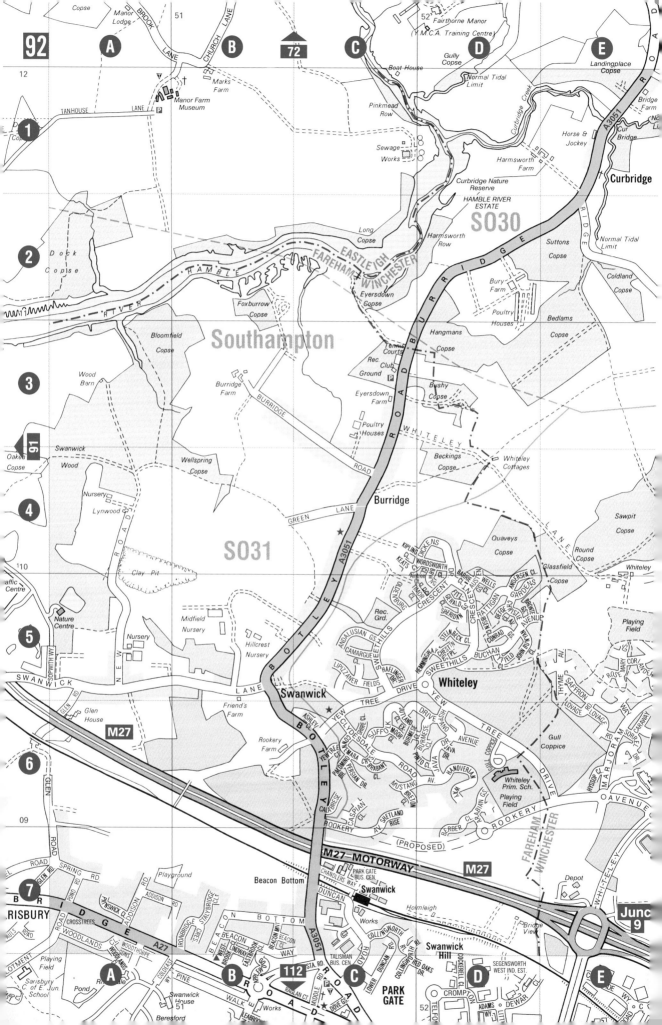

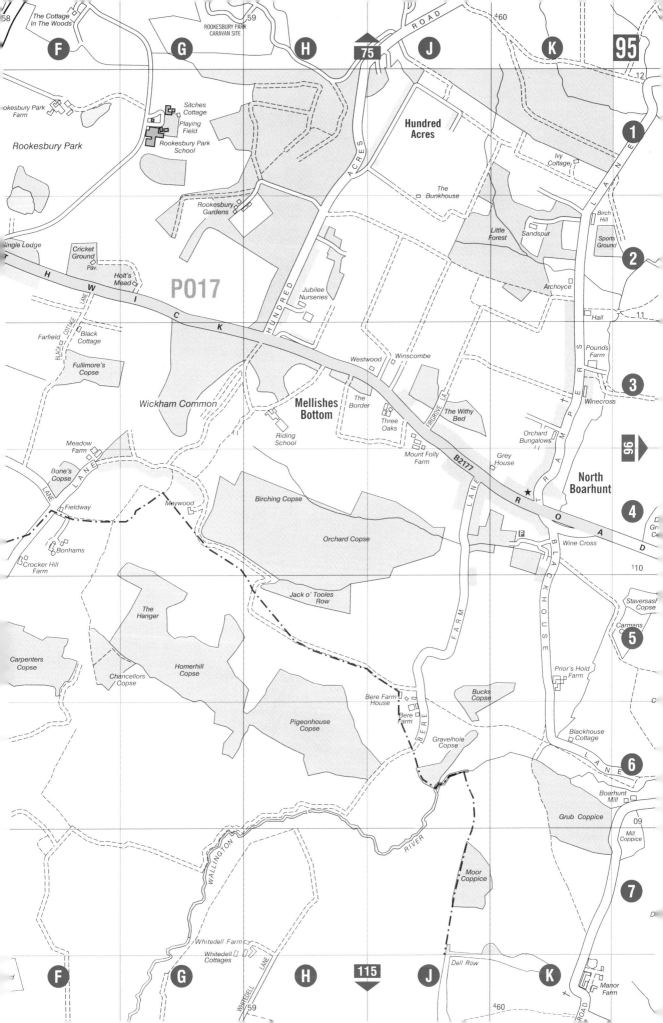

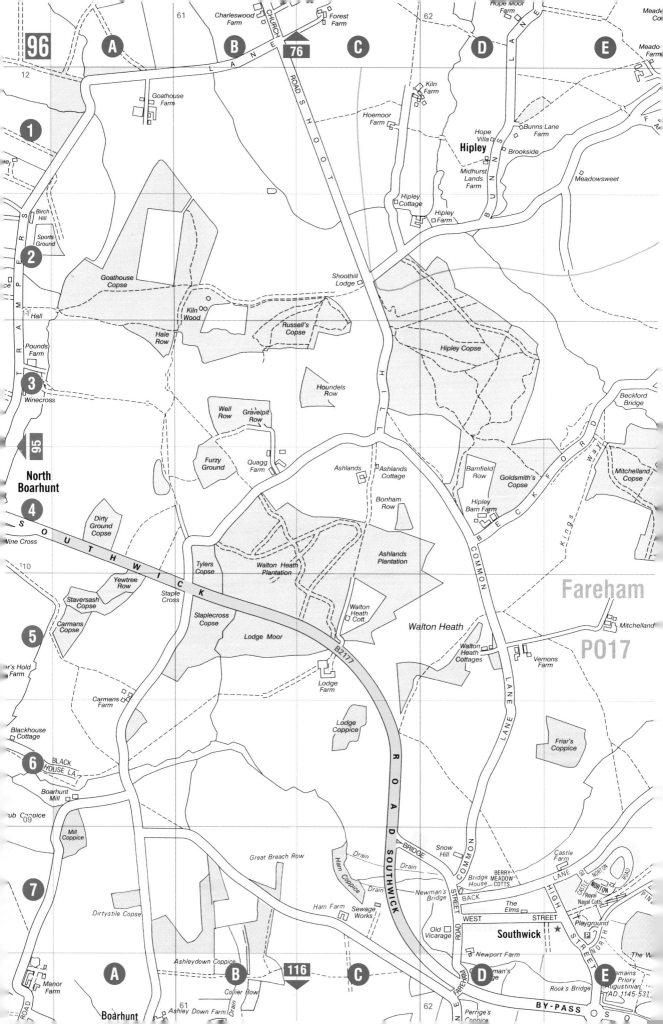

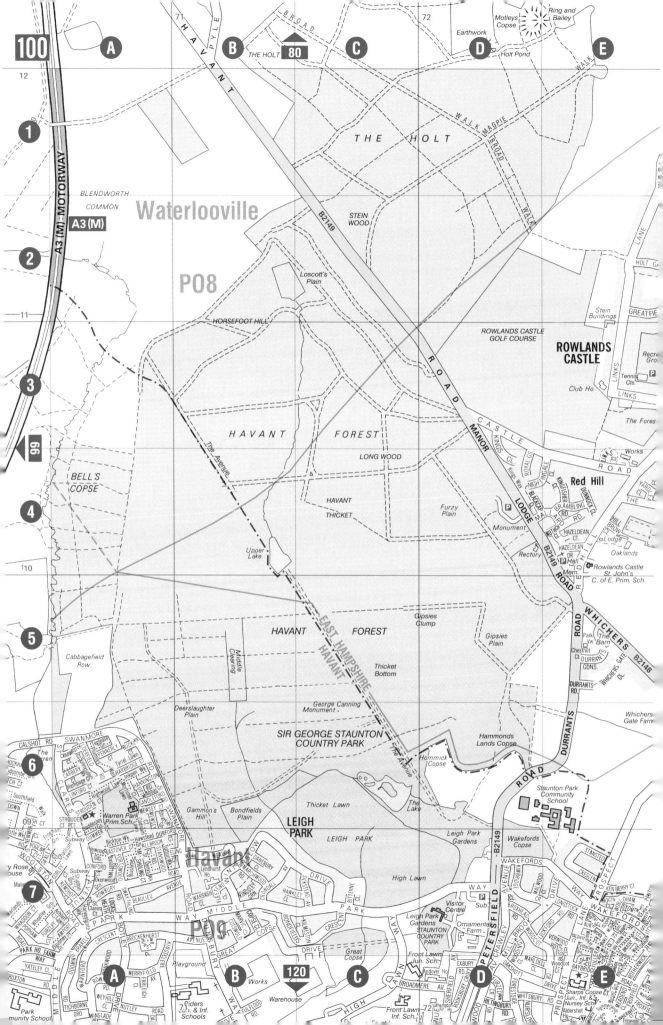

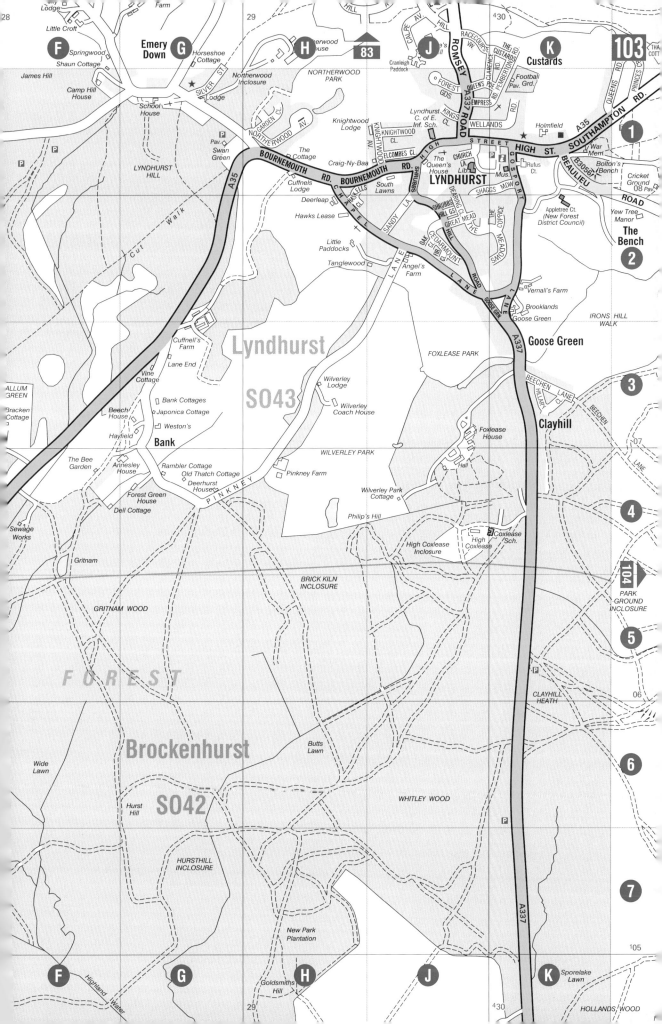

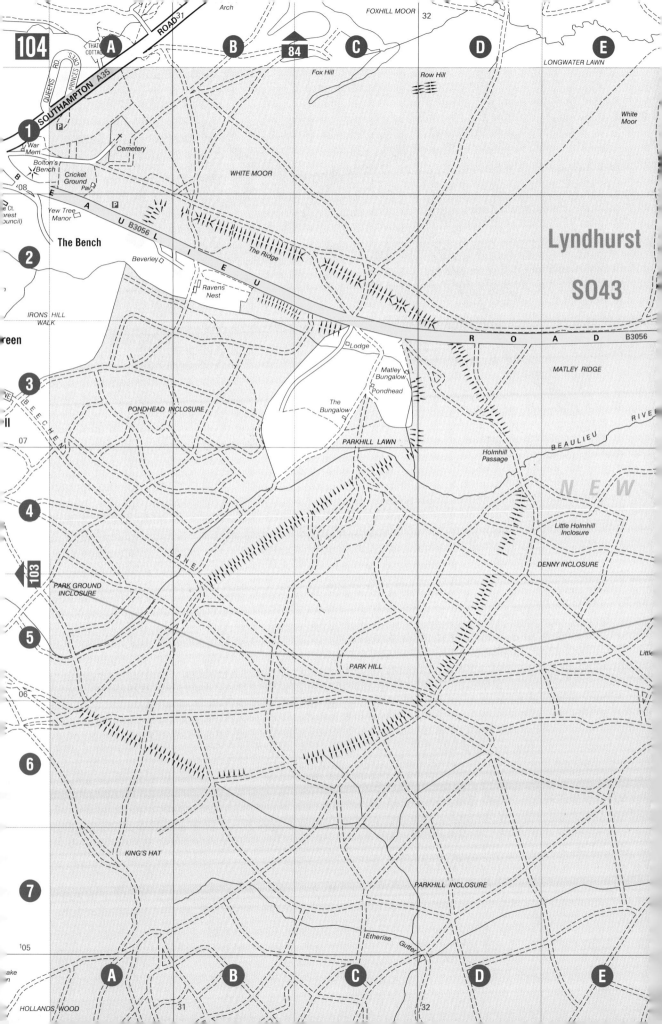

Lyndhurst

SO43

THATCH COTTAGE

Arch

FOXHILL MOOR 32

LONGWATER LAWN

Fox Hill

Row Hill

White Moor

ROAD 37

SOUTHAMPTON A35

QUEENS RD

PRINCES CRES

War Mem.

Cemetery

Bolton's Bench

Cricket Ground Pav

WHITE MOOR

B3056

Yew Tree Manor

The Bench

BEAULIEU

B3056

Beverley

Ravens Nest

The Ridge

IRONS HILL WALK

Green

Lodge

Matley Bungalow

Pondhead

The Bungalow

MATLEY RIDGE

RIVER

BEECHEN

PONDHEAD INCLOSURE

PARKHILL LAWN

Holmhill Passage

BEAULIEU

NEW

Little Holmhill Inclosure

DENNY INCLOSURE

103

PARK GROUND INCLOSURE

LANE

PARK HILL

Little

KING'S HAT

PARKHILL INCLOSURE

Etherise Gutter

05

HOLLANDS WOOD

31

32

33   34   ⁴35

F   G   H   🏛️ 85   J   K

1

ASHURST WALK

Fullford Bog

Williford Cottages

08

2

Matley Wood

MATLEY HEATH

Matley Holms

Kings Passage

Ford

Fullford Passage

Withycombe Shade

Dec

3

Camping and Caravan Site

Matley Passage

Matley Bog

07

B E A U L I E U

4

Church Place

F O R E S T

Denny Wait

RN HILL

BLACK   DOWN

P

B3056

106 ▶

5

Hill

Shatterford Bottom

Stag Park

P

P

Station Cotts

Beaulieu Road

R O A D

06

Brockenhurst

DENNY WOOD

Shatter Ford

6

SO42

Stephill Bottom

Upper Holding

Denny Lodge

Lower Holding   Middle Holding

Bishop's   Dyke

7

Woodfidley Passage

105

F   G   H   J   K

34   ⁴35

A   B   C   D   E

86

Longdown Farm

Farringdon Hill
37pse

Twiggs Lane End Farm

Four Fields

Farringdon Hill

Farringdon Cottage

New Cottage

Twiggs Lane End Farm

LANE

TWIGG

LAWN

END

Springfield

BEAULIEU

Farringdon Farm

TWIGGS

Foxhill Farm

Brenona Farm

1

08

Peel Hill

Lyndhurst

SO43

Fox Hill

2

Ipley Inclosure

Roundeye Hill

Duckmead Row

Lambermoor Copse

Pottern Ford

BEAULIEU

SO40

Decoy Pond Farm

The Bungalow

Longmead Row

Ford

3

RIVER

07

Farrant's Copse

Aldermoor Lodge

Alder Co

4

YEW TREE HEATH

BLACK DOWN

105

NEW

5

06

BEAULIEU

Brockenhurst

6

Stephill Bottom

Ferny Crofts (Scout Centre)

SO42

Ferny Crofts

Buck Hill

B3056

7

Furzy Brow

Culverly Old Farm Cottage

05

ROAD

Culverly Old Farm House

Gurnetfields Furzebrake

A   B   C   D   E

122

Pig Bush

Culverly Farm

36   37

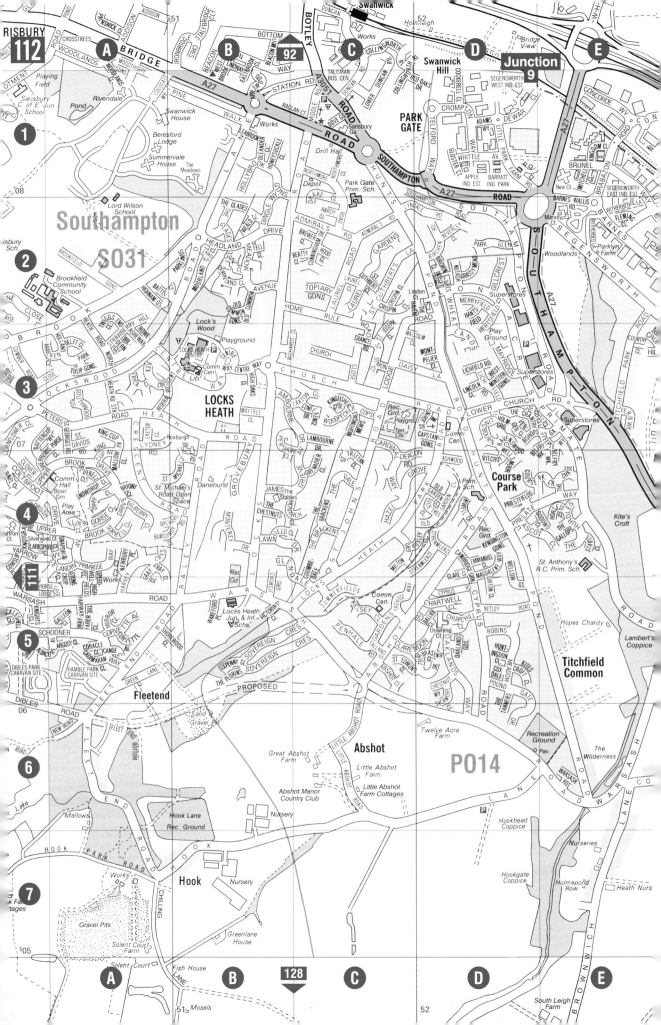

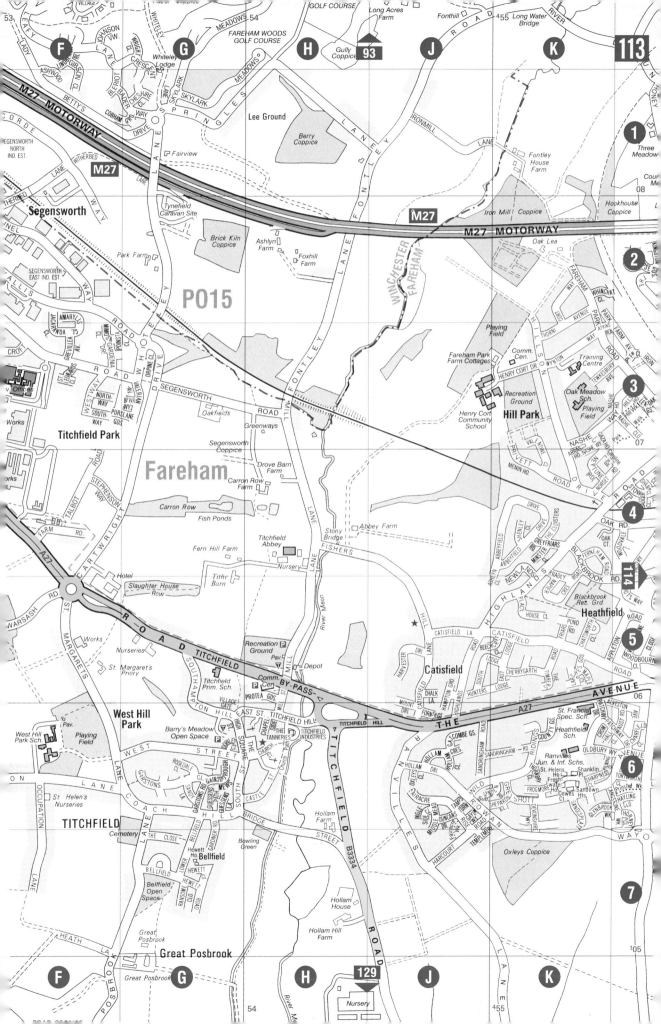

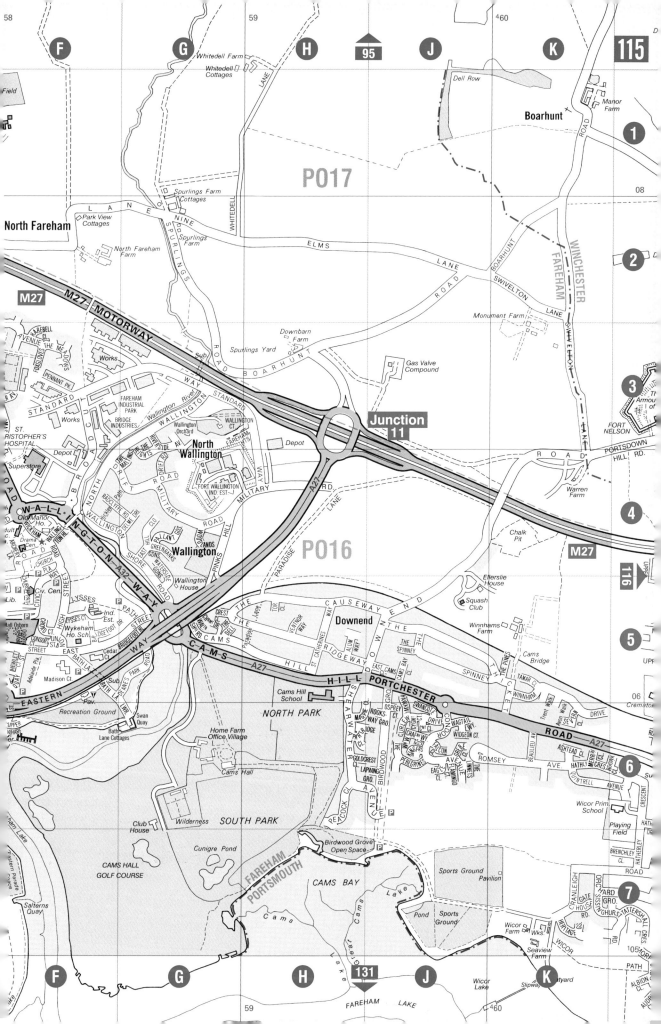

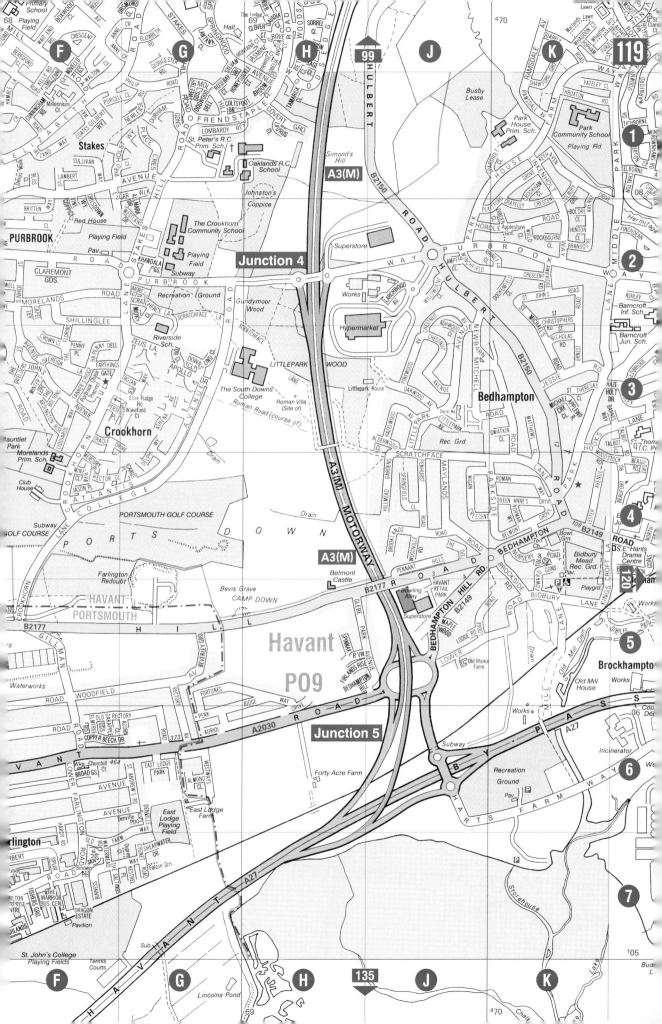

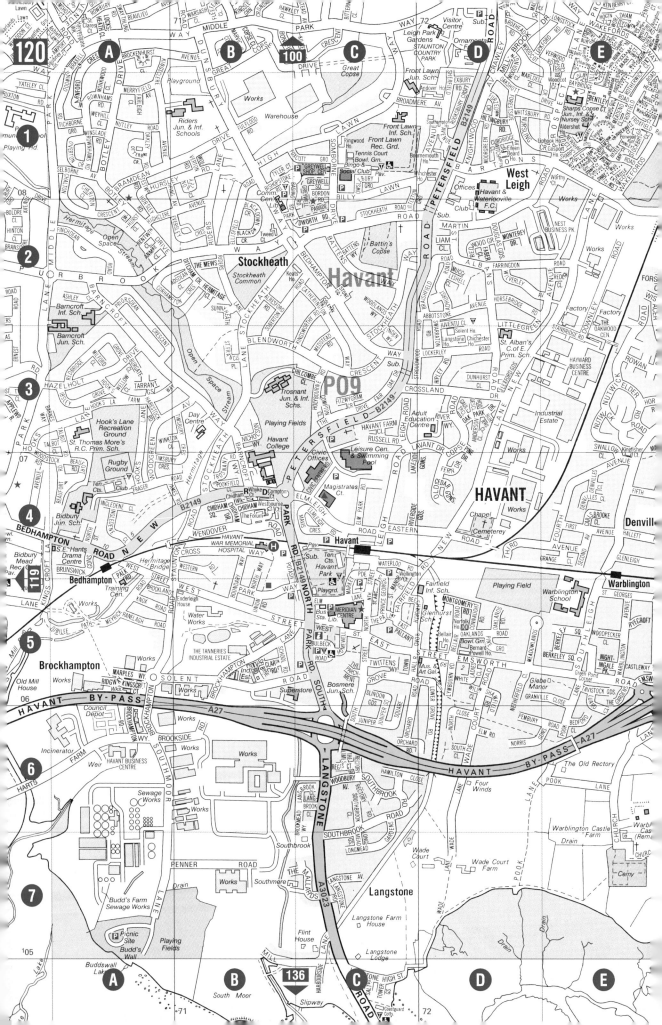

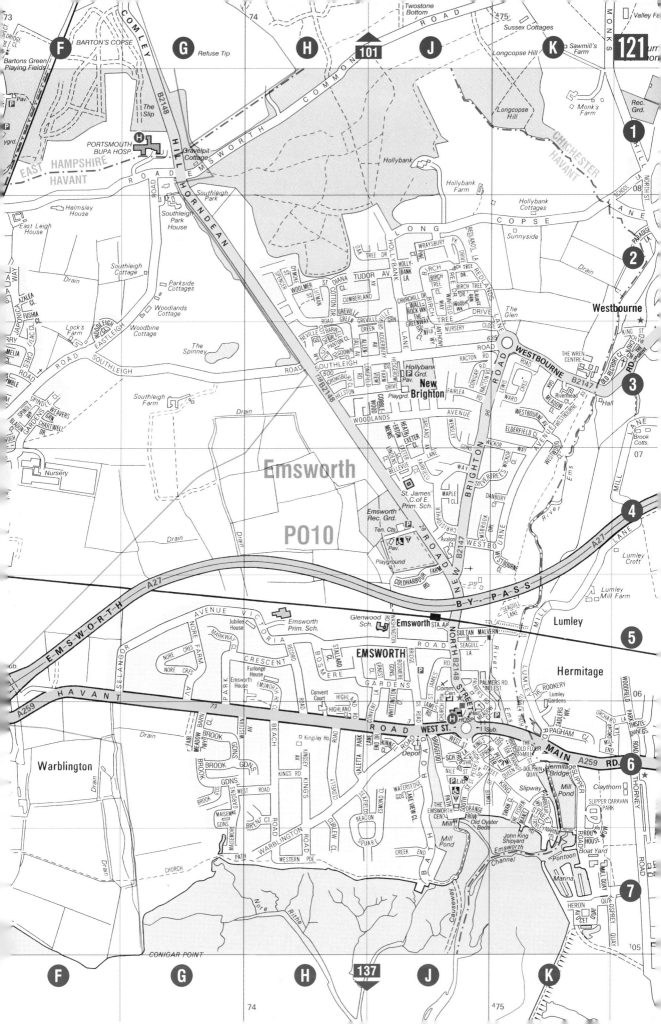

105

36

37

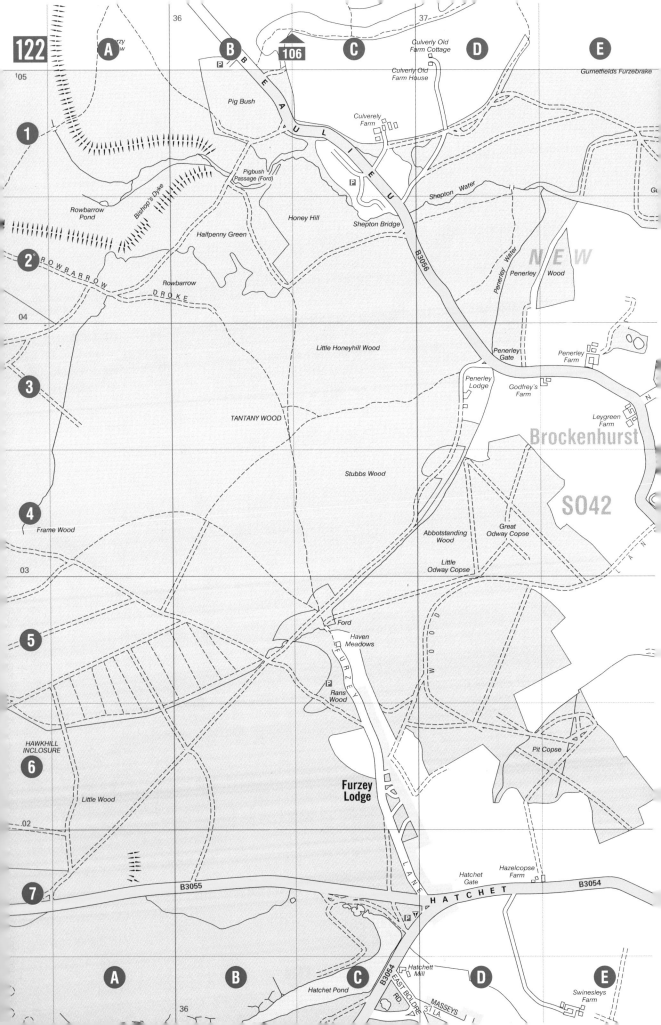

A

B

106

C

D

E

Furzey ?w

Pig Bush

Culverly Old
Farm Cottage

Culverly Old
Farm House

Gurnetfields Furzebrake

Culverely
Farm

1

P

P

B E A U L I E U

Pigbush
Passage (Ford)

Honey Hill

Shepton Bridge

Shepton Water

Gu

Rowbarrow
Pond

Bishop's Dyke

Halfpenny Green

B3056

Penerley Water

N E W

Penerley Wood

2

R O W B A R R O W

Rowbarrow

D R O K E

04

Little Honeyhill Wood

Penerley
Gate

Penerley
Farm

3

Penerley
Lodge

Godfrey's
Farm

N

TANTANY WOOD

Leygreen
Farm

Brockenhurst

SO42

Stubbs Wood

4

Frame Wood

Abbotstanding
Wood

Great
Odway Copse

L A N

03

Little
Odway Copse

W O O D

5

Ford

Haven
Meadows

F U R Z E Y

Pit Copse

P

Rans
Wood

HAWKHILL
INCLOSURE

6

Little Wood

Furzey
Lodge

..02

Hatchet
Gate

Hazelcopse
Farm

7

B3055

L A N E

H A T C H E T

B3054

A

B

C

B3054

EAST BOLDRE RD.

D

E

Hatchett
Mill

Swinesleys
Farm

Hatchet Pond

36

37 LA.

MASSEYS

F   **G**   **H**   **107**   **J**   **K**

38   39   440

Starpole Pond

Foxhunting Inclosure

Crabhat Inclosure

1

Fawley Ford

North Gate

Rings Cottages

Rings

Harford House

North Field

Nursery

The House in the Wood

B3054

105

2

F O R E S T

Hartford Haeth

Little Goswell Copse

04

BEAULIEU RIVER

NORTH

HIDES   HILL   LANE

Hartford Bridge

Harford Cottage

Hilltop Farm

3

Great Goswell Copse

Hides Close

124

Baker's Row

Blackbridge House

Hilltop Gate

Hill Top

4

Black Bri.

Hartford Copse

Old Ways

Vineyards

Boarmans

Boarman Pond

Hilltop Wood

Fulmans

Abbots' Well

Hilltop House

Monks Well

03

Monorail

Ryehill Cottage

National Motor Museum

Beaulieu Abbey (rems. of)

Monkswell

Hilltop Wood

Abbey Spring

Moonhills

Moonhills Gate

5

EXBURY ROAD

BEAULIEU ROAD

MOONHILLS LANE

Bignalls Wood

Moonhills Copse

Shepherds Mead

Vicarage

Cricket Grd.

Home Farm

Palace Ho.

Mill Dam

B3054

LANE

BEAULIEU

Bignalls

Friars Oak

Carpenters Cottage

6

ROAD

PALACE

B3056

LYNDHURST RD.

B3056

HIGH STREET

Beaulieu

Beaulieu Primary School

Dock House

Carpenters Dock

Oxleys Copse

THE HUMMICKS

02

Curtle House

The Lodge

Sevilles Copse

R I V E R

Oxleys

7

BUCKLERS HARD

Bunkers Hill

Jarvis's Copse

138

Bailey's Hard

The Tukal

Braces Quay

Tarks Reach

Spearbed Copse

LANE

Landing Stages

Spearbed Copse

F   **G**   **H**   **138**   **J**   **K**

39   440

A   **B**   108   **C**   **D**   **E**

105

1

2

04

NEW FOREST

Stonyford Pond

HOLBURY PURLIEU

3

123

4

Hill Top

03

Brockenhurst

SO42

5

Moonhills Gate

6

Otterwood Gate

02

Otterwood

Otterwood Farm

Otterwood

7

Spearbed Copse

Spearbed Copse

A   **B**   139   **C**   **D**   **E**

Sims Wood
41

Steerleys Copse

42

HYTHE BY-PASS

FAWLEY ROAD

Sports Ground

Hardley Bridge (Ford)

HARDLEY INDUSTRIAL ESTATE

Gravel Pit

CHEVRON BUSINESS PARK

THE MILL

MILL POND

Mill Pond

LIME KILN LANE ESTATE

LITTLE HOLBURY PARK HOMES

Little Holbury Farmhouse

Pitts Copse Farm

The Warren

Pitts Copse

Dark Water

Heather Hill

Stonyford Hill Farm

Mount Pleasant Farmhouse

Holbury Manor

Holbury Manor Park

Warren Copse

Ipers Bridge

Ipers Bridge Farm

Rolle

Green Rolleston Copse

GREEN

Cowleys Heath (Nursery)

Cowleys Copse

Stock Water

COWLEYS LANE

Stock Copse

KINGS COPSE INCLOSUR

Stock Bungalow

Cuckoo Pens

Stock Cottages

East Stock Copse

South Stock Copse

Meadow Close Copse

Magazine Fields (Nursery)

Dark Wa

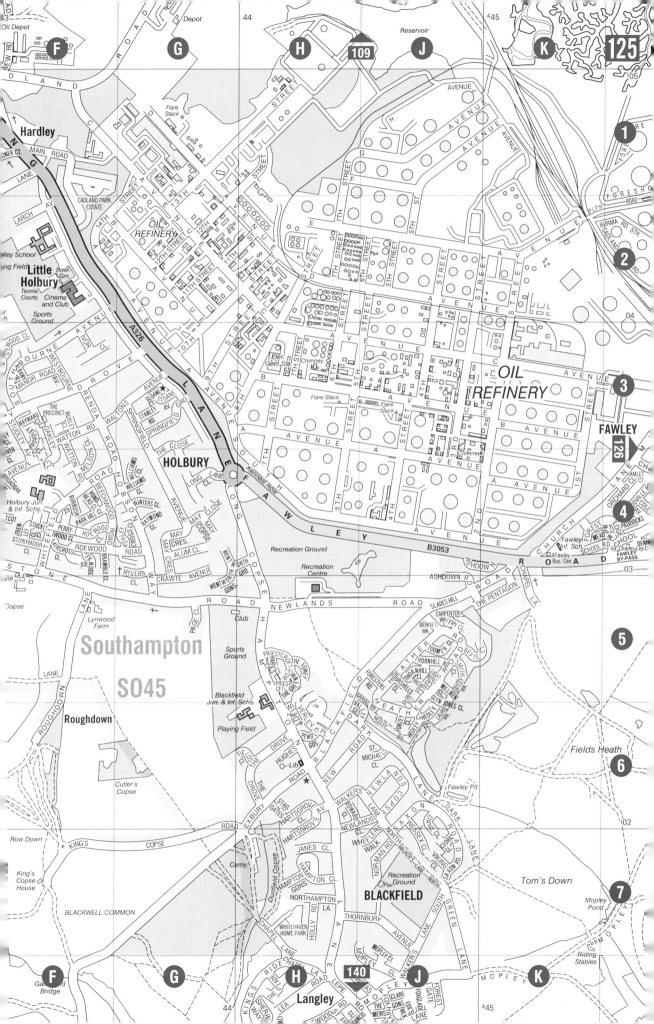

48

49

450

105

F

Hamble Spit

G

Hook Bird
Sanctuary

Hook Lake

H

Institute
(Warsash Maritime Cen.)

111

J

450

Hook Farm
Cottages

K

Little Hook

rave

Hook Park

HOOK

SOLENT DRIVE

COWES LANE

HOOK PARK ROAD

PARK ROAD

WORKMAN'S LANE

CHILLIN LANE

SO31

1

Beam
Cottage

2

WORKMAN'S

Tennis
Courts

SOLENT BREEZES
CARAVAN SITE

04

Slipway

Outfall

3

128

4

03

W A T E R

5

Pier

Castle
Pier

Yacht
Club

Calshot
Castle

Slipway

Pier

Calshot Marshes
Bird Sanctuary

Activities
Centre

Slipway

6

02

7

P

P

F

G

H

J

K

49

450

128

112

127

Southampton

SO31

Chilling

51   52

05

A   B   C   D   E

Gravel Pits

Solent Court Farm

Solent Court

Fish House

1

Mosels

Beam Cottage

Solent Court Cottage

Chilling Farm

CHILLING LANE

CHILLING LANE

LANE

2

Tennis Courts

Chilling

SOLENT BREEZES CARAVAN SITE

04

Solent Breezes

Slipway

CHILLING COPSE

3

Outfall

4

03

5

02

6

7

ook Farm Cottages

Plane House

South Leigh Farm

BROWNWICH LANE

North Heath Coppice

Chilling Moor Coppice

Chilling Heath Coppice

Brownwich Farm

Little Brownwich

Bay Tree Cottage

Meon Ho.

Upper Brownwich Farm

Thatchers Coppice

Brownwich Pond

BROWNWICH

MEON

Lower Brownwich Farm

Brownwich Farm House

P

Sea House

Cliff Cottage

Meon Shore Huts

T H E   S O L E

A   B   C   D   E

51   52

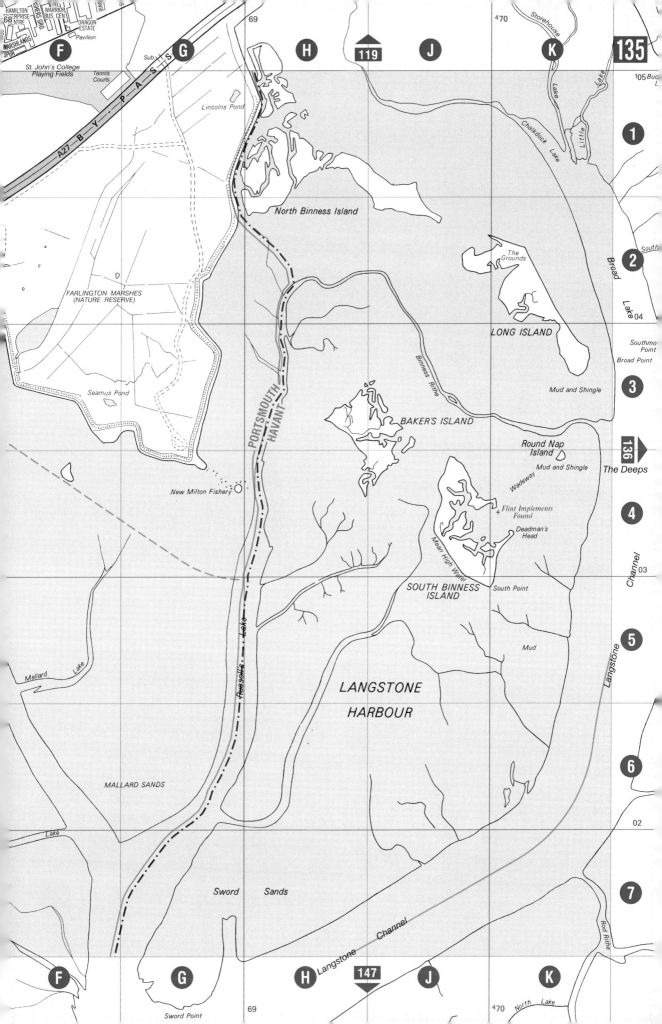

F **G** **H** 119 **J** **K**

St. John's College
Playing Fields

Tennis
Courts

Pavilion

Lincolns Pond

1

North Binness Island

Storehouse Lake

Chalkdock Lake

Little Lake

105 Bud

Broad Lake 04

South

2

The Grounds

Southmo Point

Broad Point

FARLINGTON MARSHES
(NATURE RESERVE)

LONG ISLAND

Mud and Shingle

3

Seamus Pond

Binness Rithe

BAKER'S ISLAND

PORTSMOUTH
HAVANT

Round Nap
Island

Mud and Shingle

136 The Deeps

New Milton Fishery

Wadeway

Flint Implements
Found

Channel 03

4

Deadman's
Head

Mean High Water

SOUTH BINNESS
ISLAND

South Point

Mallard Lake

Mud

Russells Lake

Langstone

5

LANGSTONE

HARBOUR

6

MALLARD SANDS

02

Lake

7

Sword   Sands

Rod Rithe

F **G** **H** 147 **J** **K**

Sword Point

Langstone Channel

North Lake

A27 BY-PASS

Mud and Shingle

F G H **121** J K

CONIGAR POINT

73 74 *Ore* *Rithe* 475 105

HERON
QU OSPREY

1

Drain

Fowley Rithe

Eames Farm
Cottages

2

THORNEY ROAD

*Fowley
Island*

Guardroom

Emsworth

Wickor Point

Great Deep

04

Sweare Deep

PO10

3

Boating
Lake

Landing Stage

Radio Mast

THORNEY ISLAND

EMSWORTH ROAD

SPINNAKER GRANGE

Slipway Playing
Field

HUNTER

Pav.
Sports
Grd.

SPARTAN CL

NORTHNEY LA.

SWIFT

Northney

Northney
Farm

NORTH SOUTH
BAY BAY

SABRE RD

METEOR RD

JAVELIN
RD

CANBERRA RD

ROAD

4

SAIN

CLOVELLY
RD.

HAVANT

CHICHESTER

HORNET

03

YCROFT
CLO

Thorney Island
Prim. Sch.

Tennis
Courts

CHURCH LANE

**Thorney
Island**

CHURCH LANE

NORTH HAYLING

Church Farm

Eastney
Farm

5

ST PETER'S AV.

Hall

BAKER
BARRACKS

Tennis
Courts

ney View

ROAD

GUTNER

CHICHESTER ROAD

Groynes

Slipway

Upper Tye
Farm

LANE

WOODGASON

Airfield
(disused)

Tye

Slipway

6

Lower Tye
Farm

Gutner
Farm

02

LOWER TYE FARM
CARAVAN PARK

Meadow
Farm Nursery

&

WOODGASON LA.

Slipways

Emsworth

7

Channel

F G H **149** J K

74 475

3

A   B   123   C   D   E

Bunkers Hill
Jarvis's Copse
Seville Copse

The Tukal
Bailey's Hard
Braces Quay
Tarks Reach
Landing Stage
Spearbed Copse

1

Beufre Farm

Keeping Copse

BEAULIEU RIVER

Bulls Wood

Grindingstone Cottages

2   Sewage Works

Cemetery

Keeping

Keeping Farm
Keeping House

Burnt Oak Copse

Knights Copse

High Wood

Ashen Wood

Little Purnel Copse

Crossfield Row

CRIPPLEGATE LANE

3

HARD ROAD

LODGE LANE
BUCKLERS LANE

00

Newhouse Moor Copse

Gravelly Copse

Little Purnel

NEW FOREST

Clobb Gorse Cottage
Clobb Gorse

Brockenhurst

4

Lodge Cottages

SO42

Newhouse Copse

LODGE LANE

Lodge Farm

5

Old Park Wood

TYLERS COPSE

99

Newlands Cottages

Lodge Plantation

Coopers Wood

Longmead Copse

Old Park Cottage

6   Newlands

Kitchers Rough

Shadebush Copse

Bergerie Rough

Lymington

7

SO41

098

Beck Farm House

A   Beck Farm Cottage   B   C   D   Great Bukersleys Copse   E

St Leonards Grange

St Leonards Cottage

ST. LEONARDS ROAD

Beck Farm

Thorns Cottages

Bergerie Farm

Little Bukersleys Copse

38   39   440

01   99   100

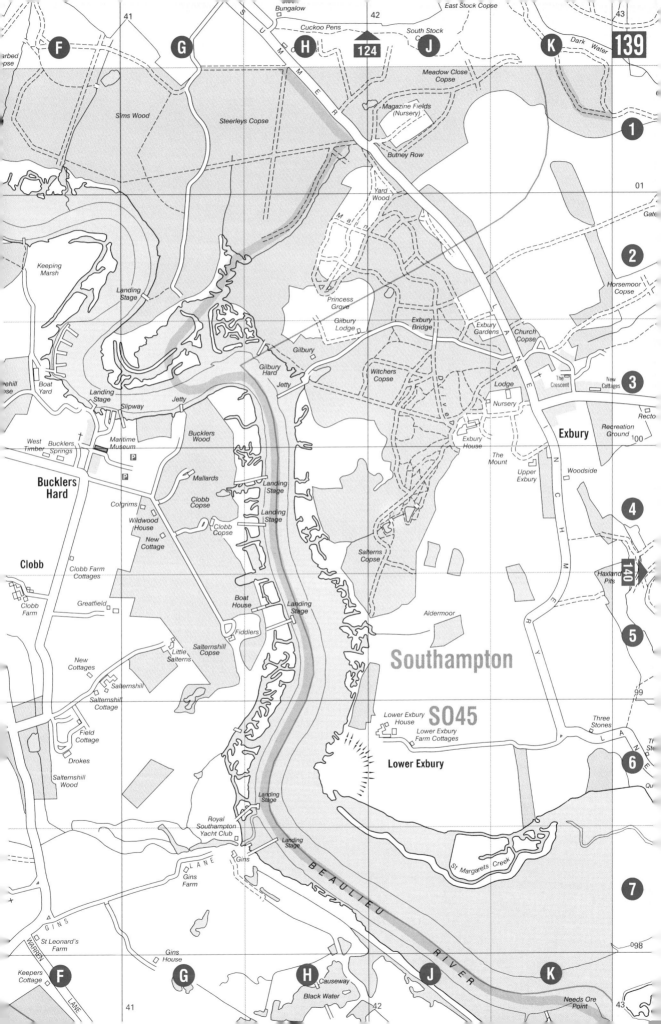

BLACKFIELD

NEW FOREST

Langley

West Common

Exbury

Lepe

Gatewood Bridge

Gatewood Hill

Gatewood Farm House

BLACKWELL COMMON

NORTHAMPTON LA.

THORNBURY

Reservoir

Sturt Bridge

Sturt Cottages

Horsemoor Copse

New Cottages

Rectory

Recreation Ground

Burnthays Copse

Chale Wood

East Wood

Whitefield Rough

Whitefield Farm

King's Rew Copse

Kings Rew

Dark Water

East Hill Cottage

East Hill Farm

East Hill Copse

Green Cottages

Cump Copse

Haxland Pits

Grassy Copse

Stone Cottages

Lepe Farm Cottages

Lepe Farm

Pophams Wood

Lepe Farm Cottages

The Moor

Little Haxland Copse

Oldhouse Copse

Lepe House Cottage

Three Stones

Three Stones

Brickyard Cottages

Inchmery Clump

Inchmery Lodge

Inchmery House

The Coach House

Lepe House

Lepe

The Watch House

Quay

Exbury River

Gull Island

Bird Sanctuary

HOMER MOBILE HOME PARK

F **G** **H** **J** **K**

Badminston Common

Sprat's Down

Badminston Plantation

Ower Plantation

126

BUS DROVE

ELMFIELD LANE

TRISTAN CL

SOLENT VIEW

CALSHOT

Calshot

141

Waterside Youth Centre

M'Lady's Piece

Tennis Courts

CASTLE LANE

B3053

Hillhead

CALSHOT BEACH

1

48

Dean's Bridge

North Solent Nature Reserve

Spratsdown Plantation

Eaglehurst

01

Newhouse Copse

Floating Island

Stanswood Common

Little Stanswood Farm

Calshot Foreshore Country Pk.

Luttrells

Slipway

2

Southampton

Stanswood

Nelson's Lodge Plantation

Nelson's Place

STANSWOOD BAY

Stanswood Farm

Cottage Lodge Plantation

Jugglers Moor

Bournefield Plantation

SO45

Bourne Gap

3

Cottage Plantation

Landing Stage

100

Withyhayes Copse

Cadland House

4

Stone Farm Cottages

Stanswood Copse

Allwoods Copse

Row

Stone

Stone Farm Lodge

5

Stone Farm

Tarnycroft

99

Pits Copse

6

Lepe Country Park

Stansore Point

The Helmsman

Stone Point

THE SOLENT

7

098

F **G** **H** **J** **K**

46 47 48

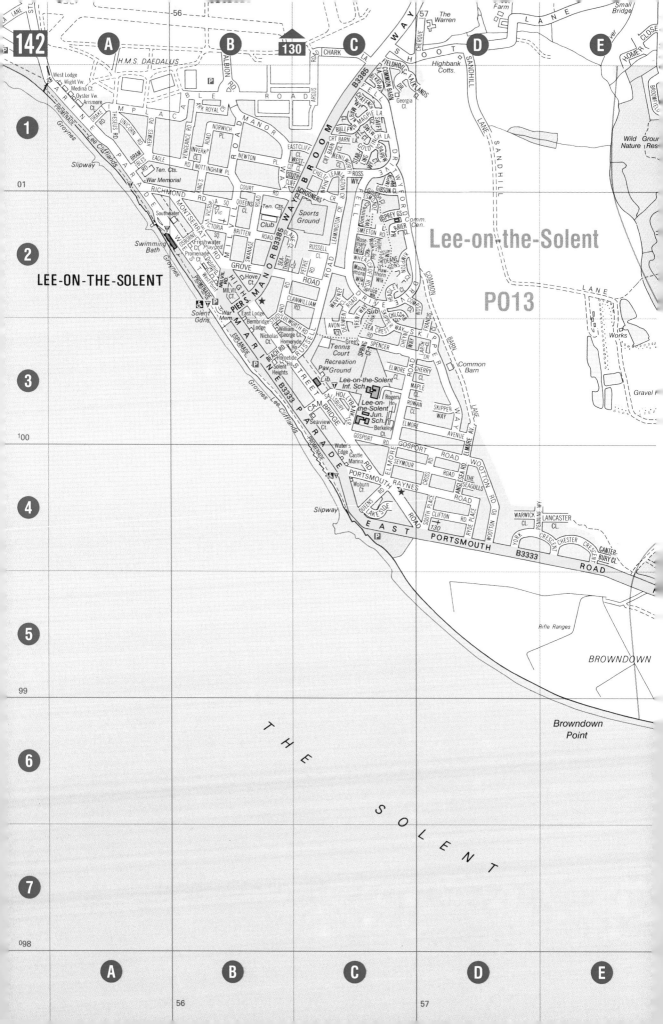

142

A · B · 130 · C · WAY · D · E

Lee-on-the-Solent

PO13

LEE-ON-THE-SOLENT

H.M.S. DAEDALUS

THE SOLENT

BROWNDOWN

Browndown Point

Rifle Ranges

BROWNDOWN

Wild Grour Nature Res

Gravel P

Works

The Warren

Highbank Cotts.

Slipway

Swimming Bath

War Memorial

Sports Ground

Recreation Ground

Tennis Court

Lee-on-the-Solent Inf. Sch.

Lee-on-the-Solent Jun. Sch.

Castle Marina

Water's Edge

EAST PORTSMOUTH ROAD B3333

Common Barn

Comm. Cen.

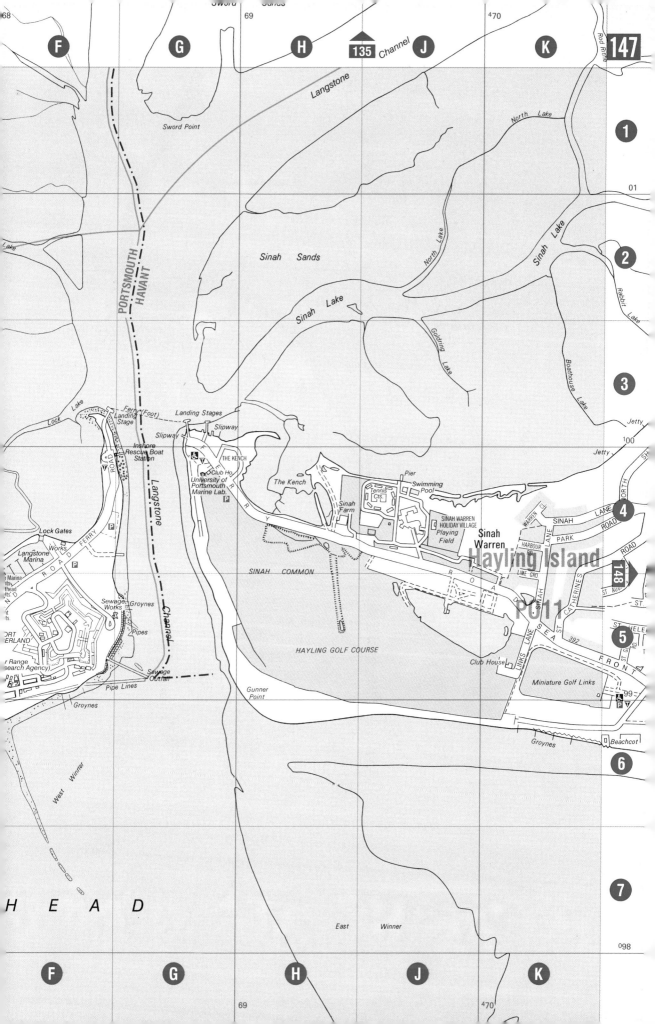

135 Channel

Rod Rithe

68   69   470

01

100

99

098

Langstone

Sword Point

North Lake

Sinah Lake

Sinah Sands

Sinah Lake

North Lake

Sinah Lake

Rabbit Lake

PORTSMOUTH HAVANT

Golding Lake

Boathouse Lake

Jetty

Jetty

Lake

Lock Lake

Ferry (Foot)
Landing Stage

Landing Stages

Slipway

Slipway

Inshore
Rescue Boat
Station

THE KENCH

Club Ho.
University of Portsmouth
Marine Lab.

P

The Kench

Sinah
Farm

Tennis
Cts.

Pier

Swimming
Pool

SINAH WARREN
HOLIDAY VILLAGE

Playing
Field

Sinah
Warren

Warren CL.

SINAH LANE

PARK LANE

NORTH LANE

ROAD

Hayling Island

148

ST. AUGUSTINE ST.

ST CATHERINES

HARBOUR RD.

LIME GRO.

SINAH LANE

SEA FRONT ROAD

ST HELENS RD

GRO ST

PO11

Lock Gates

Works

Langstone
Marina

FERRY ROAD

P

P

Langstone

Channel

Sewage
Works

Groynes

Pipes

SINAH COMMON

SEA FRONT ROAD

Club House

392

Miniature Golf Links

99

Marina

PORT ...ERLAND

... Range
(...search Agency)

Sewage
Outfall

Pipe Lines

Groynes

HAYLING GOLF COURSE

Gunner
Point

Groynes

Beachcot

West Winner

HEAD

East Winner

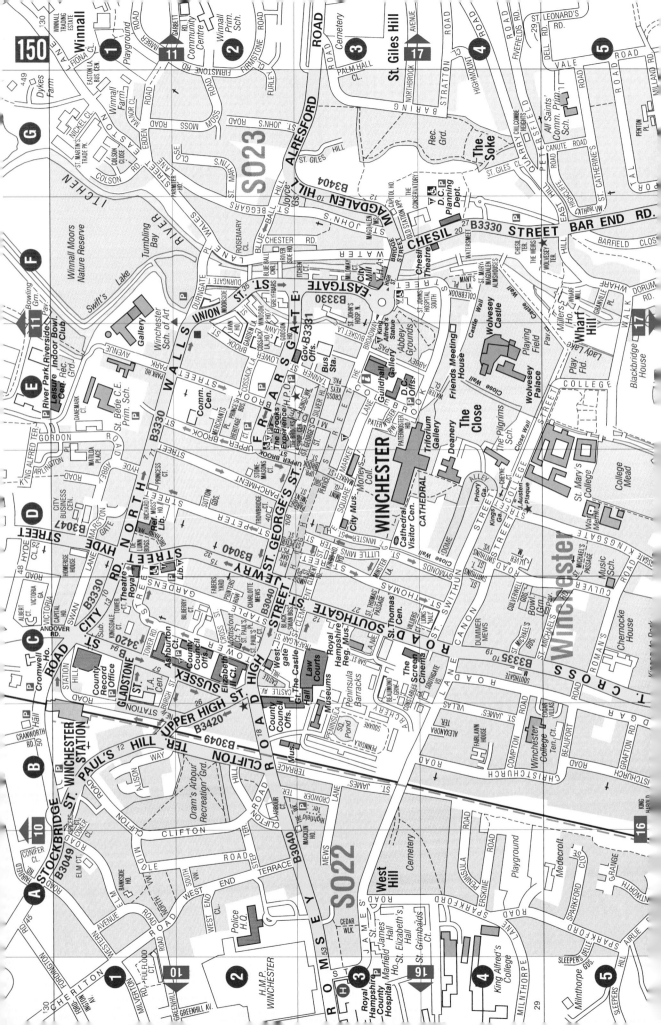

INDEX

Including Streets, Industrial Estates, Selected Subsidiary Addresses
and Selected Places of Interest.

HOW TO USE THIS INDEX

1. Each street name is followed by its Posttown or Postal Locality and then by its map reference; e.g. Abbeydore Rd. *Ports* —5H **117** is in the Portsmouth Posttown and is to be found in square 5H on page **117**. The page number being shown in bold type.
   A strict alphabetical order is followed in which Av., Rd., St., etc. (though abbreviated) are read in full and as part of the street name; e.g. Abbeyfield Dri. appears after Abbey Enterprise Cen. but before Abbey Fields Clo.

2. Streets and a selection of Subsidiary names not shown on the Maps, appear in the index in *Italics* with the thoroughfare to which it is connected shown in brackets; e.g. *Abbey Wlk. Roms* —3K **27** (off Church St.)

3. An example of a selected place of interest is **Action Stations Exhibition Mus. —3F 145 (3B 6)**

4. Map references shown in brackets; e.g. Abbey Pas. *Win* —1F **17** (4E **150**) refer to entries that also appear on the large scale pages **4-7** and **150**.

GENERAL ABBREVIATIONS

All : Alley
App : Approach
Arc : Arcade
Av : Avenue
Bk : Back
Boulevd : Boulevard
Bri : Bridge
B'way : Broadway
Bldgs : Buildings
Bus : Business
Cvn : Caravan
Cen : Centre
Chu : Church
Chyd : Churchyard
Circ : Circle
Cir : Circus
Clo : Close
Comn : Common
Cotts : Cottages

Ct : Court
Cres : Crescent
Cft : Croft
Dri : Drive
E : East
Embkmt : Embankment
Est : Estate
Fld : Field
Gdns : Gardens
Gth : Garth
Ga : Gate
Gt : Great
Grn : Green
Gro : Grove
Ho : House
Ind : Industrial
Info : Information
Junct : Junction
La : Lane

Lit : Little
Lwr : Lower
Mc : Mac
Mnr : Manor
Mans : Mansions
Mkt : Market
Mdw : Meadow
M : Mews
Mt : Mount
Mus : Museum
N : North
Pal : Palace
Pde : Parade
Pk : Park
Pas : Passage
Pl : Place
Quad : Quadrant
Res : Residential
Ri : Rise

Rd : Road
Shop : Shopping
S : South
Sq : Square
Sta : Station
St : Street
Ter : Terrace
Trad : Trading
Up : Upper
Va : Vale
Vw : View
Vs : Villas
Vis : Visitors
Wlk : Walk
W : West
Yd : Yard

POSTTOWN AND POSTAL LOCALITY ABBREVIATIONS

Abb W : Abbots Worthy
Alr : Alresford
Amp : Ampfield
Asht : Ashurst
Avtn : Avington
Awb : Awbridge
Bart : Bartley
Beau : Beaulieu
Bed : Bedhampton
Bish S : Bishops Sutton
Bish W : Bishops Waltham
Black : Blackfield
Bot : Botley
Brfld : Braishfield
Bram : Brambridge
Brook : Brook
Bton : Buriton
Bur : Burridge
Burs : Bursledon
Cad : Cadnam
Cal : Calmore
Cals : Calshot
Cath : Catherington
Chan F : Chandler's Ford
Cher : Cheriton
Chilc : Chilcomb
Chilw : Chilworth
Clan : Clanfield
Col C : Colden Common
Comp : Compton
Copy : Copythorne
Cptn : Corhampton
Cosh : Cosham
Cowp : Cowplain
Cram : Crampmoor
Curd : Curdridge
Den : Denmead
Dib : Dibden
Dib P : Dibden Purlieu
Dray : Drayton

Drox : Droxford
Durl : Durley
E Bol : East Boldre
E Dock : Eastern Docks
Eastl : Eastleigh
E Meo : East Meon
Estn : Easton
E Wel : East Wellow
Ems : Emsworth
Exby : Exbury
Ext : Exton
F Oak : Fair Oak
Fare : Fareham
Farl : Farlington
Fawl : Fawley
Fish P : Fishers Pond
Frox : Froxfield
Gos : Gosport
Hamb : Hamble
Hmbdn : Hambledon
Hav : Havant
Hay I : Hayling Island
H End : Hedge End
Highb : Highbridge
Hils : Hilsea
Holb : Holbury
Horn : Horndean
H Hth : Horton Heath
Hurs : Hursley
Hythe : Hythe
Ids : Idsworth
It Ab : Itchen Abbas
It Sto : Itchen Stoke
King S : Kings Somborne
King W : Kings Worthy
Know : Knowle
Lang : Langstone
L Hth : Locks Heath
Lee : Lee

Lee S : Lee-on-the-Solent
Liss : Liss
Love : Lovedean
Lwr S : Lower Swanwick
Lwr U : Lower Upham
Lyn : Lyndhurst
March : Marchwood
Mart W : Martyr Worthy
Meon : Meonstoke
Michd S : Micheldever Station
Michm : Michelmersh
Min : Minstead
Mis : Mislingford
Navy : H M Naval Base
Net A : Netley Abbey
Newt : Newtown
N Bad : North Baddesley
N Boar : North Boarhunt
Nurs : Nursling
Ocn V : Ocean Village
Ott : Otterbourne
Ower : Ower
Ows : Owslebury
Park G : Park Gate
Ptsfld : Petersfield
Portc : Portchester
Ports : Portsmouth
Port S : Port Solent
Pur : Purbrook
Roms : Romsey
Row C : Rowland's Castle
Rown : Rownhams
Sar G : Sarisbury Green
Seg W : Segensworth West
Shaw : Shawford
Shed : Shedfield
Shir H : Shirrell Heath
Shoot : Shootash
Sob : Soberton
Sotn : Southampton

Sotn I : Southampton International Airport
S'sea : Southsea
S'wick : Southwick
S Won : South Wonston
Spar : Sparsholt
Steep : Steep
Steep M : Steep Marsh
Sto C : Stoke Charity
Ston C : Stoney Cross
Strd : Stroud
Stub : Stubbington
Swanm : Swanmore
Swanw : Swanwick
Thor I : Thorney Island
Titchb : Tichborne
Titch : Titchfield
Tot : Totton
Twy : Twyford
Uphm : Upham
Wal C : Waltham Chase
W'frd : Warnford
Wars : Warsash
Water : Waterlooville
Westb : Westbourne
W End : West End
W Dock : Western Docks
W Meon : West Meon
West : Weston
W Wel : West Wellow
White : Whiteley
Wick : Wickham
Wid : Widley
Win : Winchester
Wins : Winsor
W'lnds : Woodlands
Wor D : Worthy Down

INDEX

Aaron Ct. *March* —3G **87**
A Avenue. *Hythe* —2F **125**
  (in two parts)
Abbas Grn. *Hav* —6A **100**
Abbey Clo. *Hythe* —3D **108**
Abbey Ct. *Sotn* —5C **68**
Abbeydore Rd. *Ports* —5H **117**
Abbey Enterprise Cen. *Roms* —5E **28**
Abbeyfield Dri. *Fare* —4K **113**
Abbey Fields Clo. *Net A* —7C **90**
Abbey Hill. *Net A* —6J **89**
Abbey Hill Clo. *Win* —5F **11**

Abbey Hill Rd. *Win* —5E **10**
Abbey Pk. Ind. Est. *Roms* —4E **28**
Abbey Pas. *Win* —1F **17** (4E **150**)
Abbey Rd. *Fare* —4A **114**
Abbey, The. *Roms* —3K **27**
Abbey Wlk. Roms —3K **27**
  (off Church St.)
Abbey Water. *Roms* —3K **27**
Abbotsbury Rd. *Eastl* —1E **50**
Abbots Clo. *Water* —2D **118**
Abbotsfield. *Tot* —5K **65**
Abbotsfield Clo. *Sotn* —6K **47**

Abbotsford. *Bart* —6A **64**
Abbotstone Av. *Hav* —2D **120**
Abbots Way. *Fare* —5A **114**
Abbots Way. *Net A* —7C **90**
Abbotswood Clo. *Roms* —1D **28**
Abbotts Ann Rd. *Win* —4C **10**
Abbotts Clo. *Win* —5F **11**
Abbotts Ct. *Win* —5E **10**
Abbotts Rd. *Eastl* —2H **49**
Abbotts Rd. *Win* —5F **11**
Abbotts Way. *Sotn* —3E **68**
A'Becket Ct. *Ports* —4F **145** (6C **6**)

Abercrombie Gdns. *Sotn* —7H **47**
Aberdare Av. *Ports* —5C **118**
Aberdeen Clo. *Fare* —3B **114**
Aberdeen Rd. *Sotn* —3F **69**
Aberdour Clo. *Sotn* —4A **70**
Abingdon Clo. *Gos* —4A **144**
Abingdon Gdns. *Sotn* —1B **68**
Above Bar St. *Sotn* —7C **68** (1D **4**)
Abraham Clo. *Bot* —7K **71**
Abshot Clo. *Fare* —5C **112**
Abshot Rd. *Fare* —5C **112**
Acacia Gdns. *Water* —7J **79**

Acacia Rd.—Ariel Rd.

Acacia Rd. Sotn —7J 69
Acer Way. Hav —2E 120
Ackworth Rd. Ports —2B 134
Acorn Bus. Cen. Ports —7J 117
Acorn Clo. Gos —6G 131
Acorn Clo. March —4H 87
Acorn Clo. Ports —6G 119
Acorn Clo. Win —5C 10
Acorn Ct. Hamb —3E 110
Acorn Dri. Rown —4F 47
Acorn Gdns. Water —6J 79
Acorn Gro. Chan F —6C 30
Acorns, The. Burs —5E 90
Acorn Workshops. Sotn —5E 68
Acre La. Water —4K 99
Action Stations Exhibition Mus. —3F 145 (3B 6)
Adair Rd. S'sea —6B 146
Adames Rd. Ports —2K 145
Adams Clo. H End —1G 71
Adamson Clo. Chan F —2G 31
Adams Rd. Hythe —4D 108
Adams Way. Fare —1D 112
Adams Wood Dri. March —4G 87
Adcock Ct. Sotn —4F 47
Addenbroke. Gos —4B 144 (off Willis Rd.)
Adderbury Av. Ems —3J 121
Addison Clo. Roms —1C 28
Addison Clo. Win —3B 16
Addison Rd. Eastl —5A 32
Addison Rd. Sar G —7A 92
Addison Rd. S'sea —5K 145 (7K 7)
Addis Sq. Sotn —3E 68 (in two parts)
Adelaide Pl. Fare —5F 115
Adelaide Rd. Sotn —4F 69
Adela Verne Clo. Sotn —2D 90
Adey Clo. Sotn —3A 90
Adhurst Rd. Hav —2D 120
Admiral Pk. Ind. Est., The. Ports —4B 134
Admirals Clo. Fawl —4A 126
Admiral's Corner. S'sea —6J 145
Admirals Ct. Hamb —4F 111
Admirals Ct. S'sea —6H 145
Admiral's Rd. L Hth —2C 112
Admirals Wlk. Gos —5J 143
Admiral's Wlk. Ports —2E 144 (2A 6)
Admiral's Way. Hamb —3E 110
Admirals Way. Hythe —1D 108
Admiralty Ho. Sotn —3D 88 (7F 5)
Admiralty Rd. Gos —6D 144
Admiralty Rd. Ports —3F 145 (3B 6)
Admiralty Way. March —2G 87
Adsdean Clo. Hav —2B 120
Adstone La. Ports —3D 134
Adur Clo. Gos —1J 143
Adur Clo. W End —3A 70
Aerial Rd. S'wick —4G 117
Aerodrome Rd. Gos —3G 131
Africa Dri. March —4G 87
Agincourt Rd. Ports —1J 145
Agitator Rd. Hythe —2B 126
Agnew Ho. Gos —2A 144
Agnew Rd. Gos —4F 131
Agwi Rd. Hythe —2B 126
Aikman La. Tot —5G 65
Ailsa La. Sotn —1G 89
Ainsdale Rd. Ports —5E 118
Ainsley Gdns. Eastl —5K 31
Aintree Clo. H Hth —4J 51
Aintree Ct. White —5C 92
Aintree Dri. Water —4J 99
Aintree Rd. Cal —3H 65
Airlie Corner. Win —2D 16
Airlie Rd. Win —2D 16 (5A 150)
Airport Ind. Est. Ports —4C 134
Airport Service Rd. Ports —3B 134
Airspeed Rd. Ports —5D 134
Ajax Clo. Fare —6A 130
Alameda Rd. Water —2E 118
Alameda Way. Water —2E 118
Alandale Rd. Sotn —1C 90
Alan Drayton Way. Eastl —1E 50
Alan Gro. Fare —4B 114
Albacore Av. Wars —5K 111
Albany Bus. Cen. Fare —6E 94
Albany Cvn. Site. Fare —6A 130
Albany Ct. Bish W —3H 53
Albany Ct. Gos —4A 144
Albany Dri. Bish W —3H 53
Albany Pk. Ct. Sotn —4C 68
Albany Rd. Bish W —3H 53
Albany Rd. Holb —3F 125
Albany Rd. Roms —3A 28
Albany Rd. Sotn —6K 67
Albany Rd. S'sea —5J 145 (7H 7)
Albatross Wlk. Gos —5E 130
Albemarle Av. Gos —1A 144
Albemarle Ct. Sotn —1F 69
Albert Clo. Net A —1B 110 (in two parts)
Albert Ct. Win —6E 10 (1C 150)
Albert Gro. S'sea —5J 145 (7J 7)
Albert Rd. Bish W —4J 53
Albert Rd. Cosh —7A 118
Albert Rd. Eastl —5A 32
Albert Rd. Fare —5C 130
Albert Rd. H End —7G 71
Albert Rd. S'sea —5J 145 (7J 7)
Albert Rd. Water —6F 99
Albert Rd. N. Sotn —2E 88 (5H 5)
Albert Rd. S. Sotn —2E 88 (6H 5)
Albert St. Gos —3B 144
Albion Clo. Fare —1A 132
Albion Pl. Sotn —1C 88 (4D 4) (in two parts)
Albion Rd. Lee S —7B 130
Albion Towers. Sotn —1E 88 (3G 5)
Albretia Av. Water —2E 98
Albury Pl. Chan F —1E 30
Alcantara Cres. Sotn —2F 89 (6H 5)
Alchorne Pl. Ports —4C 134
Alder Clo. Col C —2F 33
Alder Clo. Dib P —3K 107
Alder Clo. March —3G 87
Alder Clo. Roms —4E 28
Alderfield. Ptsfld —6C 24
Alder Hill Dri. Tot —4G 65
Alder La. Gos —3G 143
Aldermoor Av. Sotn —7H 47
Aldermoor Clo. Sotn —7K 47
Aldermoor Rd. Gos —1G 143
Aldermoor Rd. Sotn —7H 47
Aldermoor Rd. Water —2E 118
Aldermoor Rd. E. Water —1E 118
Alderney Clo. Sotn —7F 47
Alder Rd. Sotn —7G 47
Alders Ct. Alr —1G 15
Aldershot Ho. Hav —1E 120
Alders Rd. Fare —7E 114
Alderwood Av. Chan F —4D 30
Alderwood Clo. Hav —3J 119
Aldrich Rd. Navy —2F 145 (1C 6)
Aldridge Clo. Water —6K 59
Aldroke St. Ports —7A 118
Aldsworth Clo. Ports —6D 118
Aldsworth Gdns. Ports —6D 118
Aldsworth Path. Ports —6D 118
Aldwell St. S'sea —4J 145 (5H 7)
Alec Rose Ho. Gos —4B 144
Alec Rose La. Ports —3H 145 (4F 7)
Alecto Rd. Gos —5A 144
Alencon Clo. Gos —7B 132
Alexander Clo. Tot —4J 65
Alexander Clo. Water —7E 98
Alexander Ct. Sotn —6A 68
Alexander Gro. Fare —6D 114
Alexandra Av. Hay I —6C 148
Alexandra Clo. Hythe —2D 108
Alexandra Ho. Ports —4G 145 (6D 6)
Alexandra Rd. Chan F —2H 31
Alexandra Rd. H End —7G 71
Alexandra Rd. Hythe —2D 108
Alexandra Rd. Ports —2J 145 (1H 7)
Alexandra Rd. Sotn —6A 68 (1A 4)
Alexandra St. Gos —2K 143
Alexandra Ter. Win —1E 16 (4B 150)
Alexandra Way. Bot —5B 72
Alfred Clo. Tot —4H 65
Alfred Rd. Fare —4A 130
Alfred Rd. Ports —3G 145 (3E 6)
Alfred Rose Ct. Sotn —7H 49
Alfred St. Sotn —6E 68
Alfriston Gdns. Sotn —1A 90
Algiers Rd. Ports —7C 134
Alhambra Rd. S'sea —7K 145
Alison Way. Win —7E 10 (1B 150)
Allan Gro. Roms —3C 28
Allaway Av. Ports —6E 116
Allbrook Ct. Hav —7A 100
Allbrook Hill. Eastl —3A 32
Allbrook Knoll. Eastl —3K 31
Allbrook Way. Eastl —2K 31
Allcot Rd. Ports —5A 134
Allenby Gro. Fare —7B 116
Allenby Rd. Gos —2H 143
Allendale Av. Ems —3H 121
Allen Rd. H End —5H 71
Allens Farm La. Ext —4A 38
Allens La. Meon —5B 38
Allen's Rd. S'sea —6K 145
Allerton Clo. Tot —3J 65
Alliance Clo. Gos —6G 131
Allington La. W End & F Oak —1A 70
Allington Mnr. Farm Bus. Cen. F Oak —4D 50
Allington Rd. Sotn —5E 66
Allison Ho. H End —4H 71
Allmara Dri. Water —2G 119
Allotment Rd. H End —6G 71
Allotment Rd. Sar G —1K 111
All Saints Ho. Sotn —5F 5
All Saints St. Ports —2H 145 (1G 7)
Alma La. Uphm —2C 52
Alma Rd. Roms —3A 28
Alma Rd. Sotn —4D 68
Alma St. Gos —2K 143
Almatade Rd. Sotn —5K 69
Alma Ter. S'sea —5B 146
Almond Clo. Hav —6G 119
Almond Clo. Water —1K 99
Almond Ct. Sotn —6K 67
Almond Rd. Sotn —6K 67
Almondsbury Rd. Ports —4E 116
Almondside. Gos —6H 131
Alphage Rd. Gos —6J 131
Alpha Ho. Sotn —2K 47
Alpine Clo. Sotn —4A 70
Alpine Rd. Asht —2E 84
Alresford Drove. S Won —1D 8
Alresford Rd. Hav —2B 120
Alresford Rd. Win —1G 17 (2G 150)
Alresford Rd. Win & Alr —7D 12
Alsford Rd. Water —1E 118
Alswitha Ter. Win —6F 11 (1E 150)
Alten Rd. Water —3D 98
Althorpe Dri. Ports —3D 134
Alton Clo. F Oak —1G 51
Alton Ct. Win —5F 11 (off Northlands Dri.)
Alton Gro. Fare —1B 132
Alum Clo. Holb —4G 125
Alum Way. Fare —5H 115
Alum Way. Sotn —5A 70
Alvara Rd. Gos —6K 143
Alver Bri. Vw. Gos —5A 144
Alvercliffe Dri. Gos —6J 143
Alver Quay. Gos —5A 144
Alver Rd. Gos —4A 144
Alver Rd. Ports —2K 145 (2K 7)
Alverstone Rd. S'sea —3B 146
Alveston Av. Fare —6A 114
Alyne Ho. Sotn —4C 68
Amarylis Clo. Fare —2F 113
Amberley Clo. Bot —5B 72
Amberley Clo. N Bad —5F 29
Amberley Ct. Tot —7K 65
Amberley Rd. Clan —6A 60
Amberley Rd. Gos —7K 131
Amberley Rd. Ports —4A 134
Amberslade Wlk. Dib P —5C 108
Amberwood Clo. Cal —2H 65
Ambledale. Sar G —2K 111
Ambleside. Bish W —3H 53
Ambleside. Bot —7J 71
Ambleside Ct. Gos —7K 143
Ambleside Gdns. Sotn —2K 89
Amersham Clo. Gos —4H 143
Amethyst Gro. Water —5J 99
Amey Ind. Est. Ptsfld —6C 24
Amoy St. Sotn —6C 68
Ampfield Clo. Hav —2J 119
Ampfield Golf Course. —6K 19
Amport Clo. Win —4B 10
Amport Ct. Hav —7A 100
Ampthill Rd. Sotn —5J 67
Amyas Ct. S'sea —4D 146
Ancasta Rd. Sotn —5E 68
Anchorage Rd. Ports —4C 134
Anchorage, The. Gos —4B 144
Anchor Bus. Cen. Chan F —5E 30
Anchor Ga. Ports —2G 145 (2D 6)
Anchor Ga. Rd. Navy —2F 145 (1C 6)
Anchor La. Ports —3E 144 (3A 6)
Andalusian Gdns. White —5C 92
Anderby Rd. Sotn —2E 66
Andersen Clo. White —5D 92
Anderson Clo. Hav —3D 120
Anderson Clo. Roms —7D 18
Anderson's Rd. Sotn —2E 88 (5H 5)
Anders Rd. S Won —2D 8
Andes Clo. Sotn —2F 89 (6J 5)
Andes Rd. Nurs —1C 66
Andover Ho. Hav —1D 120
Andover Rd. Sotn —6A 68
Andover Rd. S'sea —6A 146
Andover Rd. Win —4D 10 (1C 150)
Andover Rd. N. Win —2C 10
Andover Rd. Retail Pk. Win —6E 10
Andrew Bell St. Ports —2H 145 (1G 7)
Andrew Clo. Dib P —5D 108
Andrew Clo. Ports —2A 146
Andrew Clo. Tot —5J 65
Andrew Cres. Water —3E 98
Andrewes Clo. Bish W —3K 53
Andrew Pl. Fare —5J 129
Andromeda Rd. Sotn —7F 47
Anfield Clo. F Oak —2H 51
Anfield Ct. F Oak —2G 51
Angel Cres. Sotn —6J 69
Angelica Ct. Water —7H 99
Angelica Gdns. H Hth —4H 51
Angelica Way. White —5F 93
Angelo Clo. Water —5H 99
Angelus Clo. Fare —5K 129
Angerstein Rd. Ports —6J 133
Anglers Way. Lwr S —5J 91
Anglesea Building. Ports —3G 145 (4D 6)
Anglesea Ct. Sotn —3J 67
Anglesea Rd. Lee S —4D 142
Anglesea Rd. Ports —3G 145 (3E 6)
Anglesea Rd. Sotn —3J 67
Anglesea Ter. Sotn —2E 88 (5H 5)
Anglesey Arms Rd. Gos —6K 143
Anglesey Rd. Gos —7K 143
Anglesey Vw. Gos —5A 144
Angmering Ho. Ports —3H 145 (3G 7)
Angus Clo. Fare —3B 114
Anjou Cres. Fare —4A 114
Anker La. Fare —3K 129
Ankerwyke. Gos —6E 130
Anmore Clo. Hav —2A 120
Anmore Dri. Water —3E 98
Anmore La. Water —1C 98
Anmore Rd. Water —7B 78
Anne Cres. Water —7F 99
Annes Ct. Hay I —6B 148
Ann's Hill Rd. Gos —2K 143
Anson Clo. Gos —3G 143
Anson Dri. Sotn —1B 90
Anson Gro. Fare —5C 116
Anson Rd. Eastl —4H 51
Anson Rd. S'sea —3B 146
Anstey Rd. Roms —1C 28
Anthill Clo. Water —6H 77
Anthony Gro. Gos —6J 131
Anthony Way. Ems —3J 121
Anton Clo. Roms —3D 28
Anvil Clo. E Meo —2F 41
Anvil Clo. Water —3K 99
Anvil Clo. W End —2B 70
Anvil Ct. S'sea —4C 146
Anzac Clo. Fare —3K 129
Apex Cen. Fare —2D 130
Apless La. Den —1E 96
Apollo Ct. S'sea —4J 145 (6G 7)
Apollo Dri. Water —3G 119
Apollo Pl. Sotn —4K 69
Apollo Rd. Chan F —3J 31
Appledown Clo. Alr —3G 15
Appledown La. Alr —4H 15
Applegate Pl. Water —6H 79
Apple Ind. Est. Fare —1D 112
Appleshaw Clo. Win —3C 10
Appleshaw Grn. Hav —2K 119
Appleton Rd. Fare —5K 113
Appleton Rd. Sotn —3H 69
Appletree Clo. Cal —3H 65 (in two parts)
Appletree Ct. Bot —5B 72
Appletree Ct. Lyn —2K 103
Applewood. Park G —1B 112
Applewood Gdns. Sotn —2K 89
Applewood Gro. Water —3D 118
Applewood Pl. Tot —6H 65
Applewood Rd. Hav —3K 119
Approach, The. Ports —6B 134
April Clo. Sotn —5A 70
April Gro. Sar G —3K 111
April Sq. Ports —2J 145 (2H 7)
Apsley Pl. Chan F —1E 30
Apsley Rd. S'sea —4B 146
Aquila Way. Hamb —4E 110
Aquitania Ho. Sotn —7F 69 (1J 5)
Arabian Gdns. White —6D 92
Arbour Ct. Win —2B 150
Arcadia Clo. Sotn —1K 67
Archer Ho. Gos —7B 144
Archers. Sotn —6B 68
Archers Clo. Cal —3H 65
Archers Rd. Eastl —6K 31
Archers Rd. Sotn —5B 68
Archery Gdns. Sotn —3J 89
Archery Gro. Sotn —3H 89
Archery La. Fare —4F 115
Archery La. Win —1E 16 (3B 150)
Archery Rd. Sotn —4H 89
Arden Clo. Gos —4J 143
Arden Clo. Sotn —3A 70
Ardingly Cres. H End —2J 71
Ardington Ri. Water —3F 119
Ardnave Cres. Sotn —6C 48
Argosy Clo. Wars —5A 112
Argus Rd. Lee S —1C 142
Argyle Cres. Fare —4B 114
Argyle Rd. Sotn —7D 68 (1F 5)
Ariel Rd. Ports —3K 145 (3K 7)

Barons Mead—Billing Clo.

Barons Mead. Sotn —1F 67
Baronsmere Ct. Gos —4K 143
Barracks Rd. S'sea —6D 146
Barratt Ind. Pk. White —1D 112
Barrie Clo. White —5D 92
Barrington Clo. Eastl —5J 31
Barrington Ho. Ports —1J 145
Barrington Ter. S'sea —7F 7
Barrow Down Gdns. Sotn —2D 90
Barrow Hill Rd. Copy —1B 64
Barry Rd. Sotn —6A 70
Barters Clo. Sotn —3G 67
Bartholomew Clo. Win —6F 11
Bartlett Clo. Fare —3B 114
Bartletts, The. Hamb —4F 111
Bartley Av. Tot —6K 65
Bartley Rd. W'lnds —1B 84
Barton Clo. Roms —2C 28
Barton Cres. Sotn —3J 69
Barton Cross. Water —5J 79
Barton Dri. Hamb —3E 110
Barton Dri. H End —5J 71
Barton Gro. Ports —4C 134
Barton Pk. Ind. Est. Eastl —1A 50
Barton Rd. Eastl —7B 32
Bartons Rd. Hav —1D 120
Bartons, The. H End —6F 71
Bartram Rd. Tot —6B 66
(in two parts)
Barwell Gro. Ems —3H 121
Barwell Ter. H End —6F 71
Basing M. Bish W —4K 53
(off Basingwell St.)
Basing Rd. Hav —1B 120
Basingstoke Rd. King W & Abb W —1J 11
Basing Way. Chan F —6D 30
Basingwell St. Bish W —4K 53
Basin St. Ports —7J 133
Bassett Av. Sotn —1C 68
Bassett Clo. Sotn —7C 48
Bassett Ct. Sotn —7C 48
Bassett Cres. E. Sotn —7C 48
Bassett Cres. W. Sotn —1C 68
Bassett Dale. Sotn —5C 48
Bassett Gdns. Sotn —7C 48
Bassett Grn. Sotn —6E 48
Bassett Grn. Clo. Sotn —6D 48
Bassett Grn. Ct. Sotn —6E 48
Bassett Grn. Dri. Sotn —5D 48
Bassett Grn. Rd. Sotn —4D 48
Bassett Heath Av. Sotn —4C 48
Bassett Lodge. Sotn —7C 48
Bassett Mdw. Sotn —7C 48
Bassett M. Sotn —6C 48
Bassett Row. Sotn —5C 48
Bassett Wlk. Hav —7A 100
Bassett Wood Dri. Sotn —5C 48
Bassett Wood M. Sotn —7C 48
Bassett Wood Rd. Sotn —5C 48
Batchelor Grn. Burs —5F 91
Bath & Wells Ct. Gos —2F 143
Bath Clo. Sotn —6A 70
Bathing La. Ports —5E 144 (6A 6)
Bath La. Fare —5F 115
Bath La. Cotts. Fare —6F 115
Bath La. Lwr. Fare —5F 115
Bath Rd. Ems —7J 121
Bath Rd. Sotn —6A 70
Bath Rd. S'sea —5A 146
Bath Sq. Ports —4E 144 (6A 6)
Bath St. Sotn —5D 68
Bathurst Clo. Hay I —5B 148
Bathurst Way. Ports —5G 133
Battenburg Av. Ports —5K 133
Battenburg Rd. Gos —3B 144
Battens Way. Hav —2C 120
Batten Way. Sotn —7H 49
Battery Clo. Gos —7J 131
Battery Hill. Bish W —3J 53
Battery Hill. Win —2B 16
Battery Promenade. Ports —5E 144 (7A 6)
Battery Row. Ports —5F 145 (7B 6)
Battle Clo. Sar G —2A 112
B Avenue. Hythe —2F 125
(in three parts)
Baxter Rd. Sotn —7D 70
Baybridge Rd. Hav —1E 120
Bay Clo. Sotn —2K 89
Bayfields. S'sea —6H 145
(off Shaftesbury Rd.)
Bayly Av. Fare —1C 132
Bay Rd. Gos —5J 143
Bay Rd. Sotn —2K 89
Bayswater Ho. S'sea —5J 145
Baythorn Clo. Ports —1J 145
Bay Tree Gdns. March —4G 87
Bay Tree Lodge. Fare —5A 130
Bay Trees. Sotn —6D 70
Bayview Ct. Hay I —6A 148
Beach Dri. Ports —6E 116
Beach La. Net A —7K 89
Beach Rd. Ems —6H 121
Beach Rd. Hay I —6B 148
(in two parts)
Beach Rd. Lee S —3B 142
Beach Rd. S'sea —7J 145
Beachway. Fare —1C 132
Beacon Bottom. Park G —7B 92
Beacon Clo. Park G —7B 92
Beacon Clo. Rown —5E 46
Beaconhill La. Ext —1B 38
Beacon M. W End —4C 70
Beacon Mt. Park G —7B 92
Beacon Rd. W End —3C 70
Beaconsfield Av. Ports —7B 118
Beaconsfield Rd. Fare —6E 114
Beaconsfield Rd. Water —5F 99
Beacon Sq. Ems —6H 121
Beacon Way. Park G —7B 92
Bealing Clo. Sotn —7E 48
Beamond Ct. Ports —7B 118
Bearslane Clo. Tot —3J 65
Beatrice Rd. Sotn —5K 67
Beatrice Rd. S'sea —6K 145
Beattie Ri. H End —2H 71
Beatty Clo. L Hth —2C 112
Beatty Ct. Sotn —7B 70
Beatty Dri. Gos —6J 143
Beatty Ho. Ports —2H 7
Beauchamp Av. Gos —5F 131
Beaucroft Rd. Wal C —1B 74
Beaufort Av. Fare —3C 114
Beaufort Dri. Bish W —3K 53
Beaufort Rd. Hav —4A 120
Beaufort Rd. S'sea —7J 145
Beaufort Rd. Win —2E 16 (5B 150)
Beaulieu Abbey. —5G 123
Beaulieu Av. Fare —6K 115
Beaulieu Av. Hav —7A 100
Beaulieu Clo. Sotn —6J 47
Beaulieu Clo. Win —3C 10
Beaulieu Ct. Sotn —3D 68
Beaulieu Pl. Gos —5F 131
Beaulieu Rd. Beau —5H 123
Beaulieu Rd. Dib P & Hythe —6B 108
Beaulieu Rd. Eastl —6K 31
Beaulieu Rd. Hamb —3E 110
Beaulieu Rd. Lyn —1K 103
Beaulieu Rd. March —7E 86
Beaulieu Rd. Ports —6K 133
Beaumaris Clo. Chan F —6D 30
Beaumaris Gdns. Hythe —1C 108
Beaumond Grn. Win —3C 150
Beaumont Clo. Fare —3A 114
Beaumont Clo. Sotn —1B 68
Beaumont Ct. Gos —7K 131
Beaumont Ri. Fare —2A 114
Beaumont Rd. Tot —5B 66
Beauworth Av. Sotn —4B 70
Beaver Dri. Eastl —1F 51
Beck Clo. Sar G —3K 111
Beckford La. S'wick —4D 96
Beckham La. Ptsfld —5B 24
Beck St. Ports —3G 145 (3D 6)
Bedenham La. Gos —4G 131
(in three parts)
Bedfield La. Win —2G 11
Bedford Av. Sotn —3H 89
Bedford Clo. Hav —6E 120
Bedford Clo. H End —6J 71
Bedford Pl. Sotn —6C 68 (1D 4)
Bedford Rd. Ptsfld —5B 24
Bedford St. Gos —2K 143
Bedford St. S'sea —4H 145 (5F 7)
Bedhampton Hill. Hav —5H 119
(in two parts)
Bedhampton Hill Rd. Hav —5J 119
Bedhampton Ho. Ports —2H 7
Bedhampton Rd. Hav —4K 119
Bedhampton Rd. Ports —7A 134
Bedhampton Way. Hav —2C 120
Bedwell Clo. Rown —5G 47
Beecham Rd. Ports —1K 145
Beech Av. Sotn —5H 69
Beech Clo. Chan F —1G 31
Beech Clo. Hamb —4D 110
Beech Clo. Roms —4D 28
Beech Clo. Water —3G 99
Beech Clo. Win —5A 16
Beech Copse. Win —6A 10
Beech Ct. Sotn —2J 89
Beech Cres. Hythe —6D 108
Beechcroft Clo. Chan F —5G 31
Beechcroft Clo. Fare —5J 113
Beechcroft Rd. Gos —5K 143
Beechcroft Way. Chan F —4G 31
Beechdale Clo. Cal —2H 65
Beechdale Wlk. Cal —2H 65
Beechen La. Lyn —3K 103
Beeches Hill. Bish W —6A 36
Beeches, The. F Oak —2J 51
Beechfield Ct. Sotn —4J 67
Beech Gdns. Hamb —4D 110
Beech Gro. Gos —5K 143
Beech Gro. Hay I —4E 148
Beechmount Rd. Sotn —6C 48
Beech Rd. Alr —2G 15
Beech Rd. Asht —3G 85
Beech Rd. Chan F —2G 31
Beech Rd. Fare —4B 114
Beech Rd. H End —5J 71
Beech Rd. Sotn —6J 67
Beech Rd. Water —6K 59
Beech Way. Water —7J 79
Beechwood Av. Water —7F 99
Beechwood Clo. Chan F —1D 30
Beechwood Clo. Wars —6J 111
Beechwood Cres. Chan F —1D 30
Beechwood Gdns. Sotn —4J 69
Beechwood Lodge. Fare —4E 114
Beechwood Ri. W End —3B 70
Beechwood Rd. Bart —7J 63
Beechwood Rd. Holb —4F 125
Beechwood Rd. Ports —3K 133
Beechwood Way. Dib P —4K 107
Beechworth Rd. Hav —5C 120
Beehive Wlk. Ports —4F 145 (6C 6)
Beeston Ct. Ports —1K 145
Beggars La. Win —7G 11 (2F 150)
Begonia Rd. Sotn —7E 48
Behrendt Clo. Gos —2K 143
Belbins. Roms —5A 18
Belbins Bus. Pk. Roms —6B 18
Belfry Wlk. Fare —4D 112
(in two parts)
Belgrave Ind. Est. Sotn —6G 69
Belgrave Rd. Sotn —2F 69
Belgrave Rd. Ind. Est. Sotn —2F 69
Belgravia Rd. Ports —6A 134
Bellair Ho. Hav —5D 120
Bellair Rd. Hav —5D 120
Bellamy Ct. Sotn —4G 69
Bell Clo. Fawl —5J 125
Bell Cres. Water —7F 99
Bell Davies Rd. Fare —6J 129
Bellemoor Rd. Sotn —3K 67
Bellevue La. Ems —4J 121
Bellevue Rd. Eastl —7K 31
Bellevue Rd. Sotn —6D 68
Bellevue Ter. Sotn —6D 68
Bellevue Ter. S'sea —5G 145 (7E 6)
Bellfield. Fare —7G 113
Bellflower Way. Chan F —3C 30
Bellflower Way. Fare —3G 113
Bell Hill. Ptsfld —3C 24
Bell Hill Ridge. Ptsfld —4C 24
Bell Ho. Alr —3G 15
Bell Rd. Ports —6J 117
Bells La. Fare —5K 129
Bell St. Roms —3K 27
Bell St. Sotn —2D 88 (5F 5)
Belmont Clo. Dib P —4D 108
Belmont Clo. Fare —4A 130
Belmont Clo. Water —1K 79
Belmont Gro. Hav —4K 119
Belmont Pl. S'sea —5H 145 (7G 7)
Belmont Rd. Chan F —7F 31
Belmont Rd. Sotn —4E 68
Belmont St. S'sea —5H 145 (7G 7)
Belmore Clo. Ports —1K 145
Belmore La. Ows & Uphm —1K 35
Belney La. S'wick —6J 97
Belstone Rd. Tot —5K 65
Belton Rd. Sotn —2A 90
Belvedere Clo. Ptsfld —5D 24
Belvedere Rd. Dib P —4D 108
Belvidere Ho. Sotn —6F 69 (1K 5)
Belvidere Rd. Sotn —1F 89 (3J 5)
Belvidere Ter. Sotn —7F 69 (1J 5)
(in two parts)
Belvoir Clo. Fare —5D 114
Bembridge. Net A —7B 90
Bembridge Clo. Sotn —6F 49
Bembridge Ct. Hay I —7F 149
Bembridge Cres. S'sea —7K 145
Bembridge Dri. Hay I —7F 149
Bembridge Lodge. Lee S —3B 142
Bemister's La. Gos —4D 144
Benbow Clo. Water —5K 79
Benbow Gdns. Cal —2H 65
Benbow Ho. Ports —3B 6
Benbow Pl. Ports —3F 145 (3B 6)
Bencroft Ct. Sotn —6E 48
Benedict Clo. Roms —3D 28
Benedict Way. Fare —5D 116
Beneficial St. Ports —3F 145 (3B 6)
Benenden Grn. Alr —3G 15
Benham Dri. Ports —3A 134
Benham Gro. Fare —1C 132
Benhams Farm Clo. Sotn —3K 69
Benhams Rd. Sotn —2K 69
Ben More Gdns. Chan F —2E 30
Bennett Wlk. Black —5J 125
Benson Rd. Sotn —4J 67
Bentham Ct. Sotn —7D 48
Bentham Rd. Gos —5A 144
Bentham Way. Swanw —5J 91
Bentley Clo. King W —1G 11
Bentley Clo. Water —4K 79
Bentley Ct. Hav —1E 120
Bentley Ct. Sotn —3D 68
Bentley Cres. Fare —4C 114
Bentley Grn. Sotn —4B 70
Bentworth Clo. Hav —2A 120
Bepton Down. Ptsfld —6E 24
Berber Clo. White —7D 92
Bercote Clo. Win —2A 10
Bere Clo. Chan F —2D 30
Bere Clo. Win —5C 10
Bere Farm La. N Boar —6J 95
Bere Rd. Water —1A 98
Beresford Clo. Chan F —5H 31
Beresford Clo. Water —7F 99
Beresford Gdns. Chan F —5H 31
Beresford Rd. Chan F —5H 31
Beresford Rd. Fare —4A 130
Beresford Rd. Ports —6K 133
Bereweeke Av. Win —4D 10
Bereweeke Clo. Win —6D 10
Bereweeke Rd. Win —6D 10
Bereweeke Way. Win —5D 10
Bergen Cres. H End —7H 71
Berkeley Clo. Fare —5J 129
Berkeley Clo. Sotn —5B 68
Berkeley Ct. Lee S —3C 142
Berkeley Gdns. H End —7H 71
Berkeley Rd. Sotn —6C 68
Berkeley Sq. Hav —5E 120
Berkshire Clo. Ports —3J 145 (4J 7)
Bernard Av. Ports —6B 118
Bernard Powell Ho. Hav —5D 120
Bernard St. Sotn —2D 88 (5E 4)
Berney Rd. S'sea —4D 146
Bernina Av. Water —3D 98
Bernina Clo. Water —3D 98
Bernwood Gro. Black —1C 140
Berry Clo. H End —6J 71
Berrydown Rd. Hav —6K 99
Berry La. Fare —5H 129
Berry La. Twy —2E 22
Berry Mdw. Cotts. S'wick —7D 96
Berrywood Gdns. H End —5G 71
Berthon Ho. Roms —4K 27
Bertie Rd. S'sea —4C 146
Berwyn Wlk. Fare —6B 114
Beryl Av. Gos —7J 131
Beryton Clo. Gos —2K 143
Beryton Rd. Gos —2K 143
Beta Ho. Sotn —2K 47
Betteridge Dri. Rown —5E 46
Bettesworth Rd. Ports —1K 145
Betula Clo. Water —7H 99
Beulah Rd. Sotn —3H 67
Bevan Clo. Sotn —4H 89
Bevan Rd. Water —7G 79
Beverley Clo. Park G —2D 112
Beverley Gdns. Burs —4D 90
Beverley Gdns. Roms —1D 28
Beverley Gdns. Swanm —6E 54
Beverley Gro. Ports —5G 119
Beverley Heights. Sotn —1J 69
Beverley Rd. Dib P —6C 108
Beverley Rd. Fare —6K 129
Beverly Clo. Gos —5G 131
Beverston Rd. Ports —5F 117
Bevis Clo. Fawl —5J 125
Bevis Clo. Wars —6J 111
Bevis Rd. Gos —3A 144
Bevis Rd. Ports —6J 133
Bevis Rd. N. Ports —6J 133
Bevois Gdns. Sotn —5D 68
Bevois Hill. Sotn —4E 68
Bevois M. Sotn —5D 68
Bevois Valley Rd. Sotn —5E 68
Beyne Rd. Win —5A 16
Bickton Wlk. Hav —7A 100
Bidbury La. Hav —5K 119
Biddenfield La. Wick & Shed —2K 93
Biddlecombe Clo. Gos —7F 131
Biddlesgate Ct. Sotn —2C 88 (5D 4)
Bideford Clo. Sotn —3F 67
Biggin Wlk. Fare —6B 114
Big Tree Cotts. Sob —5B 56
Bilberry Clo. L Hth —4A 112
Bilberry Ct. Win —7E 10 (2C 150)
Bilberry Dri. March —3F 87
Billett Av. Water —4G 99
Billing Clo. S'sea —5C 146

154 A-Z Southampton, Portsmouth & Winchester

Billington Gdns.—Bransley Clo.

Billington Gdns. H End —2J 71
Bill Stillwell Ct. Ports —5H 133
Billy Lawn Av. Hav —1C 120
Bilton Bus. Pk. Ports —4D 134
Bilton Cen., The. Ports —6H 117
Bilton Way. Ports —5D 134
Bindon Clo. Sotn —2H 67
Bindon Rd. Sotn —2H 67
Binnacle Way. Ports —6G 117
Binness Path. Ports —7F 119
Binness Way. Ports —7F 119
Binsey Clo. Sotn —4F 67
Binstead Clo. Sotn —6F 49
Binsteed Rd. Ports —7K 133
Birch Clo. Col C —2E 32
Birch Clo. Roms —4E 28
Birch Clo. Sotn —2H 67
Birch Clo. Water —2F 99
Birch Ct. Win —2B 16
Birch Dale. Hythe —4E 108
Birchdale Clo. Wars —6J 111
Birch Dri. Gos —3F 131
Birchen Clo. Park G —2D 112
Birchen Rd. Park G —2D 112
Birches Clo., The. N Bad —5G 29
Birches, The. Sotn —4A 70
Birchglade. Cal —2H 65
Birch Gro. Eastl —4K 31
Birchlands. Tot —7J 65
Birchmore Clo. Gos —5F 131
Birch Rd. Chilw —3C 48
Birch Rd. H End —5J 71
Birch Rd. Sotn —1H 67
Birch Tree Clo. Ems —2J 121
Birch Tree Dri. Ems —2J 121
Birch Wood. Sotn —7D 70
Birchwood Gdns. H End —4H 71
Birchwood Lodge. Fare —4E 114 (off Northwood Sq.)
Birdfield. Chan F —3B 30
Birdham Rd. Hay I —6H 149
Birdlip Clo. Water —6H 79
Birdlip Rd. Ports —5G 117
Birdwood Gro. Fare —6J 115
Birinus Rd. Win —6F 11
Birkdale Av. Ports —5D 118
Birmingham Ct. Gos —3G 143
Biscay Clo. Fare —4J 129
Bishops Clo. Tot —4K 65
Bishops Ct. Eastl —5C 32
Bishops Cres. Sotn —1J 89
Bishopsfield Rd. Fare —7B 114
Bishops Ga. Fare —3D 112
Bishop's La. Bish W —4K 53
Bishops La. Shir H —3E 74
Bishops Rd. Sotn —2H 89
Bishops Sutton Rd. Alr —1H 15
Bishopstoke La. Bram —4D 32
Bishopstoke Mnr. Eastl —7B 32
Bishopstoke Rd. Eastl —7A 32
Bishopstoke Rd. Hav —1B 120
Bishop St. Ports —3F 145 (3C 6)
Bishop's Waltham Palace. —4K 53
Bishop's Wood Rd. Swanm & Mis —1E 74
Bisley Ct. Sotn —2A 90
Bittern Clo. Gos —1A 144
Bitterne Clo. Hav —7C 100
Bitterne Cres. Sotn —6K 69
Bitterne Mnr. Ho. Sotn —5F 69
Bitterne Rd. Sotn —6J 69 (in three parts)
Bitterne Rd. E. Sotn —5K 69
Bitterne Rd. W. Sotn —5F 69
Bitterne Village. Sotn —5K 69
Bitterne Way. Sotn —6H 69
Blackberry Clo. Water —7A 60
Blackberry Dri. F Oak —2G 51
Blackberry Ter. Sotn —5E 68
Blackbird Clo. Water —1G 99
Blackbird Rd. Eastl —2G 49
Blackbird Way. Lee S —1C 142
Blackbrook Bus. Pk. Fare —5B 114
Blackbrook Ho. Dri. Fare —5B 114
Blackbrook Pk. Av. Fare —5B 114
Blackbrook Rd. Fare —4K 113
Blackburn Ct. Gos —3G 143
Blackbushe Clo. Sotn —6G 47
Blackcap Clo. Row C —4D 100
Black Cottage La. Wick —3F 95
Blackdown Clo. Dib P —4A 108
Blackdown Cres. Hav —2B 120
Blackfield Rd. Black & Fawl —6H 125
Blackfriars Clo. S'sea —4J 145 (5H 7)
Blackfriars Rd. S'sea —3J 145 (4H 7)
Black Hill Rd. E Wel —2A 44
Blackhorse La. Shed —3B 74
Blackhouse La. N Boar —4K 95
Blackmoor Wlk. Hav —1E 120
Black Swan Bldgs. Win —2C 150
Blackthorn Clo. Sotn —7J 69
Blackthorn Clo. S Won —2B 8
Blackthorn Dri. Gos —6K 131
Blackthorn Dri. Hay I —5F 149
Blackthorn Grn. Col C —2F 33
Blackthorn Rd. Hay I —5F 149
Blackthorn Rd. Sotn —7J 69
Blackthorn Rd. Water —2K 79
Blackthorn Ter. Ports —2G 145 (2C 6)
Blackthorn Wlk. Water —4J 99 (off Barn Fold)
Blackwater. Lyn —6H 83
Blackwater Clo. Ports —6J 117
Blackwater Dri. Tot —3J 65
Blackwater M. Tot —3J 65
Blackwell Rd. Wor D —3B 8
Blackwood Ho. Ports —1J 145
Bladon Clo. Hav —3F 121
Bladon Rd. Sotn —2K 67
Blair Atholl Ri. Fare —4C 114
Blake Clo. Nurs —6E 46
Blake Ct. Gos —4D 144
Blakemere Cres. Ports —5H 117
Blakeney Rd. Sotn —2E 66
Blake Rd. Gos —3B 144
Blake Rd. Ports —5E 118
Blakesley La. Ports —3D 134
Blanchard Rd. Bish W —3J 53
Blankney Clo. Fare —5J 129
Blann Clo. Nurs —6D 46
Blaven Wlk. Fare —6B 114
Bleaklow Clo. Sotn —4G 67
Blechynden Ter. Sotn —7B 68 (2B 4)
Blencowe Dri. Chan F —5B 30
Blendworth Cres. Hav —3B 120
Blendworth Ho. Ports —1H 7
Blendworth La. Horn —5A 80
Blendworth La. Sotn —5B 70
Blendworth Rd. S'sea —3C 146
Blenheim Av. Sotn —3D 68
Blenheim Clo. Chan F —6C 30
Blenheim Clo. Tot —6J 65
Blenheim Ct. Sotn —3D 68
Blenheim Ct. S'sea —5B 146
Blenheim Gdns. Dib P —4A 108
Blenheim Gdns. Gos —7A 132
Blenheim Gdns. Hav —4E 120
Blenheim Gdns. Sotn —2E 68
Blenheim Ho. Eastl —1A 50
Blenheim Ho. Roms —3C 28 (off Chambers Av.)
Blenheim Rd. Eastl —1K 49
Blenheim Rd. Water —7H 79
Bleriot Cres. White —1F 113
Blighmont Av. Sotn —6J 67
Blighmont Cres. Sotn —6J 67
Blind La. Curd —2F 73
Blind La. W End —6H 51
Blind La. Wick —7C 74
Bliss Clo. Water —1F 119
Blissford Clo. Hav —1E 120
Bloomsbury Wlk. Sotn —3H 89
Blossom Clo. Bot —6K 71
Blossom Sq. Ports —2F 145 (2C 6)
Blount Rd. Ports —5G 145 (7D 6)
Blue Anchor La. Sotn —2C 88 (5D 4)
Blue Ball Corner. Win —2F 150
Blue Ball Hill. Win —7G 11 (2F 150)
Bluebell Clo. Water —7G 99
Bluebell Copse. L Hth —4A 112
Bluebell Rd. Sotn —7E 48
Blueprint Portfield Rd. Ports —5B 134
Bluestar Gdns. H End —2H 71
Blundell La. Burs —3G 91
Blyth Clo. Sotn —2E 66
Boakes Pl. Asht —3H 85
Boardwalk Shop. Cen., The. Port S —1F 133
Boardwalk, The. Port S —7G 117
Boarhunt Clo. Ports —3J 145 (3H 7)
Boarhunt Rd. Fare —3H 115
Boatyard Ind. Est., The. Fare —6E 114
Bodmin Rd. Eastl —7D 32
Bodmin Rd. Ports —6F 117
Bodycoats Rd. Chan F —4G 31
Boiler Rd. Fawl —6D 126
Boiler Rd. Ports —1E 144 (1A 6)
Bolde Clo. Ports —4C 134
Boldens Rd. Gos —7A 144
Bolderwood Clo. Eastl —1E 50
Boldre Clo. Hav —2K 119
Boldrewood Rd. Sotn —7B 48
Bolhinton Av. March —4E 86
Bolton's Bench. —1K 103
Boltons, The. Water —3F 119
Bonchurch Clo. Sotn —6F 49
Bonchurch Rd. S'sea —3B 146
Bondfields Cres. Hav —7B 100
Bond Rd. Sotn —3H 69
Bond St. Sotn —6F 69 (1K 5)
Bones La. Bton —5G 43
Bonfire Corner. Ports —2F 145 (2B 6)
Boniface Clo. Tot —4J 65
Boniface Cres. Sotn —1E 66
Boothby Clo. Tot —6B 66
Bordon Rd. Hav —1C 120
Borman Way. S Won —2D 8
Borough Gro. Ptsfld —7C 24
Borough Hill. Ptsfld —6C 24
Borough Rd. Ptsfld —7B 24
Borrowdale Rd. Sotn —3F 67
Boscobel Rd. Win —6E 10
Bosham Rd. Ports —7A 134
Bosham Wlk. Gos —5E 130
Bosmere Gdns. Ems —5H 121
Bosmere Rd. Hay I —6H 149
Bossington Clo. Rown —6F 47
Boston Ct. Chan F —3G 31
Boston Rd. Ports —5K 117
Bosuns Clo. Fare —1E 130
Bosville. Eastl —4J 31
Boswell Clo. Bot —5B 72
Boswell Clo. Sotn —6B 70
Botany Bay Rd. Sotn —2A 90
Botley Dri. Hav —7A 100
Botley Gdns. Sotn —2D 90
Botley Hill. Bot —6C 72
Botley Ind. Est. Bot —5C 72
Botley Mills Craft and Bus. Cen. Bot —5B 72
Botley Pk. Country Club & Golf Course. —2A 72
Botley Rd. Curd & Bish W —5D 72
Botley Rd. Curd & Shed —5G 73
Botley Rd. F Oak & H Hth,Durl —2J 51
Botley Rd. N Bad & Chilw —5H 29
Botley Rd. Roms —3B 28
Botley Rd. Roms & N Bad —4E 28
Botley Rd. Sotn —3B 90 (in two parts)
Botley Rd. Swanw & Park G —5B 92
Botley Rd. W End & H End —3D 70
Bottings Ind. Est. Curd —5D 72
Boughton Ct. Ports —3D 134
Boulter La. S'wick —6F 97
Boulton Rd. S'sea —5K 145 (7K 7)
Boundary Clo. Sotn —5G 67
Boundary Rd. Burs —5E 90
Boundary Way. Hav —5B 120
Boundary Way. Ports —4C 118
Bound La. Hay I —6D 148
Boundstone. Hythe —3C 108
Bourne Av. Sotn —3K 67
Bourne Clo. Ott —5B 22
Bourne Clo. Water —6J 79
Bournefields. Twy —2G 23
Bourne La. Twy —2F 23
Bourne La. W'lnds —6C 64
Bournemouth Av. Gos —1K 143
Bournemouth Ho. Hav —1D 120
Bournemouth Rd. Chan F —1E 48
Bournemouth Rd. Lyn —1H 103
Bourne Rd. Ports —6G 117
Bourne Rd. Sotn —7A 68 (1A 4)
Bourne Rd. W'lnds —7B 64
Bowater Clo. Cal —3H 65
Bowater Way. Cal —3H 65
Bowcombe. Net A —6B 90
Bowden La. Sotn —2F 69
Bowen La. Ptsfld —6D 24
Bower Clo. Holb —4F 125
Bower Clo. Sotn —4J 89
Bowers Clo. Water —1H 99
Bowes Hill. Row C —2F 101
Bowes Lyon Ct. Water —5J 79
Bowland Ri. Chan F —3D 30
Bowland Way. Black —1C 140
Bowler Av. Ports —2A 146
Bowler Ct. Ports —2A 146
Bowman Ct. Sotn —2A 90 (Butts Rd.)
Bowman Ct. Sotn —2G 89 (Florence Rd.)
Boxgrove Ho. Ports —2J 145 (2J 7)
Boxwood Clo. Fare —5A 116
Boxwood Clo. Water —7F 99
Boyatt Cres. Eastl —2K 31
Boyatt La. Ott & Eastl —1K 31 (in three parts)
Boyatt Shop. Cen. Eastl —5J 31
Boyd Clo. Fare —6J 129
Boyd Rd. Gos —4E 130
Boyes La. Col C —1F 33
Boyle Cres. Water —1E 118
Boyne Mead Rd. King W —7G 9
Boyne Ri. King W —6G 9
Boynton Clo. Chan F —2E 30
Brabant Clo. White —6C 92
Brabazon Rd. Fare —1E 112
Bracken Clo. N Bad —7H 29
Bracken Cres. Eastl —1E 50
Bracken Heath. Water —4J 99
Bracken La. Sotn —3H 67
Bracken Pl. Chilw —4D 48
Bracken Rd. N Bad —7H 29
Bracken Rd. Ptsfld —7G 25
Brackens, The. Dib P —3A 108
Brackens, The. L Hth —4C 112
Brackenway Rd. Chan F —2F 31
Bracklesham Clo. Sotn —2J 89
Bracklesham Rd. Gos —7G 131
Bracklesham Rd. Hay I —7J 149
Brackley Av. F Oak —7G 33
Brackley Way. Tot —4J 65
Bradford Ct. Gos —2F 143
Bradford Junct. S'sea —4K 145 (5K 7)
Bradford Rd. S'sea —4J 145 (5J 7)
Brading Av. Gos —5F 131
Brading Av. S'sea —6B 146
Brading Clo. Sotn —6F 49
Bradley Ct. Hav —7E 100
Bradley Grn. Sotn —7J 47
Bradley Peak. Win —6B 10
Bradley Rd. Win —4B 10
Bradly Rd. Fare —4K 113
Bradshaw Clo. F Oak —1K 51
Braehead. Hythe —4C 108
Braemar Av. Ports —7C 118
Braemar Clo. Fare —3B 114
Braemar Clo. Gos —5G 131
Braemar Rd. Gos —4G 131
Braeside Clo. Sotn —7H 69
Braeside Clo. Win —4A 16
Braeside Cres. Sotn —7H 69
Braeside Rd. Sotn —7H 69
Braintree Rd. Ports —5J 117
Braishfield Clo. Sotn —3G 67
Braishfield Rd. Brfld —1D 18
Braishfield Rd. Hav —2D 120
Bramber Rd. Gos —1K 143
Bramble Clo. Eastl —5A 32
Bramble Clo. Fare —6H 129
Bramble Clo. Hav —3F 121
Bramble Clo. Holb —4F 125
Bramble Dri. Roms —1D 28
Bramblegate. F Oak —2J 51
Bramble Hill. Alr —2G 15
Bramble Hill. Chan F —4E 30
Bramble La. Sar G —1K 111
Bramble La. Water —4J 59
Bramble M. Sotn —4K 69
Bramble Rd. Ptsfld —6G 25
Bramble Rd. S'sea —4K 145 (6K 7)
Brambles Bus. Cen., The. Water —4D 98
Brambles Clo. Col C —2F 33
Brambles Enterprise Cen., The. Water —4D 98
Brambles Farm Ind. Est. Water —5E 98
Brambles Rd. Lee S —1A 142
Bramble Way. Gos —5D 130
Brambling Clo. Sotn —5J 47
Brambling Rd. Row C —4E 100
Bramblings, The. Tot —5H 65
Brambridge. Bram —2D 32
Brambridge Pk. Garden Cen. —1C 32
Brambridge Pk. Miniature Railway. —1C 32
Bramdean Dri. Hav —1A 120
Bramdean La. Bish S —7J 15
Bramdean M. Sotn —7H 69
Bramdean Rd. Sotn —4C 70
Bramham Moor. Fare —5J 129
Bramley Clo. Water —5G 99
Bramley Cres. Sotn —3A 90
Bramley Gdns. Ems —6K 121
Bramley Gdns. Gos —7K 143
Bramley Gdns. H Hth —4H 51
Bramley Ho. H End —6G 71
Bramley Ho. S'sea —4H 145 (6G 7)
Brampton Ct. Chan F —4F 31
Brampton La. Ports —3D 134
Brampton Mnr. Sotn —6C 48
Brampton Tower. Sotn —6C 48
Bramshaw Clo. Win —4B 10
Bramshaw Ct. Hav —1E 120
Bramshaw Golf Course. —4B 62
Bramshott Hill. Dib —1J 107
Bramshott Rd. Sotn —5J 89
Bramshott Rd. S'sea —4A 146
Bramston Rd. Sotn —4K 67
Brandon Ct. S'sea —5K 145
Brandon Ho. S'sea —6K 145
Brandon Rd. S'sea —6J 145
Brandy Mt. Alr —1G 15
Branksome Av. Sotn —3K 67
Branksome Clo. Win —2A 16
Bransbury Clo. Sotn —7K 47
Bransbury Rd. S'sea —5C 146
Bransgore Av. Hav —2K 119
Bransley Clo. Roms —1C 28

A-Z Southampton, Portsmouth & Winchester 155

Burnetts Fields—Cedarwood

Burnetts Fields. *H Hth* —4H **51**
Burnetts Gdns. *H Hth* —4H **51**
Burnetts La. *W End & H Hth* —1F **71**
Burney Ho. Gos —4C ***144***
(off South St.)
Burney Rd. *Gos* —5H **143**
Burnham Beeches. *Chan F* —4E **30**
Burnham Chase. *Sotn* —5A **70**
Burnham Rd. *Ports* —5E **118**
Burnham's Wlk. *Gos* —4C **144**
Burnham Wood. *Fare* —3D **114**
Burns Clo. *Eastl* —2H **49**
Burns Clo. *S Won* —2D **8**
Burnside. *Gos* —2E **130**
Burnside. *Water* —4H **99**
Burns Pl. *Sotn* —2H **67**
Burns Rd. *Eastl* —2J **49**
Burns Rd. *Sotn* —6C **70**
Burnt Ho. La. *Fare* —2A **130**
Burr Clo. *Col C* —2E **32**
Burrell Ho. *S'sea* —7E **6**
Burrfields Retail Pk. *Ports* —6C **134**
Burrfields Rd. *Ports* —6B **134**
Burridge Rd. *Bot* —6D **72**
Burridge Rd. *Bur* —3B **92**
Burrill Av. *Ports* —6B **118**
Burrows Clo. *Hav* —3D **120**
Bursledon Heights. *Burs* —4G **91**
Bursledon Pl. *Water* —1E **118**
Bursledon Rd. *H End* —1G **91**
Bursledon Rd. *Sotn & Burs* —6K **69**
Bursledon Rd. *Water* —1E **118**
Bursledon Towermill. —3F 91
Burton Rd. *Sotn* —6B **68**
Burwood Gro. *Hay I* —3D **148**
Bury Brickfield Pk. Cvn. Site. *Tot* —1D **86**
Bury Clo. *Gos* —4A **144**
Bury Cres. *Gos* —4A **144**
Bury Cross. *Gos* —4K **143**
Bury Hall La. *Gos* —5J **143**
Bury La. *Tot* —7C **66**
Bury Rd. *Gos* —4K **143**
Bury Rd. *March* —2E **86**
Bus Drove. *Cals* —7D **126**
Bush Ho. *S'sea* —5H **145** (7F **7**)
Bush St. E. *S'sea* —5H **145** (7F **7**)
Bush St. W. *S'sea* —5H **145** (7F **7**)
Bushy Mead. *Water* —3D **118**
Busket La. *Win* —1F **17** (3E **150**)
Busketts Way. *Asht* —3F **85**
Buster Wlk. *Ptsfld* —5F **25**
Butcher St. *Ports* —3F **145** (4B **6**)
Butser Ct. *Water* —1A **80**
Butser Wlk. *Fare* —6B **114**
Buttercup Clo. *H End* —6F **71**
Buttercup Clo. *Hythe* —5D **108**
Buttercup Wlk. *Tot* —7J **65**
Buttercup Way. *L Hth* —3K **111**
Butterfield Rd. *Sotn* —1B **68**
Butterfly Dri. *Ports* —5F **117**
Buttermere Clo. *Sotn* —2F **67**
Buttermere Gdns. *Alr* —3G **15**
Butts Ash Av. *Hythe* —6D **108**
Butts Ash Gdns. *Hythe* —5D **108**
Butts Ash La. *Hythe* —6C **108**
Butts Bri. Hill. *Hythe* —4D **108**
Buttsbridge Rd. *Hythe* —5D **108**
Butt's Clo. *Sotn* —1C **90**
Butts Clo. *Win* —6C **10**
Butt's Cres. *Sotn* —1B **90**
Butts Farm La. *Bish W* —3A **54**
Butt's Rd. *Sotn* —3A **90**
Butt's Sq. *Sotn* —1B **90**
Butts, The. *Cptn* —4B **38**
Byam's La. *March* —3H **87**
Byerley Rd. *Ports* —3A **146**
(in two parts)
Bye Rd. *Swanw* —5J **91**
Byeways. *Hythe* —4C **108**
Byngs Bus. Pk. *Water* —2C **98**
Byrd Clo. *Water* —1F **119**
Byres, The. *Fare* —4K **129**
Byron Av. *Win* —7C **10**
Byron Clo. *Bish W* —3B **54**
Byron Clo. *Fare* —4D **114**
Byron Ct. *Sotn* —6B **68** (1A **4**)
Byron Rd. *Eastl* —6A **32**
Byron Rd. *Ports* —7A **134**
Byron Rd. *Sotn* —6B **70**
By-the-Wood. *Cal* —2J **65**

Cable St. *Sotn* —7F **69** (1J **5**)
Cabot Dri. *Dib* —3K **107**
Cadgwith Pl. *Port S* —7G **117**
Cadland Ct. *Ocn V* —2F **89** (6J **5**)
Cadland Pk. Est. *Hythe* —2F **125**
Cadland Rd. *Hythe* —2A **126**
(Burma Rd. S.)
Cadland Rd. *Hythe* —1E **124**
(Forest La.)
Cadnam Ct. *Gos* —5G **143**
Cadnam La. *Cad* —4H **63**
Cadnam Lawn. *Hav* —6A **100**
Cadnam Rd. *S'sea* —5C **146**
Cador Dri. *Fare* —1A **132**
Caen Ho. *Fare* —6B **114**
Caerleon Av. *Sotn* —6B **70**
Caerleon Dri. *Sotn* —6A **70**
Caernarvon Gdns. *Chan F* —6D **30**
Cains Clo. *Fare* —4K **129**
Cairo Ter. *Ports* —1J **145**
Caistor Clo. *Sotn* —7H **47**
Calabrese. *Swanw* —6C **92**
Calbourne. *Net A* —6B **90**
Calcot Hill. *Curd* —1F **73**
Calcot La. *Curd* —1E **72**
Caldecote Wlk. *S'sea* —4H **145** (5E **6**)
Calder Clo. *Sotn* —4F **67**
Calder Ho. *Ports* —3B **6**
Calderwood Dri. *Sotn* —1K **89**
Caledonia Dri. *Dib* —3A **108**
California Clo. *Tot* —3G **65**
Calmore Cres. *Cal* —2G **65**
Calmore Dri. *Cal* —2H **65**
Calmore Gdns. *Tot* —5H **65**
Calmore Ind. Est. *Tot* —2K **65**
(in two parts)
Calmore Rd. *Cal & Tot* —2G **65**
Calpe Av. *Lyn* —7J **83**
Calshot Beach. *Cals* —1K **141**
Calshot Castle. —6G 127
Calshot Clo. *Cals* —7E **126**
Calshot Ct. *Ocn V* —3F **89** (7J **5**)
Calshot Dri. *Chan F* —7D **30**
Calshot Foreshore Country Pk. —2J 141
Calshot Marshes Bird Sanctuary. —5F 127
Calshot Rd. *Fawl* —4A **126**
Calshot Rd. *Hav* —6K **99**
Calshot Way. *Gos* —6E **130**
Camargue Clo. *White* —5C **92**
Camber Pl. *Ports* —5F **145** (7B **6**)
Cambria Dri. *Dib* —3A **108**
Cambrian Clo. *Burs* —3F **91**
Cambrian Ter. *S'sea* —7H **7**
Cambrian Wlk. *Fare* —7C **114**
Cambridge Building. *Ports* —4G **145** (5D **6**)
Cambridge Dri. *Chan F* —7F **31**
(in two parts)
Cambridge Grn. *Chan F* —7F **31**
Cambridge Grn. *Fare* —4D **112**
Cambridge Ho. *Ports* —4G **145** (6D **6**)
Cambridge Junct. *Ports* —4G **145** (6D **6**)
Cambridge Rd. *Gos* —2H **143**
Cambridge Rd. *Lee S* —3C **142**
Cambridge Rd. *Ports* —4G **145** (6D **6**)
Cambridge Rd. *Sotn* —4D **68**
Camcross Clo. *Ports* —5G **117**
Camden St. *Gos* —2K **143**
Camelia Clo. *Hav* —3F **121**
Camelia Gdns. *Sotn* —2K **69**
Camelia Gro. *F Oak* —1K **51**
Camellia Clo. *N Bad* —5H **29**
Camelot Cres. *Fare* —5A **116**
Cameron Clo. *Gos* —4F **131**
Cameron Ct. *Sotn* —6G **47**
Camley Clo. *Sotn* —4H **89**
Campbell Cres. *Water* —1D **118**
Campbell Mans. *S'sea* —5K **145** (7J **7**)
Campbell Rd. *Eastl* —2A **50**
Campbell Rd. *S'sea* —5J **145** (7J **7**)
Campbell St. *Sotn* —6F **69**
Campbell Way. *F Oak* —1H **51**
Campion Clo. *H Hth* —5J **51**
Campion Clo. *Wars* —5K **111**
Campion Clo. *Water* —7H **99**
Campion Dri. *Roms* —1D **28**
Campion Rd. *Sotn* —7C **70**
Campion Way. *King W* —1H **11**
Camp Rd. *Gos* —4G **131**
Cams Bay Clo. *Fare* —5J **115**
Cams Hall Golf Course. —6G 115
Cams Hill. *Fare* —5G **115**
(in two parts)
Cams Hill. *Hmbdn* —2G **77**
Canada Pl. *Sotn* —7B **48**
Canada Rd. *Sotn* —3H **89**
Canal Clo. *Roms* —1B **28**
Canal Wlk. *Ports* —3J **145** (4H **7**)
Canal Wlk. *Sotn* —2D **88** (5E **4**)
Canberra Clo. *Gos* —4J **143**
Canberra Ct. *Gos* —4J **143**
Canberra Ho. *Ports* —3H **145** (3G **7**)
Canberra Rd. *Ems* —4K **137**
Canberra Rd. *Nurs* —7C **46**
Canberra Towers. *Sotn* —5J **89**
Candlemas Pl. *Sotn* —4D **68**
Candover Ct. *Sotn* —5K **89**
Candy La. *Sotn* —5D **70**
Canford Clo. *Shed* —5B **74**
Canford Clo. *Sotn* —2E **66**
Cannock Wlk. *Fare* —7B **114**
Cannon St. *Sotn* —4K **67**
Canoe Clo. *Wars* —5A **112**
Canon Ct. *Eastl* —1H **51**
Canons Barn Clo. *Fare* —5B **116**
Canon St. *Win* —1E **16** (4C **150**)
Canterbury Av. *Sotn* —2B **90**
Canterbury Clo. *Lee S* —4E **142**
Canterbury Dri. *Dib* —3K **107**
Canterbury Rd. *Fare* —4K **129**
Canterbury Rd. *S'sea* —5A **146**
Canterton La. *Brook* —4E **62**
Canton St. *Sotn* —6C **68**
Canute Ho. *Sotn* —5F **5**
Canute Rd. *Sotn* —2E **88** (6G **5**)
Canute Rd. *Win* —2G **17** (5G **150**)
Canutes Pavilion. *Ocn V* —3E **88** (7H **5**)
Canvey Ct. *Sotn* —2F **67**
Capella Gdns. *Dib* —3A **108**
Capel Ley. *Water* —2F **119**
Capers End La. *Curd* —3F **73**
Capital Ho. *Win* —1C **150**
Capon Clo. *Sotn* —7H **49**
Capstan Gdns. *L Hth* —3D **112**
Captain's Pl. *Sotn* —2E **88** (6G **5**)
Captains Row. *Ports* —5F **145** (7B **6**)
Caravan Pk. *Hay I* —7D **136**
Caraway. *White* —6E **92**
Carberry Dri. *Fare* —7A **116**
Carbery Ct. *Hav* —6A **100**
Carbis Clo. *Port S* —7F **117**
Cardiff Rd. *Ports* —5J **133**
Cardinal Dri. *Water* —4J **99**
Cardinal Way. *L Hth* —3C **112**
Cardington Ct. *Sotn* —7G **47**
Carey Rd. *Sotn* —7B **70**
Carisbrooke. *Net A* —6B **90**
Carisbrooke Av. *Fare* —5H **129**
Carisbrooke Clo. *Alr* —3G **15**
Carisbrooke Clo. *Hav* —4E **120**
Carisbrooke Ct. *Roms* —1B **28**
Carisbrooke Cres. *Chan F* —5H **31**
Carisbrooke Dri. *Sotn* —6J **69**
Carisbrooke Rd. *Gos* —4E **130**
Carisbrooke Rd. *S'sea* —4B **146**
Carless Clo. *Gos* —1G **143**
Carlisle Rd. *Sotn* —4J **67**
Carlisle Rd. *S'sea* —3J **145** (4J **7**)
Carlton Commerce Cen., The. *Sotn* —5E **68**
Carlton Ct. *Sotn* —4C **68**
Carlton Cres. *Sotn* —6C **68**
Carlton Pl. *Sotn* —6C **68**
Carlton Rd. *Fare* —5C **116**
Carlton Rd. *Gos* —3B **144**
Carlton Rd. *Sotn* —5C **68**
Carlton Way. *Gos* —3B **144**
Carlyle Rd. *Gos* —3A **144**
Carlyn Dri. *Chan F* —3G **31**
Carmans La. *Comp* —1C **22**
Carmarthen Av. *Ports* —5C **118**
Carmine Ct. *Gos* —2F **143**
Carnarvon Rd. *Gos* —4K **143**
Carnarvon Rd. *Ports* —7A **134**
Carnation Rd. *Sotn* —6F **49**
Carne Clo. *Chan F* —2F **31**
Carne Pl. *Port S* —7F **117**
Caroline Ct. *Sotn* —4J **67**
Caroline Gdns. *Fare* —4K **113**
Caroline Ho. *Ports* —2C **6**
Caroline Pl. *Gos* —2A **144**
Carolyn Clo. *Sotn* —3H **89**
Carpathia Clo. *W End* —2K **69**
Carpenter Clo. *Hythe* —2D **108**
Carpenter Clo. *S'sea* —5B **146**
Carpenters. *Alr* —2G **15**
Carpenter Wlk. *Black* —5J **125**
Carran Wlk. *Fare* —7B **114**
Carrington Ho. *Sotn* —3D **68**
Carrol Clo. *F Oak* —2J **51**
Carronades, The. *Sotn* —7D **68** (2F **5**)
Carronade Wlk. *Ports* —2A **134**
Carshalton Av. *Ports* —6C **118**
Carter Ho. Gos —2E ***130***
(off Woodside)
Carter Ho. *Ports* —3F **145** (3C **6**)
Carter's La. *March* —1F **107**
Carthage Clo. *Chan F* —3J **31**
Cartwright Dri. *Fare* —4F **113**
Cascades App. *Ports* —2H **145** (2F **7**)
Cascades Shop. Cen. *Ports* —2H **145** (2F **7**)
Cask St. *Ports* —1G **7**
Caspar John Clo. *Fare* —6J **129**
Caspian Clo. *White* —6C **92**
Castle Av. *Hav* —5E **120**
Castle Av. *Win* —7E **10** (2C **150**)
Castle Clo. *S'sea* —5H **145** (7F **7**)
Castle Ct. *Sotn* —6H **67**
Castle Esplanade. *S'sea* —7H **145**
Castle Farm La. *Wick* —3E **94**
Castle Gro. *Fare* —7C **116**
Castle Hill. *Win* —7E **10** (2C **150**)
Castle La. *Cals* —1K **141**
Castle La. *Chan F* —6D **30**
Castle La. *Hav* —1G **101**
Castle La. *N Bad* —6J **29**
Castle La. *Ows* —2J **33**
Castle La. *Sotn* —2C **88** (5D **4**)
(in two parts)
Castlemans La. *Hay I* —6D **136**
Castle Marina. *Lee S* —4C **142**
Castle Ri. *King W* —5H **9**
Castle Rd. *Net A* —7A **90**
Castle Rd. *Row C* —3D **100**
Castle Rd. *Sotn* —2H **69**
Castle Rd. *S'sea* —5G **145** (7E **6**)
Castle Rd. *S'wick* —7E **96**
Castleshaw Clo. *Sotn* —5G **67**
Castle Sq. *Sotn* —2C **88** (5D **4**)
Castle St. *Portc* —6C **116**
Castle St. *Sotn* —5D **68**
Castle St. *Titch* —6H **113**
Castleton Ct. *S'sea* —7E **6**
Castle Trad. Est. *Fare* —6D **116**
Castle Vw. *Gos* —7A **132**
Castle Vw. Rd. *Fare* —1C **132**
Castleway. *Hav* —5E **120**
Castle Way. *Sotn* —1C **88** (4D **4**)
Castlewood La. *Chan F* —6E **30**
Catamaran Clo. *Wars* —5A **112**
Cateran Clo. *Sotn* —4G **67**
Cathay Gdns. *Dib* —3K **107**
Cathedral Ho. *Ports* —7B **6**
Cathedral Vw. *Win* —2G **17** (5F **150**)
Catherine Clo. *W End* —2D **70**
Catherine Gdns. *W End* —2D **70**
Catherington Down Nature Reserve. —3H 79
Catherington Hill. *Cath* —1J **79**
Catherington La. *Water* —4H **79**
Catherington Way. *Hav* —2C **120**
Catisfield Ho. *Ports* —2H **7**
Catisfield La. *Fare* —5J **113**
Catisfield Rd. *Fare* —5K **113**
Catisfield Rd. *S'sea* —3C **146**
Catmint Clo. *Chan F* —3C **30**
Causeway. *Roms* —4J **27**
Causeway Cres. *Tot* —4B **66**
Causeway Farm. *Water* —6J **79**
Causeway, The. *Fare* —5H **115**
Causeway, The. *Ptsfld* —2G **43**
Cavalier Clo. *Dib* —3A **108**
Cavanna Clo. *Gos* —4E **130**
Cavell Dri. *Ports* —5K **117**
Cavendish Clo. *Roms* —7C **18**
Cavendish Clo. *Water* —5G **99**
Cavendish Dri. *Water* —6G **99**
Cavendish Gro. *Sotn* —4C **68**
Cavendish Gro. *Win* —4G **11**
Cavendish M. *Sotn* —4C **68**
Cavendish Rd. *S'sea* —5J **145**
C Avenue. *Hythe* —1F **125**
Caversham Clo. *Sotn* —1K **89**
Caversham Clo. *W End* —4C **70**
Cawte Rd. *Sotn* —6K **67**
Cawte's Pl. *Fare* —5F **115**
Caxton Av. *Sotn* —6A **70**
Cecil Av. *Asht* —3H **85**
Cecil Av. *Sotn* —3J **67**
Cecil Gro. *S'sea* —5G **145** (7E **6**)
Cecil Pl. *S'sea* —5G **145** (7E **6**)
Cecil Rd. *Sotn* —2J **89**
Cedar Av. *Sotn* —4K **67**
Cedar Clo. *Burs* —5E **90**
Cedar Clo. *Gos* —6K **131**
Cedar Clo. *H End* —5H **71**
Cedar Clo. *King W* —6G **9**
Cedar Clo. *Water* —7F **99**
Cedar Ct. *Fare* —5F **115**
Cedar Ct. *S'sea* —5J **145** (7J **7**)
Cedar Cres. *Horn* —7K **79**
Cedar Cres. *N Bad* —5G **29**
Cedar Gdns. *Hav* —4D **120**
Cedar Gdns. *Sotn* —4D **68**
Cedar Gro. *Ports* —1C **146**
Cedar Lawn. *Roms* —1D **28**
Cedarmount. *Lyn* —2J **103**
Cedar Rd. *Eastl* —2H **49**
Cedar Rd. *Hythe* —6D **108**
Cedar Rd. *Sotn* —4D **68**
Cedars, The. *Fare* —2C **114**
Cedar Wlk. *Win* —1D **16** (3A **150**)
Cedar Way. *Fare* —6B **114**
Cedarwood. *King W* —7H **9**

Cedarwood Clo.—Churchill M.

Cedarwood Clo. Cal —4H 65
Cedarwood Clo. F Oak —1K 51
Cedarwood Lodge. Fare —4E 114
(off Northwood Sq.)
Cedric Clo. Black —7J 125
Celandine Av. L Hth —4A 112
Celandine Av. Water —2J 99
Celandine Clo. Chan F —5C 30
Celia Clo. Water —5J 99
Cement Ter. Sotn —2C 88 (5D 4)
Cemetery La. Water —7A 78
Cemetery Rd. Sotn —4B 68
Centaur St. Ports —7J 133
Centaury Gdns. H Hth —4H 51
Central Bri. Sotn —2E 88 (5G 5)
Central Precinct, The. Chan F —4G 31
Central Rd. Fare —7A 116
Central Rd. Ports —7D 118
Central Rd. Sotn —3D 88 (7F 5)
Central Sta. Bri. Sotn —7B 68 (2A 4)
Central St. Ports —2J 145 (2H 7)
Central Trad. Est. Sotn —1E 88 (3H 5)
Central Way N. Fawl —5D 126
Centre Ct. Sotn —4J 67
Centre 27 Retail Pk. H End —3F 71
Centre Way. L Hth —3A 112
Centurion Ind. Pk. Sotn —5F 69
Cerdic M. Hamb —2F 111
Cerne Clo. N Bad —6G 29
Cerne Clo. W End —3A 70
Cessac Ho. Gos —7B 144
Chadderton Gdns. Ports —5G 145 (7D 6)
Chadwell Av. Sotn —1A 90
Chadwick Rd. Eastl —1J 49
Chafen Rd. Sotn —4G 69
Chaffinch Clo. Tot —4H 65
Chaffinch Grn. Water —1F 99
Chaffinch Way. Fare —6J 115
Chaffinch Way. Lee S —1C 142
Chalcroft Distribution Pk. W End —6G 51
Chale Clo. Gos —5F 131
Chalewood Rd. Black —1C 140
Chalfont Ct. Sotn —3H 67
Chalice Ct. H End —6F 71
Chalk Hill. Sob —6B 56
Chalk Hill. W End —4B 70
Chalk Hill Rd. Water —4K 79
Chalk La. Fare —5J 113
(PO15)
Chalk La. Fare —6E 94
(PO17)
Chalk Pit Rd. Ports —5G 117
Chalk Ridge. Cath —1A 80
Chalk Ridge. Win —1H 17
Chalkridge Rd. Ports —5B 118
Chalky La. Bish W —3A 54
Chalky Wlk. Fare —7B 116
Challenge Enterprise Cen., The. Ports —4C 134
Challenger Dri. Gos —1B 144
Challenger Way. Dib —3A 108
Challenger Way. Hythe —2A 108
Challis Ct. Sotn —2D 88 (5F 5)
Chalmers Way. Hamb —3D 110
Chaloner Cres. Dib P —5D 108
Chalton Cres. Hav —1A 120
Chalton Ho. Ports —2H 145 (2G 7)
Chalton La. Water —5J 59
(in two parts)
Chalvington Rd. Chan F —5F 31
Chalybeate Clo. Sotn —2J 67
Chamberlain Gro. Fare —6D 114
Chamberlain Rd. Sotn —1D 68
Chamberlayne Ct. N Bad —5J 29
Chamberlayne Rd. Burs —5E 90
Chamberlayne Rd. Eastl —2K 49
Chamberlayne Rd. Net A —7A 90
Chambers Av. Roms —3C 28
Chambers Clo. Nurs —6D 46
Chancellors La. Durl —7K 51
Chancel Rd. L Hth —3C 112
Chanctonbury Ho. S'sea —5H 145 (7G 7)
Chandlers Clo. Hay I —6F 149
Chandlers Ford Ind. Est. Chan F —5E 30
Chandlers Way. Park G —7C 92
Chandos Ho. Sotn —2D 88 (5E 4)
Chandos St. Sotn —2D 88 (5F 5)
Channel Mouth Rd. Fawl —6E 126
Channels Farm Rd. Sotn —6G 49
Channel Way. Ocn V —2E 88 (6H 5)
Chantrell Wlk. Fare —3A 114
Chantry Rd. Gos —1J 143
Chantry Rd. Sotn —2E 88 (5H 5)
Chantry Rd. Water —4J 79
Chantry, The. Fare —3D 112
Chapel Clo. Brfld —3D 18
Chapel Clo. W End —2C 70
Chapel Cres. Sotn —1K 89
Chapel Drove. H End —6G 71
(in two parts)
Chapel Drove. H Hth —4H 51
Chapel La. Black —7H 125
Chapel La. Curd —3F 73
Chapel La. Estn & Win —3B 12
Chapel La. Fawl —4K 125
Chapel La. Lyn —1H 103
Chapel La. Ott —1A 32
Chapel La. Tot —7K 65
Chapel La. Water —6F 99
Chapel Rd. Meon —6B 38
Chapel Rd. Sar G —7K 91
Chapel Rd. Sob —2A 76
Chapel Rd. Sotn —1E 88 (4G 5)
Chapel Rd. Swanm —6E 54
Chapel Rd. W End —2C 70
Chapelside. Fare —6H 113
Chapel Sq. Gos —1J 143
Chapel St. E Meo —1E 40
Chapel St. Gos —7A 132
Chapel St. Ptsfld —5D 24
Chapel St. Ports —7K 133
Chapel St. Sotn —1D 88 (4F 5)
Chapel St. S'sea —5H 145 (7E 6)
Chaplains Av. Water —2E 98
Chaplains Clo. Water —2E 98
Charden Ct. Sotn —5A 70
Charden Rd. Eastl —1F 51
Charden Rd. Gos —7G 131
Charfield Clo. Fare —6A 114
Charfield Clo. Win —3D 16
Chark La. Lee S —7C 130
Charlcott Lawn. Hav —7A 100
Charlecote Dri. Chan F —2D 30
Charlecote Ho. Sotn —1A 4
Charlemont Dri. Fare —5G 115
Charlesbury Av. Gos —4J 143
Charles Clark Ho. S'sea —4B 146
Charles Clo. Water —7E 98
Charles Clo. Win —5G 11
Charles Dickens Birthplace Mus. —1H 145
Charles Dickens St. Ports —3H 145 (4F 7)
Charles Knott Gdns. Sotn —5C 68
Charles Ley Ct. Fawl —4A 126
Charles Norton-Thomas Ct. Ports
(off St George's Way) —3G 145 (4C 6)
Charles St. Ptsfld —6C 24
Charles St. Ports —2J 145 (2H 7)
Charles St. Sotn —2D 88 (5F 5)
Charleston Clo. Hay I —4B 148
Charleston Rd. Hythe —6G 109
Charles Watts Way. H End —5D 70
Charlesworth Dri. Water —3E 98
Charlesworth Gdns. Water —4E 98
Charles Wyatt Ho. Sotn —5D 68
Charliejoy Gdns. Sotn —6E 68 (1J 5)
Charlotte Ct. Chan F —3H 31
Charlotte Ct. Sotn —3J 89
Charlotte Ct. S'sea —5H 145 (7F 7)
Charlotte M. Gos —6K 143
Charlotte M. Win —2C 150
Charlotte Pl. Sotn —6D 68 (1E 4)
Charlotte St. Ports —2H 145 (2F 7)
Charlton Rd. Sotn —4A 68
Charminster. S'sea —6K 145
(off Craneswater Pk.)
Charminster Clo. Water —5F 99
Charmus Rd. Cal —2G 65
Charmwen Cres. W End —2B 70
Charnwood. Gos —5G 131
Charnwood Clo. Chan F —7F 21
Charnwood Clo. Tot —3J 65
Charnwood Cres. Chan F —7F 21
Charnwood Gdns. Chan F —7F 21
Charnwood Way. Black —1C 140
Charter Ho. S'sea —5E 6
Charterhouse Way. H End —3H 71
Chartwell Clo. Eastl —4A 32
Chartwell Clo. Fare —5D 112
Chartwell Dri. Hav —3F 121
Chase Farm Clo. Wal C —1B 74
Chase Gro. Wal C —1B 74
Chase, The. Fare —4E 112
Chase, The. Gos —4J 143
Chasewater Av. Ports —1B 146
Chatburn Av. Water —2F 99
Chatfield Av. Ports —6F 133
Chatfield Ho. Ports —2J 7
Chatfield Rd. Gos —3F 131
Chatham Clo. Gos —1B 144
Chatham Dri. Ports —5G 145 (7D 6)
Chatham Rd. Win —3B 16
Chatsworth Av. Ports —1A 134
Chatsworth Clo. Fare —5K 113
Chatsworth Ct. S'sea —5J 145 (7J 7)
Chatsworth Rd. Eastl —4A 32
Chatsworth Rd. Sotn —6K 69
Chaucer Av. Ports —5D 116
Chaucer Clo. Fare —4C 114
Chaucer Clo. S Won —1D 8
Chaucer Clo. Water —3F 99
Chaucer Ho. Ports —3H 145 (4G 7)
Chaucer Rd. Sotn —6C 70
Chaundler Rd. Win —5F 11
Chaveney Clo. Dib P —5C 108
Chawton Clo. Sotn —4C 70
Chawton Clo. Win —3C 10
Cheam Way. Tot —3J 65
Cheddar Clo. Sotn —2H 89
Chedworth Cres. Ports —5F 117
Cheeryble Ho. Ports —1J 145
Chelmsford Rd. Ports —5A 134
Chelsea Rd. S'sea —5J 145 (7J 7)
Cheltenham Cres. Lee S —1C 142
Cheltenham Gdns. H End —1H 71
Cheltenham Rd. Ports —6H 117
Chelveston Cres. Sotn —7H 47
Chelwood Ga. Sotn —6C 48
Cheping Gdns. Bot —6B 72
Chepstow Clo. Chan F —4E 30
Chepstow Clo. Tot —4H 65
Chepstow Ct. Water —4J 99
Cherbourg Rd. Eastl —2J 49
Cheriton Av. Sotn —5B 70
Cheriton Battle Site (1644). —7J 15
Cheriton Clo. Hav —1A 120
Cheriton Clo. Water —5J 79
Cheriton Clo. Win —6C 10
Cheriton La. Bish S —6J 15
Cheriton Rd. Eastl —2J 49
Cheriton Rd. Gos —4J 143
Cheriton Rd. Win —6C 10 (1A 150)
Cherque La. Lee S —7D 130
Cherry Blossom Ct. Ports —1J 145
Cherry Clo. Lee S —3D 142
Cherry Clo. S Won —2C 8
Cherry Drove. H Hth —5H 51
Cherry Gdns. Bish W —4A 54
Cherrygarth Rd. Fare —5K 113
Cherryton Gdns. Holb —4E 124
Cherry Tree Av. Fare —6A 114
Cherry Tree Av. Water —2J 99
Cherry Tree Ct. Wars —5H 111
Cherry Wlk. Sotn —4K 67
Cherry Wlk. Wars —6H 111
Cherrywood. H End —6G 71
Cherrywood Gdns. Hay I —4D 148
Cherrywood Gdns. Tot —5H 65
Chervil Clo. Water —3K 79
Cherville Ct. Roms —3K 27
Cherville St. Roms —3K 27
Cherwell Cres. Sotn —4F 67
Cherwell Gdns. Chan F —5G 31
Cherwell Ho. Sotn —3F 67
Cheshire Clo. White —1G 113
Chesil St. Win —1G 17 (4F 150)
Chesil Ter. Win —1G 17 (4F 150)
Cheslyn Rd. Ports —2C 146
Chessel Av. Sotn —5H 69
Chessel Cres. Sotn —5H 69
Chester Courts. Gos —4B 144
Chester Cres. Lee S —4E 142
Chesterfield Rd. Ports —7B 134
Chester Pl. S'sea —6J 145
Chester Rd. Sotn —3K 69
Chester Rd. Win —7G 11 (2F 150)
Chesterton Gdns. Water —2F 99
Chesterton Pl. White —5D 92
Chestnut Av. Asht —2H 85
Chestnut Av. Chan F & Eastl —7F 31
Chestnut Av. Col C —1E 32
Chestnut Av. Hav —3J 119
Chestnut Av. S'sea —4A 146
Chestnut Av. Water —7K 79
Chestnut Av. Win —3A 10
Chestnut Clo. Chan F —7F 31
Chestnut Clo. Roms —4E 28
Chestnut Clo. Water —1A 98
Chestnut Clo. W End —1C 70
Chestnut Ct. Row C —5E 100
Chestnut Dri. Asht —2H 85
Chestnut Dri. Ptsfld —1J 43
Chestnut Lodge. Sotn —1B 68
Chestnut Mead. Win —3E 16
Chestnut Ri. Drox —2A 56
Chestnut Ri. Eastl —2G 49
Chestnut Rd. Sotn —2H 67
Chestnuts, The. L Hth —4B 112
Chestnut Wlk. Alr —2G 15
Chestnut Wlk. Bot —5A 72
Chestnut Wlk. Gos —6K 131
Chestnut Way. Fare —5D 112
Chettle Rd. Sotn —7D 70
Chetwynd Dri. Sotn —7C 48
Chetwynd Rd. Sotn —7C 48
Chetwynd Rd. S'sea —5K 145 (7K 7)
Chevening Ct. S'sea —3C 146
Cheviot Cres. Sotn —4F 67
Cheviot Dri. Dib —3A 108
Cheviot Grn. Wars —6J 111
Cheviot Rd. Sotn —4F 67
Cheviot Wlk. Fare —7C 114
Chevron Bus. Pk. Holb —1E 124
Chewter Clo. S'sea —7K 145
Cheyne Ct. Win —4D 150
Cheyne Way. Lee S —3C 142
Chichester Av. Hay I —6C 148
Chichester Clo. E Wel —1A 44
Chichester Clo. Gos —5E 130
Chichester Clo. H End —3H 71
Chichester Clo. Sar G —3K 111
Chichester Ho. Hav —3D 120
Chichester Rd. Hay I —6F 137
Chichester Rd. Ports —7J 133
Chichester Rd. Sotn —5K 69
Chickenhall La. Eastl —7B 32
Chidden Clo. E Meo —1E 40
Chidden Holt. Chan F —5D 30
Chidham Clo. Hav —4B 120
Chidham Dri. Hav —4B 120
Chidham Rd. Ports —5B 118
Chidham Sq. Hav —4B 120
Chidham Wlk. Hav —4B 120
Chilbolton Av. Win —7C 10
Chilbolton Ct. Hav —7E 100
Chilbolton Ct. Win —1B 16
Chilcomb Clo. Lee S —2C 142
Chilcombe Clo. Hav —3C 120
Chilcombe Heights. Win —4G 150
Chilcomb La. Win & Chilc —3G 17
(in two parts)
Chilcomb Rd. Sotn —4B 70
Chilcote Rd. Ports —1B 146
Childe Sq. Ports —5H 133
Chilgrove Rd. Ports —6D 118
Chilham Clo. Eastl —3K 31
Chillandham La. It Ab —1D 12
(in two parts)
Chilland La. Mart W —1D 12
Chillenden Ct. Tot —6H 65
Chillerton. Net A —6B 90
Chilling La. Wars —2K 127
Chillington Gdns. Chan F —1E 30
Chilsdown Way. Water —2F 119
Chiltern Clo. Tot —7J 65
Chiltern Ct. Alr —2G 15
Chiltern Ct. Gos —3A 144
Chiltern Grn. Sotn —4F 67
Chiltern Wlk. Fare —7C 114
Chilworth Clo. Chilw —2A 48
Chilworth Drove. Chilw —6J 47
Chilworth Gdns. Water —7K 59
Chilworth Golf Course. —7J 29
Chilworth Gro. Gos —3K 143
Chilworth Rd. Chilw —2B 48
Chine Av. Sotn —7H 69
(in two parts)
Chine Clo. L Hth —2B 112
Chine, The. Gos —6H 131
Chinham Rd. Bart —6A 64
Chipstead Ho. Ports —6A 118
Chipstead Rd. Ports —6A 118
Chisholm Clo. Sotn —6G 47
Chitty Rd. S'sea —6B 146
Chivers Clo. S'sea —5H 145 (7G 7)
Christchurch Gdns. Water —4C 118
Christchurch Gdns. Win —3E 16
Christchurch Rd. Win —3D 16 (5B 150)
(in two parts)
Christie Av. White —5D 92
Christmas Hill. S Won —1A 8
Christopher Way. Ems —4J 121
Christyne Ct. Water —1E 118
Church Clo. Clan —5J 59
Church Clo. Eastl —6C 32
Church Clo. L Hth —3C 112
Church Clo. Min —3F 83
Church Clo. N Bad —6H 29
Church End. Sotn —4K 67
Churcher Clo. Gos —5G 143
Churcher Wlk. Gos —5G 143
Chu. Farm Cvn. Site. Dib —7J 87
Chu. Farm Clo. Dib —7J 87
Church Fld. Rd. Ptsfld —5F 25
Churchfields. Fawl —4A 126
Churchfields. Twy —3F 23
Churchfields Rd. Twy —3E 22
Church Hill. W End —2B 70
Churchill Av. Bish W —2H 53
Churchill Clo. Fare —5D 112
Churchill Clo. King W —5G 9
Churchill Ct. Ports —6F 119
Churchill Ct. Water —6H 79
Churchill Dri. Ems —2J 121
Churchill Ho. Sotn —4B 70
Churchill M. Gos —2K 143
(off Forton Rd.)

158 A-Z Southampton, Portsmouth & Winchester

Churchill Sq.—Coniston Gdns.

Churchill Sq. S'sea —6C 146
Churchill Yd. Ind. Est. Water —4E 98
Church La. Bish S —3K 15
Church La. Bot —7B 72
Church La. Brfld —2D 18
Church La. Burs —5G 91
Church La. Col C —2E 32
Church La. Curd —4E 72
Church La. Durl —5A 52
Church La. Estn —2A 12
Church La. Fawl —4K 125
Church La. Hmbdn —7H 57
Church La. Hav —7E 120
Church La. Hay I —4F 137
Church La. H End —7G 71
Church La. King W —1H 11
Church La. Lyn —1J 103
Church La. Mart W —1C 12
Church La. Nurs —5A 46
Church La. Roms —3K 27
Church La. Sotn —2C 88 (5D 4)
(SO14)
Church La. Sotn —2E 68
(SO17)
Church La. Swanm —5F 55
Church La. Twy —2F 23
Church La. Win —1A 10
Church Path. Ems —6J 121
Church Path. Fare —5F 115
Church Path. Gos —4C 144
Church Path. Hav —7E 120
Church Path. Horn —6A 80
Church Path. Sotn —2E 68
(SO17)
Church Path. Sotn —2K 89
(SO19)
Church Path. Titch —6H 113
Chu. Path N. Ports —2J 145 (2G 7)
Church Pl. Fare —4F 115
Church Pl. Roms —3K 27
Church Rd. Eastl —7C 32
Church Rd. Fare —1D 132
Church Rd. Gos —6K 143
Church Rd. Hay I —4D 148
Church Rd. L Hth —3C 112
Church Rd. Newt —4A 76
Church Rd. Ports —2J 145 (2H 7)
(in two parts)
Church Rd. Roms —3K 27
Church Rd. Shed —5A 74
Church Rd. Sotn —4G 89
Church Rd. Steep —2B 24
Church Rd. Swanm —5D 54
Church Rd. Wars —5J 111
Church Rd. Westb —3K 121
Church St. E Meo —1F 41
Church St. Ports —1H 145 (1G 7)
Church St. Roms —3K 27
Church St. Sotn —4J 67
Church St. Titch —6H 113
Church St. Uphm —4G 35
Church Vw. Shed —5C 74
Churchview. Sotn —2K 89
Church Vw. S'sea —4B 146
Church Vw. Westb —3K 121
Church Vw. Clo. Sotn —2K 89
Churchward Gdns. H End —2H 71
Churchyard Cotts. Alr —1G 15
Cinderford Clo. Ports —5H 117
Cinnamon Ct. Sotn —6B 68
Circle, The. S'sea —6J 145 (4F 5)
Circle, The. Wick —1C 94
Circular Rd. Ports —1G 145 (2D 6)
Cirrus Gdns. Hamb —4E 110
City Bus. Cen. Win —7F 11 (1D 150)
City Commerce Cen. Sotn —2E 88 (5G 5)
City Ind. Pk. Sotn —1B 88 (3A 4)
City Mus. & Art Gallery.
(Portsmouth) —5G 145 (7D 6)
City Mus. —1F 17 (3D 150)
(Winchester)
City Quay. Ports —4F 145 (5B 6)
City Rd. Win —7E 10 (1C 150)
Civic Cen. Rd. Hav —4C 120
Civic Cen. Rd. Sotn —7C 68 (2C 4)
Civic Way. Fare —5F 115
Clacton Rd. Ports —6J 117
Claire Gdns. Water —2K 79
Clamp Grn. Col C —2E 32
Clandon Dri. Eastl —4J 31
Clanfield Clo. Chan F —4G 31
Clanfield Dri. Chan F —4G 31
Clanfield Ho. Ports —2J 145 (2H 7)
Clanfield Rd. Sotn —5B 70
Clanfield Way. Chan F —4G 31
Clanwilliam Rd. Lee S —2C 142
Clare Clo. Fare —4D 112
Clare Gdns. Black —1D 140
Clare Gdns. Ptsfld —6G 25
Clare Ho. Gos —1J 143
Claremont Clo. Eastl —4K 31
Claremont Cres. Sotn —5H 67
Claremont Gdns. Water —2F 119
Claremont Rd. Ports —3K 145 (4K 7)
Claremont Rd. Sotn —5H 67
Clarence Esplanade. S'sea —6G 145
Clarence Ho. Sotn —6F 69
Clarence Pde. S'sea —6G 145
Clarence Rd. Gos —3C 144
Clarence Rd. Lyn —1J 103
Clarence Rd. S'sea —6J 145
Clarence St. Ports —2H 145 (1G 7)
Clarendon Clo. Roms —1C 28
Clarendon Ct. S'sea —7J 145
(off Clarendon Rd.)
Clarendon Cres. Fare —5C 112
Clarendon Pl. Ports —3H 145 (3G 7)
(Arundel Way)
Clarendon Pl. Ports —2J 145 (1J 7)
(Clarendon St.)
Clarendon Rd. Hav —5B 120
Clarendon Rd. Sotn —4H 67
Clarendon Rd. S'sea —6H 145
Clarendon St. Ports —2J 145 (1J 7)
Clarke's Rd. Ports —2A 146
Claude Ashby Clo. Sotn —7H 49
Claudeen Clo. Sotn —6H 49
Claudia Ct. Gos —2J 143
Claudius Clo. Chan F —3J 31
Claudius Gdns. Chan F —3J 31
Clausentum Clo. Chan F —3H 31
Clausentum Rd. Sotn —5D 68
Clausentum Rd. Win —3E 16
Claxton St. Ports —3J 145 (3H 7)
Claybank Rd. Ports —6B 134
Claybank Spur. Ports —6B 134
Claydon Av. S'sea —4B 146
Clayhall Rd. Gos —6K 143
Clayhill Clo. Wal C —7A 54
Claylands Ct. Bish W —3J 53
Claylands Rd. Bish W —3J 53
Claylands Rd. Ind. Est. Bish W —3J 53
Claypits La. Dib —3K 107
Cleasby Clo. Sotn —5F 67
Clease Way. Comp —2B 22
Clee Av. Fare —6A 114
Cleethorpes Rd. Sotn —1A 90
Cleeve Clo. Ports —5G 117
Cleeves, The. Tot —6H 65
Clegg Rd. S'sea —5B 146
Clement Attlee Way. Ports —6G 117
Cleric Ct. Fare —3E 112
Cleveland Ct. Sotn —3K 69
Cleveland Dri. Dib P —4A 108
Cleveland Dri. Fare —6A 114
Cleveland Rd. Gos —5A 144
Cleveland Rd. Sotn —2J 69
Cleveland Rd. S'sea —4K 145 (6K 7)
Clevelands Clo. Chan F —1E 30
Cleverley Ho. Ports —4B 6
Clewers Hill. Wal C —7A 54
Clewers La. Wal C —7A 54
Cliffdale Gdns. Cosh —5B 118
Cliffe Av. Hamb —3D 110
Clifford Dibben M. Sotn —4D 68
Clifford Pl. F Oak —1H 51
Clifford St. Sotn —7E 68 (2G 5)
Cliff Rd. Fare —6F 129
Cliff Rd. Sotn —7A 68
Cliff, The. Sotn —2G 89
(off Jackman's Clo.)
Cliff Way. Comp —3C 22
Clifton Cres. Water —1C 98
Clifton Gdns. Sotn —4H 67
Clifton Gdns. W End —3B 70
Clifton Hill. Win —7E 10 (2B 150)
Clifton Rd. Lee S —4D 142
Clifton Rd. Sotn —4H 67
Clifton Rd. S'sea —6H 145
Clifton Rd. Win —7D 10 (1A 150)
Clifton St. Gos —2J 143
Clifton St. Ports —2K 145 (2K 7)
Clifton Ter. S'sea —6H 145
Clifton Ter. Win —7E 10 (2B 150)
Climaur Ct. S'sea —6J 145
Clinton Rd. Water —2D 98
Clipper Clo. Wars —5K 111
Clive Gro. Fare —7B 116
Clive Rd. Ports —2K 145 (2K 7)
Clock St. Ports —3F 145 (4B 6)
Clocktower Dri. S'sea —6C 146
Cloisters, The. Fare —4K 113
Cloisters, The. Roms —1K 27
Cloisters, The. Sotn —1D 68
Close, The. Bram —1C 32
Close, The. Fare —6B 116
Close, The. Hamb —2F 111
Close, The. H End —6G 71
Close, The. Holb —4G 125
Close, The. Ports —7B 118
Close, The. Sotn —5C 70
Close, The. S'sea —5H 145
Close, The. Titch —7G 113
Closewood Rd. Water —4B 98
Clovelly Rd. Ems —6H 121
Clovelly Rd. Hay I —3F 137
Clovelly Rd. Sotn —6D 68 (1F 5)
Clovelly Rd. S'sea —4B 146
Cloverbank. King W —4G 9
Clover Clo. Gos —5F 131
Clover Clo. L Hth —4K 111
Clover Ct. Water —7H 99
Clover Nooke. Sotn —4D 66
Clover Way. H End —6F 71
Clover Way. Roms —2D 28
Club Ho. La. Wal C —1A 74
Cluster Ind. Est. S'sea —3A 146
Clydebank Rd. Ports —7J 133
Clyde Ct. Gos —2J 143
Clyde Ho. Sotn —7F 69 (1K 5)
Clyde Rd. Gos —2J 143
Clydesdale Rd. White —6C 92
Clydesdale Way. Tot —4G 65
Coach Hill. Fare —6G 113
Coach Hill Clo. Chan F —3E 30
Coach Ho. S'sea —4D 146
Coachmans Copse. Sotn —2K 69
Coachmans Halt. Hmbdn —2H 77
Coach Rd. Hamb —4D 110
Coal Pk. La. Swanw —4J 91
Coalville Rd. Sotn —1A 90
Coal Yd. Rd. S'sea —3A 146
Coastguard Clo. Gos —6J 143
Coastguard Cotts. Hav —1C 136
Coate Dri. Wor D —4B 8
Coates Rd. Sotn —1C 90
Coates Way. Water —1F 119
Coat Gdns. Hythe —3D 108
Cobalt Ct. Gos —2F 143
Cobbett Clo. Win —3B 16
Cobbett Ct. Sotn —5H 69
Cobbett Rd. Sotn —5H 69
Cobbett Way. Bot —5A 72
Cobblewood. Ems —3J 121
Cobden Av. Ports —7B 134
Cobden Av. Sotn —3G 69
Cobden Bri. Sotn —3G 69
Cobden Ct. Sotn —4H 69
Cobden Cres. Sotn —4J 69
Cobden Gdns. Sotn —3H 69
Cobden Heights. Sotn —3H 69
Cobden Ri. Sotn —3H 69
Cobden St. Gos —3A 144
Cobham Gro. White —1F 113
Coblands Av. Tot —5J 65
Coburg Ho. Sotn —6F 69 (1K 5)
Coburg St. Ports —3J 145 (3J 7)
Coburg St. Sotn —6F 69
Cochrane Clo. Gos —2G 143
Cochrane Ho. Ports —3F 145 (4B 6)
Cockerell Clo. Fare —1D 112
Cockleshell Clo. Wars —5K 111
Cockleshell Gdns. S'sea —5D 146
Cocklydown La. Tot —1J 85
Codrington Ho. Ports —3B 6
Coghlan Clo. Fare —4E 114
Coker Clo. Win —7E 10 (1A 150)
Colbourne Ct. Win —5F 11
Colburn Clo. Sotn —2E 66
Colbury Gro. Hav —1K 119
Colchester Av. Eastl —6D 32
Colchester Rd. Ports —5J 117
Coldeast Clo. Sar G —1K 111
Coldeast Way. Sar G —1A 112
Cold Harbour Clo. Wick —2C 94
Coldharbour Farm Rd. Ems —5J 121
Coldharbour La. Nurs —3B 46
Coldhill La. Water —5F 79
(in two parts)
Colebrook Av. Ports —7C 134
Colebrook Av. Sotn —3K 67
Colebrook Pl. Win —1G 17 (4F 150)
Colebrook St. Win —1F 17 (3E 150)
Cole Hill. Sob —6A 56
Coleman St. Sotn —1E 88 (3G 5)
Colemore Sq. Hav —2C 120
Colenso Rd. Fare —5D 114
Coleridge Clo. Wars —5J 111
Coleridge Ct. Sotn —7C 70
Coleridge Gdns. Water —1G 99
Coleridge Rd. Ports —5E 116
Colesbourne Rd. Ports —5G 117
Coles Clo. Twy —2F 23
Coles Mede. Ott —6A 22
(in two parts)
Coleson Rd. Sotn —4H 69
Coleville Av. Fawl —4A 126
Colinton Av. Fare —5C 116
College Clo. Hamb —4E 110
College Clo. Row C —3F 101
College La. Ports —3F 145 (4B 6)
College Pl. Sotn —6D 68
College Rd. Navy —3F 145 (2B 6)
College Rd. Pur —4F 119
College Rd. Sotn —3G 89
College St. Ptsfld —6D 24
College St. Ports —3F 145 (4B 6)
College St. Sotn —2D 88 (5F 5)
College St. Win —1F 17 (4D 150)
College Wlk. Win —2F 17 (5E 150)
Collett Clo. H End —2G 71
Colley Clo. Win —4F 11
Collier Clo. Sotn —4F 69
Collingbourne Dri. Chan F —4D 30
Collington Cres. Ports —5G 117
Collingwood Ho. Fare —4A 114
Collingwood Retail Pk. Fare —1D 130
Collingwood Rd. S'sea —6J 145
Collingworth Ri. Park G —7C 92
Collins Clo. Chan F —4C 30
Collins Ho. Chan F —4G 31
Collins La. Hurs —2E 20
Collins Rd. S'sea —6B 146
Collis Rd. Ports —7B 134
Colne Av. Sotn —1E 66
Colne Ct. Sotn —2F 67
Colonnade, The. Sotn —2G 89
Colpoy St. S'sea —4G 145 (6E 6)
Colson Clo. Win —7G 11 (1G 150)
Colson Rd. Win —7G 11 (1G 150)
Colt Clo. Rown —6G 47
Colton Copse. Chan F —4C 30
Coltsfoot Clo. H End —5G 71
Coltsfoot Dri. L Hth —4K 111
Coltsfoot Dri. Water —1G 119
Coltsfoot Wlk. Roms —1D 28
Coltsmead. Ports —6E 116
Colts Rd. Rown —4F 47
Columbine Wlk. Tot —7J 65
Colvedene Clo. Col C —1E 32
Colville Dri. Bish W —3A 54
Colville Rd. Ports —6B 118
Colwell Clo. Sotn —4E 66
Colwell Rd. Ports —7A 118
Comfrey Clo. Roms —1D 28
Comfrey Clo. Water —3K 79
Comines Way. H End —6D 70
Comley Hill. Hav —7F 101
Commercial Pl. Ports —2H 145 (2G 7)
Commercial Rd. Ports —3H 145 (3F 7)
(in two parts)
Commercial Rd. Sotn —7B 68 (1B 4)
Commercial Rd. Tot —5B 66
Commercial St. Sotn —5K 69
Commodore Ct. Sotn —2E 88 (6G 5)
Comn. Barn La. Lee S —1C 142
(in two parts)
Common Clo. Chan F —2F 31
Common Fields. H End —6E 70
Common Gdns. Chan F —2F 31
Comn. Hill Rd. Brfld —3E 18
Common La. S'wick —4D 96
Common La. Titch —6E 112
Common Rd. Chan F —2E 30
Common St. Ports —2J 145 (2J 7)
Common, The. Sotn —3B 68
Compass Clo. Gos —2G 143
Compass Clo. Sotn —1K 89
Compass Point. Fare —6E 114
Compass Rd. Ports —7G 117
Compton Clo. Eastl —4J 31
Compton Clo. Hav —3C 120
Compton Clo. Lee S —2C 142
Compton Clo. Win —5A 16
Compton Ct. Hav —4B 120
Compton Ho. Sotn —4J 67
Compton Ho. Tot —3J 65
Compton Rd. Ports —4K 133
Compton Rd. Tot —4B 66
Compton Rd. Win —1E 16 (4B 150)
Compton St. Comp —1B 22
Compton Wlk. Sotn —7D 68 (1F 5)
Compton Way. Win —5A 16
Conan Rd. Ports —3K 133
Concorde Way. Fare —1E 112
Condor Av. Fare —6J 115
Condor Clo. Sotn —2G 89
Coney Grn. Win —5F 11
Conference Dri. L Hth —3C 112
Conford Ct. Hav —7A 100
Congleton Clo. Min —2F 83
Conifer Clo. Hythe —3B 108
Conifer Clo. Water —3H 99
Conifer Clo. Win —6D 10 (1A 150)
Conifer Gro. Gos —3E 130
Conifer M. Fare —5C 116
Conifer Rd. Sotn —7H 47
Conigar Rd. Ems —3J 121
Coniston Av. Ports —7B 134
Coniston Gdns. H End —7G 71

A-Z Southampton, Portsmouth & Winchester 159

Coniston Gro.—Crossland Clo.

Coniston Gro. Alr —3G 15
Coniston Rd. Eastl —1J 49
Coniston Rd. Sotn —4D 66
Coniston Wlk. Fare —7B 114
Connaught La. Ports —5E 116
Connaught Rd. Hav —5D 120
Connaught Rd. Ports —5J 133
Connaught Rd. Wor D —4B 8
Connemara Cres. White —6C 92
Connigar Clo. Gos —1F 143
Connors Keep. Water —1E 98
Conqueror Way. Fare —6A 130
Conrad Gdns. White —5D 92
Conservatory, The. Win —1G 17 (3F 150)
Consort Clo. Eastl —5A 32
Consort Ct. Fare —5F 115
Consort Ho. Ports —1J 145
(off Princes St.)
Consort Rd. Eastl —5A 32
Constable Clo. Gos —7B 144
Constable Clo. Sotn —3B 90
Constables Ga. Win —3B 150
Constantine Av. Chan F —4H 31
Constantine Clo. Chan F —4J 31
Consulate Ho. Sotn —2E 88 (6H 5)
Convent Ct. Ems —5H 121
Convent La. Ems —6J 121
Conway Clo. Chan F —7E 30
Cook's La. Cal —2G 65
Cook St. Sotn —1D 88 (4F 5)
Cooley Ho. Gos —3E 130
Coombedale. L Hth —4C 112
Coombe Farm Av. Fare —6D 114
Coombe Rd Ter. E Meo —2E 40
(off Coombe Rd.)
Coombe Rd. E Meo —2D 40
Coombe Rd. Gos —1A 144
Coombs Clo. Water —3K 79
Cooper Gro. Fare —1C 132
Cooper Rd. Asht —2H 85
Cooper Rd. Ports —7C 134
Coopers Clo. E Wel —1A 44
Cooper's Clo. W End —3B 70
Coopers Clo. Wor D —4C 8
Cooper's La. Ower —4A 44
Cooper's La. Sotn —2G 89
Copeland Rd. Sotn —3E 66
Copenhagen Towers. Sotn —5H 89
Copinger Clo. Tot —6H 65
Copnor Rd. Ports —2A 134
Copper Beech Dri. Ports —6F 119
Copperfield Ho. Ports —1J 145
Copperfield Rd. Sotn —6D 48
Copperfields. Tot —5G 65
Copper St. S'sea —5G 145 (7E 6)
Coppice Clo. Win —6B 10
Coppice Hill. Bish W —4K 53
Coppice Rd. Cal —2H 65
Coppice, The. Gos —5G 131
Coppice, The. Water —6H 79
Coppice Way. Fare —3A 114
Coppins Gro. Fare —1B 132
Copse Cvn. Pk., The. W'lnds —7C 64
Copse Clo. N Bad —6G 29
Copse Clo. Ott —5B 22
Copse Clo. Ptsfld —5G 25
Copse Clo. Tot —6A 66
Copse Clo. Water —4E 118
Copse La. Chilw —2C 48
Copse La. Gos —6G 131
Copse La. Hamb —4E 110
Copse La. Hay I —7D 136
Copse Rd. Sotn —2J 69
Copse, The. Chan F —5H 31
Copse, The. Fare —2A 114
Copse, The. Roms —1D 28
Copse Vw. Sotn —7D 70
Copsewood Rd. Asht —2H 85
Copsewood Rd. Hythe —3C 108
Copsewood Rd. Sotn —2H 69
Copsey Clo. Ports —6E 118
Copsey Gro. Ports —7E 118
Copsey Path. Ports —6E 118
Copthorne La. Fawl —4A 126
Copythorne Cres. Copy —1B 64
Copythorn Rd. Ports —6A 134
Coracle Clo. Wars —5A 112
Coral Clo. Fare —1B 132
Coral Ct. Gos —2F 143
Coralin Gro. Water —4J 99
Coram Clo. Win —5F 11
Corbett Rd. Water —7E 98
Corbiere Clo. Sotn —1F 67
Corbould Rd. Dib P —5C 108
Corby Cres. Ports —3C 134
Cordelia Clo. Dib —3A 108
Corfe Clo. Alr —3F 15
Corfe Clo. Fare —5H 129
Corhampton Cres. Hav —2A 120
Corhampton Golf Course. —6H 37
Corhampton Ho. Ports —2H 7
Corhampton La. Cptn —4F 37
Coriander Dri. Tot —5H 65
Coriander Way. White —5E 92
Corinna Gdns. Dib —3A 108
Corinthian Rd. Chan F —3H 31
Cork La. March —3G 87
Cormorant Clo. Fare —6J 115
Cormorant Dri. Hythe —4F 109
Cormorant Wlk. Gos —5E 130
Cornaway La. Fare —7A 116
Cornbrook Gro. Water —4K 99
Cornelius Dri. Water —4H 99
Cornel Rd. Sotn —7J 69
Corner Mead. Water —1A 98
Cornerways. King W —1G 11
Cornes Clo. Win —1C 16
Cornfield. Fare —2E 114
Cornfield Clo. Chan F —4C 30
Cornfield Rd. Lee S —2C 142
Cornflower Clo. L Hth —3K 111
Cornforth Rd. Cal —3H 65
Corn Mkt. Roms —3K 27
Cornwall Clo. Sotn —2K 69
Cornwall Cres. Sotn —2J 69
Cornwallis Cres. Ports —2J 145 (1G 7)
Cornwallis Ho. Ports —1H 7
Cornwall Rd. Chan F —7F 31
Cornwall Rd. Ports —3K 145 (3K 7)
Cornwall Rd. Sotn —2J 69
Cornwell Clo. Gos —1G 143
Cornwell Clo. Ports —5G 133
Coronado Rd. Gos —1A 144
Coronation Av. Sotn —1B 68
Coronation Eventide Homes. Ports —3K 133
Coronation Homes. Sotn —4C 70
Coronation Pde. Hamb —3D 110
Coronation Rd. Hay I —7H 149
Coronation Rd. Swanm —6E 54
Coronation Rd. Water —5F 99
Corsair Dri. Dib —3A 108
Cortina Way. H End —7J 71
Cort Way. Fare —2K 113
Corvette Av. Wars —5A 112
Cosford Clo. Eastl —1F 51
Cosham Pk. Av. Ports —7A 118
Cossack Grn. Sotn —1D 88 (3F 5)
Cossack La. Win —7F 11 (2E 150)
Cossack La. Ho. Win —2E 150
Cosworth Dri. Dib —3A 108
Cotsalls. F Oak —2H 51
Cotswold Clo. Dib P —3A 108
Cotswold Clo. Hav —7B 100
Cotswold Rd. Sotn —4G 67
Cotswold Wlk. Fare —7C 114
Cottage Clo. Water —2A 98
Cottage Gro. Gos —3A 144
Cottage Gro. S'sea —4H 145 (6G 7)
Cottage Vw. Ports —3J 145 (3H 7)
Cotteridge Ho. S'sea —3J 145 (5H 7)
Cottesloe Ct. S'sea —6H 145
Cottes Way. Fare —6H 129
Cottesway E. Fare —6J 129
Cotton Clo. Eastl —7D 32
Cotton Dri. Ems —2H 121
(in two parts)
Cott St. Swanm —6F 55
Cott St. La. Swanm —7H 55
(in two parts)
Cotwell Av. Water —1J 99
Couch Grn. Mart W —1D 12
Coulmere Rd. Gos —2K 143
Coulsdon Rd. H End —6H 71
Coultas Rd. Chan F —7H 21
Country Vw. Fare —3J 129
County Gdns. Fare —6K 113
Course Pk. Cres. Fare —4D 112
Ct. Barn Clo. Lee S —1C 142
Ct. Barn La. Lee S —1C 142
Court Clo. Cal —2J 65
Court Clo. Ports —7C 118
Court Clo. Sotn —6K 69
Courtenay Clo. Fare —3E 112
Courtenay Rd. Win —5F 11
Court Ho. Clo. Hythe —2D 108
Courtier Clo. Dib —3K 107
Courtland Gdns. Sotn —6E 48
Courtlands Ter. Water —1H 99
Court La. Ports —7C 118
Court Mead. Ports —6C 118
Courtmount Gro. Ports —6B 118
Courtmount Path. Ports —5B 118
Court Rd. King W —2H 11
Court Rd. Lee S —1B 142
Court Rd. Sotn —5C 68
Court Royal M. Sotn —4C 68
Courtyard, The. Ptsfld —6D 24
Cousins Gro. S'sea —6B 146
Coventry Ct. Gos —2G 143
Coventry Ct. Win —5F 11
Coventry Rd. Sotn —6C 68
Coverack Way. Port S —7G 117
Covert Gro. Water —1H 119
Covert, The. Roms —4C 28
Covey Way. Alr —3E 14
Covindale Ho. S'sea —5B 146
Cowan Rd. Water —1E 118
Coward Rd. Gos —6J 143
Cowdown La. Ids —1K 81
Cowdray Clo. Eastl —1E 50
Cowdray Clo. Sotn —7J 47
Cowdray Ho. Ports —3H 7
Cowdray Pk. Fare —5H 129
Cowes Ct. Fare —6K 113
Cowes La. Wars —2J 127
Cow La. Portc —7C 116
Cow La. Ports —7J 117
Cowley Clo. Sotn —2F 67
Cowley Dri. Wor D —4C 8
Cowleys La. Beau —7B 124
Cowper Rd. Ports —2K 145
Cowper Rd. Sotn —6C 70
Cowslip Clo. Gos —5F 131
Cowslip Clo. L Hth —4K 111
Cowslip Wlk. Tot —7J 65
(in two parts)
Cowslip Way. Roms —1D 28
Coxdale. Fare —5D 112
Coxes Mdw. Ptsfld —4C 24
Coxford Clo. Sotn —2H 67
Coxford Drove. Sotn —1H 67
Coxford Rd. Sotn —2G 67
Cox Row. Chan F —7F 31
Cox's Dri. Sotn —3A 90
Cox's Hill. Twy —1F 23
Cox's La. Sotn —3G 89
Cozens Clo. Sotn —4H 89
Crabapple Clo. Tot —5H 65
Crabbe Ct. S'sea —4H 145 (6G 7)
Crabbe La. Sotn —6D 48
(in two parts)
Crabbs Way. Tot —5G 65
Crabden La. Horn —4B 80
Crableck La. Sar G —1H 111
Crabthorne Farm La. Fare —4J 129
Crabtree. Sotn —3G 67
Crabwood Clo. Sotn —2G 67
Crabwood Ct. Hav —6A 100
Crabwood Dri. W End —3D 70
Crabwood Rd. Sotn —2F 67
Cracknorehard La. March —3H 87
Cracknore Rd. Sotn —7A 68
Craddock Ho. Ports —3B 6
Craddock Ho. Win —6H 11
Craig Ho. S'sea —6J 145
(off Marmion Av.)
Craigwell Rd. Water —2F 119
Crampmoor La. Cram —1E 28
Cranberry Clo. March —4G 87
Cranborne Gdns. Chan F —1E 30
Cranborne Rd. Ports —5B 118
Cranborne Wlk. Fare —7B 114
Cranbourne Clo. Sotn —3A 68
Cranbourne Dri. Ott —6A 22
Cranbourne Pk. H End —1H 91
Cranbourne Rd. Gos —5B 144
Cranbury Av. Sotn —6D 68
Cranbury Clo. Ott —6A 22
Cranbury Ct. Sotn —2J 89
Cranbury Gdns. Burs —4E 90
Cranbury Pl. Sotn —6D 68
Cranbury Rd. Eastl —2K 49
(in two parts)
Cranbury Rd. Sotn —2J 89
Cranbury Ter. Sotn —6D 68
Cranbury, The. Sotn —6D 68
(off Cranbury Ter.)
Cranbury Towers. Sotn —6D 68
(off Cranbury Pl.)
Craneswater Av. S'sea —7K 145
Craneswater Ga. S'sea —7K 145
Craneswater M. S'sea —6K 145
(off Craneswater Pk.)
Craneswater Pk. S'sea —6K 145
Cranford Gdns. Chan F —2E 30
Cranford Ho. Sotn —2D 68
Cranford Rd. Ptsfld —7B 24
Cranford Way. Sotn —2D 68
Cranleigh Av. Ports —2K 145
Cranleigh Ct. Sotn —4D 68
Cranleigh Paddock. Lyn —7J 83
Cranleigh Rd. Fare —7K 115
Cranleigh Rd. H End —6H 71
Cranleigh Rd. Ports —2K 145
Cranmer Dri. Nurs —6D 46
Cranmore. Net A —6B 90
Cranwell Ct. Sotn —6G 47
Cranwell Cres. Sotn —6H 47
Cranworth Rd. Win —6E 10 (1B 150)
Crasswell St. Ports —2H 145 (2G 7)
(in two parts)
Craven Ct. Fare —3B 114
Craven Rd. Chan F —4G 31
Craven St. Sotn —7D 68 (2F 5)
Craven Wlk. Sotn —7D 68 (2E 4)
Crawford Clo. Nurs —6C 46
Crawford Dri. Fare —3C 114
Crawley Av. Hav —7D 100
Crawley Hill. W Wel —2A 44
Crawte Av. Holb —5G 125
Credenhill Rd. Ports —5H 117
Creech Vw. Den —1K 97
Creedy Gdns. W End —1K 69
Creek End. Ems —7J 121
Creek Rd. Gos —4C 144
Creek Rd. Hay I —6G 149
Creek Vw. Cvn. Est. Hay I —6H 149
Creighton Rd. Sotn —6G 67
Cremorne Pl. Ptsfld —5D 24
Cremyll Clo. Fare —5K 129
Crescent Clo. Win —4A 16
Crescent Gdns. Fare —5D 114
Crescent Rd. Fare —5D 114
Crescent Rd. Gos —7K 143
Crescent Rd. L Hth —3A 112
Crescent Rd. N Bad —5G 29
Crescent, The. Eastl —6K 31
Crescent, The. Exby —3K 139
Crescent, The. March —4F 87
Crescent, The. Net A —7B 90
Crescent, The. Roms —2C 28
Crescent, The. Sotn —3K 89
Crescent, The. Twy —3F 23
Crescent, The. Uphm —1D 52
Crescent, The. Water —2D 118
Crescent, The. W'lnds —2D 84
Cressey Rd. Roms —3A 28
Cressy Rd. Ports —1J 145
Crest Clo. Fare —5G 115
Crestland Clo. Water —2H 99
Crest, The. Water —4D 118
Crest Way. Sotn —1B 90
Crete Cotts. Dib P —6B 108
Crete La. Dib P —5C 108
Crete Rd. Dib P —6C 108
Cricket Dri. Water —6H 79
Cricklemede. Bish W —4A 54
Cricklewood Clo. Bish W —4A 54
Crigdon Clo. Sotn —4F 67
Crinoline Gdns. S'sea —6B 146
Cripplegate La. E Bol —3A 138
Cripstead La. Win —3E 16
Crispin Clo. H Hth —5H 51
Crispin Clo. L Hth —2C 112
Crisspyn Clo. Water —6J 79
Croad Ct. Fare —5F 115
Croftlands Av. Fare —4K 129
Croft La. Hay I —6D 136
Crofton Av. Lee S —7K 129
Crofton Clo. Sotn —3D 68
Crofton Clo. Water —1D 118
Crofton Ct. Fare —5K 129
Crofton La. Fare —6J 129
Crofton Rd. Ports —5K 133
Crofton Rd. S'sea —3C 146
Crofton Way. Swanm —6D 54
Crofton Way. Wars —5H 111
Croft Rd. Ports —6J 133
(in two parts)
Croft, The. Cal —2H 65
Croft, The. Chan F —7F 31
Croft, The. Fare —3K 129
Cromalt Clo. Dib P —4A 108
Cromarty Av. S'sea —4C 146
Cromarty Clo. Fare —4J 129
Cromarty Rd. Sotn —6F 47
Crombie Clo. Water —1G 99
(in two parts)
Cromer Rd. Ports —5K 117
Cromer Rd. Sotn —3E 66
Cromhall Clo. Fare —6K 113
Crompton Way. Fare —1D 112
Cromwell Rd. Sotn —5C 68
Cromwell Rd. S'sea —6C 146
Cromwell Rd. Win —3C 16
Crondall Av. Hav —7B 100
Crooked Hays Clo. March —4G 87
Crooked Wlk. La. S'wick —3D 116
Crookham Clo. Hav —1K 119
Crookham Rd. Sotn —5J 89
Crookhorn La. Drox —3B 56
Crookhorn La. Water —5F 119
Crosfield Clo. E Wel —1A 44
Crossbill Clo. Water —5H 79
Crossfell Wlk. Fare —7B 114
Cross Ho. Cen. Sotn —2F 89 (5J 5)
Crosshouse Rd. Sotn —2F 89 (6H 5)
Cross Keys Pas. Win —3E 150
Crossland Clo. Gos —5B 144

160 A-Z Southampton, Portsmouth & Winchester

Crossland Dri.—Dodds La.

Crossland Dri. Hav —3C 120
Cross La. Bish W —7G 35
Cross La. Water —7H 79
Crossley Ct. Sotn —6K 67
Cross Rd. Lee S —4D 142
Cross Rd. Sotn —5H 69
Cross St. Bish W —3K 53
Cross St. Ports —3F 145 (3C 6)
Cross St. S'sea —4J 145 (5H 7)
Cross St. Win —7E 10 (2C 150)
Cross, The. E Meo —1E 40
Crosstrees. Sar G —7A 92
Cross Way. Hav —4B 120
Crossways. Shaw —4C 22
Crossways, The. Gos —2A 144
Crossway, The. Fare —6A 116
Crosswell Clo. Sotn —7B 70
Croucher's Cft. Win —5B 10
Crouch La. Water —5H 79
(in two parts)
Crowders Grn. Col C —2E 32
Crowder Ter. Win —1E 16 (3B 150)
Crown Clo. Water —3F 119
Crown Ct. Ports —2J 145 (2J 7)
(Common St.)
Crown Ct. Ports —7C 6
(High St.)
Crown M. Gos —4C 144
Crown St. Ports —2J 145 (1J 7)
Crown St. Sotn —4J 67
Crowsbury Clo. Ems —3H 121
Crowsnest La. Bot —3A 72
Crowsport. Hamb —3F 111
Crowther Clo. Sotn —1B 90
Croydon Clo. Sotn —7H 47
Crummock Rd. Chan F —2D 30
Crundles. Ptsfld —6E 24
Crusader Ct. Gos —1B 144
Crusader Rd. H End —7J 71
Crusaders Way. Chan F —4C 30
Crystal Way. Water —5H 99
Cuckmere La. Sotn —4D 66
Cuckoo Bushes La. Chan F —2E 30
Cuckoo La. Fare —4J 129
Cuckoo La. Sotn —2C 88 (6D 4)
Cudworth Mead. H End —3J 71
Culford Av. Tot —6A 66
Culford Way. Tot —6A 66
Culley Vw. Alr —3G 15
Culloden Clo. Fare —4B 114
Culloden Rd. Fare —1C 130
Culver. Net A —6B 90
Culver Clo. Sotn —2E 66
Culver Dri. Hay I —7F 149
Culverin Sq. Ind. Est. Ports —3B 134
Culverlands Clo. Shed —6B 74
Culver M. Win —1F 17 (4D 150)
Culver Rd. S'sea —6B 146
Culver Rd. Win —2E 16 (5C 150)
Culverwell Gdns. Win —1E 16 (4C 150)
Culvery Gdns. W End —3K 69
Cumberland Av. Chan F —4H 31
Cumberland Av. Ems —2H 121
Cumberland Bus. Cen. S'sea —3J 145 (4J 7)
Cumberland Clo. Chan F —4H 31
Cumberland Ho. Ports —2F 145 (2C 6)
Cumberland House Natural History Mus. & Aquarium. —7A 146
Cumberland Pl. Sotn —7C 68 (1C 4)
Cumberland Rd. S'sea —3J 145 (4K 7)
Cumberland St. Ports —2F 145 (2C 6)
Cumberland St. Sotn —1E 88 (3G 5)
Cumberland Way. Dib —3K 107
Cumber Rd. L Hth —3K 111
Cumber's La. E Meo —1J 41
Cumbrian Way. Sotn —4F 67
Cummins Grn. Burs —4F 91
Cunard Av. Sotn —4K 67
Cunard Rd. Sotn —3D 88 (7F 5)
Cundell Way. King W —5G 9
Cunningham Av. Bish W —3H 53
Cunningham Clo. Ports —3J 133
Cunningham Ct. S'sea —6J 145
(off Collingwood Rd.)
Cunningham Cres. Sotn —1K 89
Cunningham Dri. Gos —4G 131
Cunningham Dri. L Hth —2C 112
Cunningham Gdns. Burs —5E 90
Cunningham Ho. Bish W —3J 53
Cunningham Rd. Horn —5K 79
Cunningham Rd. Water —1E 118
Cupernham Clo. Roms —1B 28
Cupernham La. Roms —6B 18
Curbridge Nature Reserve. —1D 92
Curdridge Clo. Hav —1D 120
Curdridge La. Curd —2G 73
Curie Rd. Ports —5K 117
Curlew Clo. Ems —6H 121
Curlew Clo. Hythe —4E 108
Curlew Clo. Sotn —6J 47
Curlew Dri. Fare —6J 115
Curlew Dri. Hythe —4E 108
Curlew Gdns. Water —1G 99
Curlew Path. S'sea —3C 146
Curlew Sq. Eastl —1H 49
Curlew Wlk. Gos —4D 130
Curlew Wlk. Hythe —4E 108
Curtis Mead. Ports —3A 134
Curtiss Gdns. Gos —4J 143
Curve, The. Gos —4E 130
Curve, The. Water —6G 79
Curzon Ct. Sotn —7A 48
Curzon Howe Rd. Ports —3F 145 (3C 6)
Curzon Rd. Water —6F 99
(in two parts)
Custards, The. Lyn —7K 83
Cutbush La. Sotn & W End —2K 69
(in two parts)
Cuthbert Rd. Ports —2A 146
Cutlers La. Fare —4K 129
Cutter Av. Wars —5K 111
Cut Throat La. Drox —1A 56
Cut Throat La. Swanm —5F 55
Cutts Arch. Drox —4A 56
Cygnet Ct. Fare —6J 115
Cygnet Ho. Gos —1A 144
Cygnet Rd. Ports —7G 119
Cygnus Gdns. Dib —3K 107
Cypress Av. Sotn —7J 69
Cypress Cres. Water —7H 79
Cypress Gdns. Bot —5B 72
Cypress Gdns. Tot —5H 65
Cyprus Rd. Fare —5D 112
Cyprus Rd. Ports —7K 133

Daffodil Rd. Sotn —7F 49
Dahlia Rd. Sotn —7D 48
Daintree Clo. Sotn —2C 90
Dairy La. Sotn —7B 46
Dairymoor. Wick —1D 94
Daisy La. Gos —4K 143
Daisy La. L Hth —3C 112
Daisy Mead. Water —7H 99
Daisy Rd. Sotn —7E 48
Dale Clo. Win —2A 10
Dale Dri. Gos —2E 130
Dale Grn. Chan F —1E 30
Dale Pk. Ho. Ports —3H 145 (3G 7)
Dale Rd. Fare —4A 130
Dale Rd. Hythe —3C 108
Dale Rd. Sotn —2K 67
Dales Way. Tot —4G 65
Dale, The. Water —4D 118
Dale Valley Clo. Sotn —2K 67
Dale Valley Gdns. Sotn —2K 67
Dale Valley Rd. Sotn —2K 67
Dalewood Rd. Fare —5A 114
Dallington Clo. Fare —6K 129
Dalmally Gdns. Sotn —4J 69
Damask Gdns. Water —4J 99
Damen Clo. H End —7G 71
Dampier Clo. Gos —1F 143
Damson Cres. F Oak —2F 51
Damson Hill. Swanm —3E 54
Danbury Ct. Ems —4K 121
Dances Way. Hay I —4B 148
Dandelion Clo. Gos —5E 130
Dando Rd. Water —1B 98
Danebury Clo. Hav —7B 100
Danebury Gdns. Chan F —6D 30
Danebury Way. Nurs —1E 66
Dane Clo. Black —6J 125
Danemark Ct. Win —7F 11 (1E 150)
Danesbrook La. Water —6H 99
Danes Rd. Awb & Shoot —1C 26
Danes Rd. Fare —5A 116
Danes Rd. Win —6F 11
Daniels Wlk. Cal —3G 65
Dapple Pl. March —4H 87
Dark Hollow. Ptsfld —5C 24
Dark La. Bish S —5J 15
Dark La. Black —6H 125
(in two parts)
Darlington Gdns. Sotn —3A 68
Darlington Rd. S'sea —5K 145 (7K 7)
Darren Clo. Fare —3A 130
Darren Ct. Fare —4E 114
Dart Ho. Sotn —4J 69
Dartington Rd. Eastl —5C 32
Dartmouth M. S'sea —5G 145 (7E 6)
Dartmouth Rd. Ports —5B 134
Dart Rd. W End —1A 70
Darwin Ho. Ports —3H 7
Darwin Rd. Eastl —6A 32
Darwin Rd. Sotn —5A 68
Darwin Way. Gos —2G 143
Daubney Gdns. Hav —7A 100
Daulston Rd. Ports —1A 146
Davenport Clo. Gos —2F 143
Daventry La. Ports —3D 134
D Avenue. Hythe —1G 125
David Ct. Roms —4B 28
Davidia Ct. Water —7H 99
Davidson Ct. Ports —4C 6
Davis Clo. Gos —7F 131
Davis Way. Fare —1D 130
Daw La. Hay I —7C 136
Dawlish Av. Sotn —4A 68
Dawnay Clo. Sotn —6G 49
Dawn Gdns. Win —2B 16
Dawson Lodge. W End —3E 70
Dawson Rd. Sotn —3B 90
Dawtrey Ct. Sotn —2F 69
Day La. Water —5E 78
Dayrell Clo. Cal —3G 65
Dayshes Clo. Gos —4E 130
Dayslondon Rd. Water —1E 118
D-Day Mus. & Overlord Embroidery. —7H 145
Deacon Clo. Sotn —7K 69
Deacon Cres. Sotn —7K 69
Deacon Rd. L Hth —4C 112
Deacon Rd. Sotn —7K 69
Deacon Trad. Est. Eastl —1B 50
Deal Clo. Fare —3K 129
Deal Rd. Ports —5K 117
Dean Clo. Win —5B 10
Dean Ct. H End —5G 71
Dean Ct. Horn —5K 79
Dean Ct. Sotn —4H 69
Deane Ct. Hav —1E 120
Deane Down Drove. Win —3A 10
Deane Gdns. Lee S —2C 142
Deanery. —1F 17 (4D 150)
Deanery, The. Chan F —1E 30
Deane's Pk. Rd. Fare —5G 115
Dean Farm Est. Fare —1D 114
Deanfield Clo. Hamb —4E 110
Dean La. Bish W —5B 36
Dean La. Hav —6G 81
Dean La. Spar & Win —5A 10
Dean Rd. F Oak —2G 51
Dean Rd. Ports —6B 118
Dean Rd. Sotn —4K 69
Deansfield Clo. Roms —2C 28
Deans Ga. Fare —6K 129
Dean St. Ports —3F 145 (4C 6)
Deanswood Dri. Water —4F 99
Dean, The. Alr —1F 15
Dean Vs. Know —6A 94
Dearing Clo. Lyn —1J 103
Dee Clo. Chan F —5E 30
Deep Dell. Water —7J 79
Deepdene, The. Sotn —4H 69
Deeping Clo. Sotn —4J 89
Deeping Ga. Water —6H 99
Deerhurst Clo. Tot —6J 65
Deerhurst Cres. Ports —5F 117
Deer Leap. Fare —1A 114
Deerleap Clo. Hythe —3D 108
Deerleap La. Tot —2J 85
Deerleap Way. Hythe —3D 108
Deer Pk. Farm Ind. Est. F Oak —2K 51
Defender Rd. Sotn —2G 89
Defender Wlk. Sotn —2G 89
Defoe Clo. White —5D 92
De Grouchy La. Sotn —3D 68
Delamere Rd. S'sea —5K 145
Delaval Ho. Ports —3C 6
Delft Clo. L Hth —3A 112
Delft Gdns. Water —3F 99
De Lisle Clo. Ports —3A 134
Delius Av. Sotn —2C 90
Delius Wlk. Water —1F 119
Dell Clo. F Oak —2H 51
Dell Clo. Water —4C 118
Dellcrest Path. Ports —5C 118
(in two parts)
Dellfield Clo. Ports —5F 117
Dell Piece E. Horn —7A 80
Dell Piece W. Horn —6J 79
Dell Quay Clo. Gos —5E 130
Dell Rd. Sotn —2J 69
Dell Rd. Win —2H 17 (5G 150)
Dell, The. Fare —5G 115
Dell, The. Hav —4J 119
Delme Ct. Fare —5D 114
Delme Dri. Fare —4G 115
Delme Sq. Fare —5E 114
Delphi Way. Water —4G 119
Delta Bus. Pk. Fare —7E 114
Delta Ho. Sotn —2K 47
De-Lucy Av. Alr —2E 14
De Lunn Bldgs. Win —1D 150
Dempsey Clo. Sotn —1A 90
Denbigh Clo. Eastl —5J 31
Denbigh Clo. Tot —7J 65
Denbigh Dri. Fare —4C 114
Denbigh Gdns. Sotn —7C 48
Dene Clo. Chilw —4C 48
Dene Clo. Sar G —2K 111
Dene Hollow. Ports —6E 118
Dene Rd. Asht —3H 85
Dene Way. Asht —2H 85
Denewulf Clo. Bish W —3K 53
Denham Clo. Fare —5J 129
Denham Clo. Win —5E 10
Denham Ct. Win —5F 11
Denham Fields. Eastl —7H 33
Denham Gdns. Net A —1A 110
Denhill Clo. Hay I —3B 148
Denmead Cvn. Pk. Water —1B 98
Denmead Ho. Ports —2J 145 (2H 7)
Denmead La. Den —6C 78
Denmead Rd. Sotn —4B 70
Dennett Ho. Win —6J 11
Denning M. S'sea —3H 145 (4G 7)
Dennison Ct. Sotn —4J 67
Denny Clo. Fawl —4A 126
Denville Av. Fare —1C 132
Denville Clo. Ports —6G 119
Denville Clo. Path. Ports —6G 119
Denvilles Clo. Hav —4E 120
Denzil Av. Net A —7B 90
Denzil Av. Sotn —6D 68
Depedene Clo. Holb —3E 124
De Ports Heights. Meon —4B 38
Derby Ct. Gos —2F 143
Derby Ho. Eastl —2K 49
Derby Rd. Eastl —1H 49
Derby Rd. Ports —6J 133
Derby Rd. Sotn —7E 68 (1G 5)
Deridene Ct. Tot —6J 65
Derlyn Rd. Fare —5D 114
Dersingham Clo. Ports —5K 117
Derwent Clo. Fare —3A 130
Derwent Clo. Water —2K 79
Derwent Clo. W End —3A 70
Derwent Dri. Tot —4G 65
Derwent Gdns. Alr —3G 15
Derwent Rd. Lee S —3C 142
Derwent Rd. Sotn —3F 67
Desborough Clo. Ports —5F 117
Desborough Rd. Eastl —2K 49
Devenish Rd. Win —4C 10
Deverell Pl. Water —3D 118
Devine Gdns. Eastl —1C 50
Devon Clo. Chan F —7F 31
Devon Dri. Chan F —7F 31
Devon Rd. Ports —4B 134
Devonshire Av. S'sea —4A 146
Devonshire Gdns. Burs —3F 91
Devonshire Gdns. Hythe —6D 108
Devonshire Mans. Sotn —1C 4
Devonshire Rd. Sotn —6C 68 (1C 4)
Devonshire Sq. S'sea —4A 146
Devonshire Way. Fare —6K 113
Dewar Clo. Fare —1D 112
Dew La. Eastl —7J 31
Dewsbury Ct. Sotn —2K 69
Dhekelia Ct. Ports —2J 145 (1J 7)
Diamond St. S'sea —5G 145 (7E 6)
Diana Clo. Ems —2H 121
Diana Clo. Gos —4H 143
Dibben Wlk. Roms —1D 28
Dibble Dri. N Bad —7G 29
Dibden Clo. Hav —2K 119
Dibden Golf Course. —1K 107
Dibden Lodge Clo. Hythe —1C 108
Dibles Pk. Cvn. Site. Wars —5K 111
Dibles Rd. Wars —5J 111
Dibles Wharf. Sotn —7F 69 (2J 5)
Dickens Clo. Ports —1J 145
Dickens Dell. Tot —5G 65
Dickens Dri. White —4D 92
Dickenson Wlk. Alr —3G 15
Dickson Pk. Wick —1D 94
Didcot Rd. Sotn —3K 67
Dieppe Cres. Ports —3K 133
Dieppe Gdns. Gos —4J 143
Dight Rd. Gos —6B 144
Diligence Clo. Burs —4F 91
Dimond Clo. Sotn —3H 69
Dimond Hill. Sotn —3H 69
Dimond Rd. Sotn —2H 69
Dingle Way. L Hth —2B 112
Dirty Dri. N Bad —5A 30
Disa Ho. Sotn —1B 4
Discovery Clo. Fare —2K 129
Ditcham Cres. Hav —2B 120
Ditton Clo. Fare —4K 129
Dockenfield Clo. Hav —2K 119
Dock La. Beau —6H 123
Dock Mill Cotts. S'sea —6J 145
Dock Rd. Gos —4B 144
Dockyard Apprentice Exhibition Mus. —3E 144 (3A 6)
Dodds La. Swanm —6E 54

Dodwell La.—Edinburgh Rd.

Dodwell La. Burs —4G 91
Dodwell Ter. Burs —4G 91
Dogkennel La. Hmbdn —7A 58
Dogwood Dell. Water —1G 119
Dolman Rd. Gos —5B 144
Dolphin Clo. Eastl —1E 50
Dolphin Ct. Fare —3J 129
Dolphin Ct. Lee S —2B 142
Dolphin Ct. S'sea —7A 146
Dolphin Cres. Gos —5B 144
Dolphin Hill. Twy —3F 23
Dolphin Quay. Ems —6K 121
Dolphin Way. Gos —7C 144
Dolton Rd. Sotn —1G 67
Dome All. Win —1F 17 (4D 150)
Dominie Wlk. Lee S —2C 142
Dominy Clo. Hythe —2E 108
Domum Rd. Ports —5A 134
Domum Rd. Win —2G 17
Domvilles App. Ports —6G 133
Donaldson Rd. Ports —1A 134
Doncaster Drove. Eastl —4H 49
Doncaster Rd. Eastl —3K 49
Donigers Clo. Swanm —5D 54
Donigers Dell. Swanm —5D 54
Donkey La. Bot —5B 72
Donnelly St. Gos —2K 143
Donnington Ct. Win —6F 11
Donnington Dri. Chan F —7D 30
Donnington Gro. Sotn —2E 68
Dorcas Clo. Water —4H 99
Dorchester Ct. Sotn —4C 68
Dore Av. Fare —6A 116
Dores La. Brfld —2F 19
Dorian Gro. Alr —3E 14
Doric Clo. Chan F —3J 31
Dorking Cres. Ports —7A 118
Dorland Gdns. Tot —6J 65
Dormington Rd. Ports —5H 117
Dormy Clo. Sar G —3J 111
Dormy Way. Gos —6E 130
Dornan Ho. Sotn —5D 68
Dorney Ct. Ports —7B 118
Dornmere La. Water —6H 99
Dorothy Ct. S'sea —5J 145 (7J 7)
Dorothy Dymond St. Ports —3H 145 (4F 7)
Dorrick Ct. Sotn —5C 68
Dorrien Rd. Gos —1A 144
Dorrita Av. Water —1H 99
Dorrita Clo. S'sea —6A 146
Dorrits, The. Tot —5G 65
Dorset Clo. Water —6J 79
Dorset Rd. Chan F —7F 31
Dorset St. Sotn —6D 68
Dorstone Rd. Ports —5H 117
Dorval Ho. Sotn —5B 68
Dorval Mnr. Sotn —5B 68
Douglas Cres. Sotn —6B 70
Douglas Gdns. Hav —2D 120
Douglas Keep. Water —1F 99
Douglas Rd. Ports —1B 146
Douglas Way. Hythe —2C 108
Dove Clo. Water —1G 99
Dove Dale. Eastl —1G 49
Dove Gdns. Park G —1C 112
Dove La. Brfld —2J 19
Dover Clo. Alr —3G 15
Dover Clo. Fare —4J 129
Dover Ct. Hay I —3B 148
Dovercourt Rd. Ports —1B 134
Dover Rd. Ports —7B 134
Dover St. Sotn —5D 68
Dowds Clo. H End —4G 71
Dowley Ct. Titch —6G 113
Down End. Ports —5D 118
Downend Rd. Fare —5J 115
Down End Rd. Ports —5D 118
Down Farm La. Win —6B 8
Down Farm Pl. Water —3K 79
Down Ga. Alr —3F 15
Downham Clo. Water —2G 99
Downhouse Rd. Water —7H 59
Downing Ct. Titch —5D 112
Downland Clo. Bot —5A 72
Downland Clo. L Hth —2B 112
Downland Pl. H End —7G 71
Downlands Rd. Win —4A 16
Downlands Way. S Won —2B 8
(in two parts)
Down La. Roms —2C 28
Downley Rd. Hav —2E 120
Down Rd. Horn —3J 79
(in three parts)
Downs Clo. Water —3G 119
Downscroft Gdns. H End —5G 71
Downside. Gos —5G 131
Downside Av. Sotn —6K 69
Downside Rd. Water —3D 118
Downside Rd. Win —5A 10
Downs Pk. Av. Tot —6B 66
Downs Pk. Cres. Tot —6B 66
Downs Pk. Rd. Tot —6B 66
Downs Rd. S Won —2B 8
Downsway, The. Fare —6B 116
(in two parts)
Downton Rd. Sotn —2J 69
Downwood Clo. Dib P —4K 107
Downwood Way. Horn —3K 79
Doyle Av. Ports —3K 133
Doyle Clo. Ports —3K 133
Doyle Ct. Ports —4K 133
Doyle Ct. Sotn —4J 89
Doyle Ho. Hav —3J 119
Dradfield La. Sob —4A 76
Dragon Est. Ports —7F 119
Dragon St. Ptsfld —6D 24
Dragoon Clo. Sotn —1B 90
Drake Clo. L Hth —1C 112
Drake Clo. March —3H 87
Drake Ho. Ports —3F 145 (3B 6)
Drake Rd. Eastl —6D 32
Drake Rd. Lee S —1A 142
Drakes Clo. Hythe —4C 108
Drakes Ct. March —2G 87
Drapers Copse Mobile Home Pk. Dib —2A 108
Draycote Rd. Water —1K 79
Drayton Clo. Sotn —5J 89
Drayton La. Ports —5C 118
Drayton Pl. Tot —5J 65
Drayton Rd. Ports —6K 133
Drayton St. Win —2B 16
Dreadnought Rd. Fare —2C 130
Dresden Dri. Water —3F 99
Drift Rd. Fare —4G 115
Drift Rd. Water —6J 59
Drift, The. Row C —4E 100
Driftway, The. Drox —3C 56
Driftwood Gdns. S'sea —6D 146
Driftwood Gdns. Tot —6H 65
Drill Shed Rd. Ports —6G 133
Drinkwater Clo. Eastl —7J 31
Drive, The. Dib —3A 108
Drive, The. E Wel —1A 44
Drive, The. Fare —5D 114
Drive, The. Gos —5D 130
Drive, The. Hav —3C 120
Drive, The. Tot —7A 66
Drive, The. W End —1A 70
Droffatts Ho. Sotn —5A 68
Droke, The. Ports —7A 118
(in two parts)
Drove Clo. Twy —4E 22
Drove La. Alr —1D 14
Drove Rd. Sotn —7A 70
Drove Rd. S'wick —2F 117
Drove, The. Black —6H 125
Drove, The. Cal —3G 65
Drove, The. Durl —3E 52
Drove, The. H Hth —5J 51
Drove, The. Sotn —5K 69
Drove, The. Twy —4E 22
Drove, The. W End —1E 70
Droxford Clo. Gos —4J 143
Droxford Rd. Swanm —7F 55
Drum La. Ptsfld —5D 24
Drum Mead. Ptsfld —6C 24
Drummond Clo. Win —3D 16
Drummond Ct. Eastl —5A 32
Drummond Ct. Sotn —2H 89
Drummond Dri. Sotn —4F 69
Drummond Rd. H End —3H 71
Drummond Rd. Hythe —2D 108
Drummond Rd. Ports —2J 145 (1H 7)
Drummond Way. Chan F —2E 30
Dryden Av. Ports —5D 116
Dryden Clo. Fare —4C 114
Dryden Clo. Water —3F 99
Dryden Rd. Sotn —7D 70
Drysdale M. S'sea —6C 146
Duckworth Ho. Ports —3F 145 (4C 6)
Duddon Clo. W End —3A 70
Dudleston Heath Dri. Water —3J 99
Dudley Rd. Ports —1B 146
Dugald Drummond St. Ports —3H 145 (4F 7)
Duisburg Way. S'sea —5G 145
Duke Cres. Ports —1J 145
Duke of Edinburgh Ho. Ports —2D 6
Duke Rd. H End —7J 71
Dukes Clo. Ptsfld —5B 24
Dukes Ct. Bish W —3K 53 (off St Bonnet Dri.)
Duke's Dri. Estn —4E 12
Dukes Keeps. Sotn —5G 5
Dukes Mill Cen. Roms —3K 27
Dukes Rd. Gos —2K 143
Dukes Rd. Sotn —4E 68
Duke St. Sotn —2E 88 (5G 5)
Dukes Wlk. Water —6F 99
Dukeswood Dri. Dib P —5C 108
Dumbarton Clo. Ports —7J 133
Dumbleton Clo. Sotn —7E 70
Dumbleton's Towers. Sotn —1D 90
Dummer Ct. Hav —7A 100
Dummer M. Win —1E 16 (4C 150)
Dummers Rd. Brfld —2E 18
Dumpers Drove. H Hth —4J 51
Dunbar Clo. Sotn —6G 47
Dunbar Rd. S'sea —4C 146
Duncan Clo. Sotn —4H 89
Duncan Cooper Ho. Water —6E 98
Duncan Ct. Sotn —7B 70
Duncan Rd. Park G —7C 92
Duncan Rd. S'sea —6J 145
Duncans Dri. Fare —6J 113
Duncombe Rd. E Meo —2E 40
Duncton Rd. Water —6A 60
Duncton Way. Gos —4F 131
Dundas Clo. Ports —5C 134
Dundas La. Ports —6C 134
Dundas Spur. Ports —5C 134
Dundee Clo. Fare —3B 114
Dundee Rd. Sotn —3F 69
Dundonald Clo. Hay I —3D 148
Dundonald Clo. Sotn —4G 89
Dundridge La. Bish W —2A 54
Dundry Way. H End —5H 71
Dunhurst Clo. Hav —3D 120
Dunkeld Rd. Gos —1J 143
Dunkirk Clo. Sotn —7A 48
Dunkirk Rd. Sotn —7K 47
Dunlin Clo. S'sea —3E 146
Dunn Clo. S'sea —5C 146
Dunnings La. N Bad —5F 29
Dunnock Clo. Row C —4E 100
Dunsbury Way. Hav —7B 100
Dunsmore Clo. S'sea —4H 145 (6F 7)
Dunstable Wlk. Fare —6A 114
Dunster Clo. Sotn —6K 47
Dunvegan Dri. Sotn —6K 47
Durban Clo. Roms —1B 28
Durban Homes. Ports —2J 145 (2H 7)
Durban Rd. Ports —1A 146
Durford Ct. Hav —7A 100
Durford Rd. Ptsfld —6F 25
Durham Gdns. Water —1G 119
Durham St. Gos —2K 143
Durham St. Ports —3H 145 (3G 7)
Durland Rd. Water —4K 79
Durley Av. Water —2F 99
Durley Brook Rd. Durl —5A 52
Durley Cres. Tot —7J 65
Durley Hall Rd. Durl —2C 52
Durley Rd. Gos —2J 143
Durley Rd. H Hth —3J 51
Durley St. Durl —5C 52
Durlston Rd. Sotn —3E 66
Durnford Rd. Sotn —6E 68 (1G 5)
Durngate Pl. Win —7G 11 (2F 150)
Durngate Ter. Win —7G 11 (2F 150)
Durrants Gdns. Row C —5E 100
Durrants Rd. Row C —6E 100
Dursley Cres. Ports —6H 117
Dutton La. Eastl —6A 32
Dutton's Rd. Roms —2K 27
(in two parts)
Dyer Rd. Sotn —5K 67
Dymchurch Ho. Ports —6K 117
Dymoke St. Ems —2H 121
Dymott Clo. Sotn —7A 68
Dyneley Grn. Sotn —3K 69
Dyram Clo. Eastl —5J 31
Dysart Av. Ports —7C 118
Dyserth Clo. Sotn —4A 90
Dyson Dri. Win —5F 11

Eadens La. Bart —4C 64
Eagle Av. Water —1E 98
Eagle Clo. Chan F —6E 30
Eagle Clo. Fare —6J 115
Eagle Rd. Lee S —1A 142
Earle Ho. Win —7J 11
Earls Clo. Eastl —1F 51
Earlsdon St. S'sea —4H 145 (5F 7)
Earls Rd. Fare —7E 114
Earl's Rd. Sotn —4D 68
Earnley Rd. Hay I —6J 149
Eastacre. Win —6D 10
E. Bargate. Sotn —1D 88 (4E 4)
E. Boldre Rd. E Bol —7C 122
Eastbourne Av. Gos —7J 131
Eastbourne Av. Sotn —4A 68
Eastbourne Rd. Ports —7B 134
Eastbrook Clo. Gos —7J 131
Eastbrook Clo. Park G —1B 112
E. Cams Clo. Fare —5J 115
Eastchurch Clo. Sotn —7G 47
Eastcliff Clo. Lee S —1C 142
E. Copsey Path. Ports —6E 118
E. Cosham Rd. Ports —5C 118
Eastcot Clo. Holb —4F 125
East Ct. Cosh —6C 118
East Ct. Ports —1K 145
Eastcroft Rd. Gos —3J 143
East Dri. Eastl —6C 32
Eastern Av. S'sea —2C 146
Eastern Ind. Est. Ports —1D 134
Eastern Pde. Fare —7E 114
Eastern Pde. S'sea —7A 146
Eastern Rd. Fawl —5D 126
Eastern Rd. Hav —4C 120
Eastern Rd. Ports —5G 133
(PO2)
Eastern Rd. Ports —2D 134
(PO6 & PO3)
Eastern Rd. W End —3C 70
Eastern Vs. Rd. S'sea —7J 145
Eastern Way. Fare —5F 115
Eastfield Av. Fare —7C 114
Eastfield Rd. Sotn —4F 69
Eastfield Rd. S'sea —5B 146
Eastfield Rd. S'wick —4G 117
East Ga. Ports —1H 145
Eastgate St. Sotn —2D 88 (5E 4)
Eastgate St. Win —1G 17 (3F 150)
East Hill. Win —2G 17 (5F 150)
E. Hill Clo. Fare —4G 115
E. Hoe Rd. Hmbdn —2F 77
East Ho. Av. Fare —5A 130
Eastlake Clo. Ptsfld —6G 25
Eastlake Heights. S'sea —5E 146
Eastland Ga. Cotts. Love —6E 78
East La. Alr —3B 14
Eastleigh Lakeside Railway. —3J 49
Eastleigh Mus. —1K 49
Eastleigh Rd. F Oak —2H 51
Eastleigh Rd. Hav —3F 121
East Lodge. Fare —5K 113
East Lodge. Lee S —2B 142
E. Lodge Pk. Ports —6G 119
Eastmeare Ct. Tot —6H 65
Eastney Esplanade. S'sea —6B 146
Eastney Farm Rd. S'sea —5D 146
Eastney Pumping Station Mus. —5D 146
Eastney Rd. S'sea —4C 146
Eastney St. S'sea —6C 146
Eastoke Av. Hay I —7G 149
Easton La. Estn —1B 12
Easton La. Win —7G 11 (1G 150)
Easton La. Bus. Cen. Win —7G 11 (1G 150)
Eastover Ct. Hav —7A 100
E. Pallant. Hav —5C 120
East Pk. Ter. Sotn —7D 68 (1E 4)
East Rd. Hythe —6G 109
East Rd. S'wick —7F 97
East St. Alr —1G 15
East St. Fare —5F 115
East St. Hmbdn —1J 77
East St. Hav —5C 120
East St. Portc —6C 116
East St. Ports —5E 144 (6A 6)
East St. Sotn —1D 88 (4E 4)
East St. Titch —6G 113
East St. Cen. Sotn —1D 88 (4F 5)
E. Surrey St. Ports —3H 145 (3G 7)
Eastville Rd. Eastl —2H 51
Eastways. Bish W —4K 53
Eastwood Clo. Hay I —4E 148
Eastwood Ct. Roms —3K 27
E. Woodhay Rd. Win —3C 10
Eastwood Rd. Ports —3K 133
E Avenue. Hythe —2H 125
Ebden Rd. Win —7G 11 (1G 150)
Ebery Gro. Ports —2C 146
Ecton La. Ports —4D 134
Eddystone Rd. Tot —2J 65
Edelvale Rd. Sotn —3A 70
Edenbridge Rd. S'sea —3C 146
Eden Path. Ports —5D 118
Eden Ri. Fare —6E 114
Eden Rd. W End —2A 70
Eden St. Ports —2H 145 (2G 7)
Eden Wlk. Chan F —5E 30
Edgar Cres. Fare —1C 132
Edgar Rd. Win —2E 16 (5B 150)
Edgar Vs. Win —1E 16 (5B 150)
Edgbaston Ho. S'sea —4H 145 (5G 7)
Edgecombe Cres. Gos —7F 131
Edgefield Gro. Water —4K 99
Edge Hill Rd. Sotn —3J 69
Edgerly Gdns. Ports —1A 134
Edgeware Rd. S'sea —3B 146
Edinburgh Ct. Sotn —6H 67 (off Regents Pk. Rd.)
Edinburgh Rd. King W —5G 9

Edinburgh Rd.—Fareham Rd.

Edinburgh Rd. *Ports* —3G **145** (3E **6**)
Edington Clo. *Bish W* —3J **53**
Edington Rd. *Win* —5F **11**
Edith Haisman Clo. *Sotn* —7A **68**
Edmund Rd. *S'sea* —5K **145**
Edmunds Clo. *Bot* —7J **71**
Edney Path. *Sar G* —7J **91**
Edneys La. *Water* —1C **98**
Education Path. *Ports* —7K **117**
Edward Av. *Eastl* —6C **32**
Edward Clo. *Black* —6H **125**
Edward Gdns. *Hav* —5K **119**
Edward Gro. *Fare* —5D **116**
Edward Rd. *Hythe* —2D **108**
Edward Rd. *Sotn* —5K **67**
Edward Rd. *Win* —3D **16**
Edwards Clo. *Ports* —5G **117**
Edwards Clo. *Water* —3G **99**
Edward Ter. *Alr* —2G **15**
Edwina Clo. *N Bad* —6J **29**
Edwina Clo. *Sotn* —6J **69**
Edwina Ho. *Sotn* —7H **49**
Edwina Mountbatten Ho. Roms —3K 27
(off Palmerston St.)
Edwin Jones Grn. *Sotn* —4B **68**
Effingham Gdns. *Sotn* —1B **90**
Egan Clo. *Ports* —4A **134**
Egbert Rd. *Win* —6F **11**
Eglantine Clo. *Water* —1J **99**
Eglantine Wlk. *Water* —1J **99**
Eight Acres. *Roms* —3B **28**
Eighth St. *Hythe* —3H **125**
Eileen Beard Ho. *Hav* —1D **120**
Elaine Gdns. *Water* —7G **79**
Elan Clo. *W End* —3A **70**
Elcombes Clo. *Lyn* —1J **103**
Elderberry Clo. *Clan* —7A **60**
Elderberry Clo. *F Oak* —1F **51**
Elderberry Way. *Water* —1J **99**
Elder Clo. *L Hth* —4A **112**
Elder Clo. *March* —4H **87**
Elder Clo. *Win* —4B **16**
Elder Ct. *Win* —4B **16**
Elderfield Clo. *Ems* —3K **121**
Elderfield Rd. *Hav* —6A **100**
Elder Grn. *Col C* —2F **33**
Elder Rd. *Hav* —3E **120**
Eldon Building. *S'sea* —4H **145** (5F **7**)
Eldon Ct. *S'sea* —4H **145** (6F **7**)
Eldon Ho. *Sotn* —2D **88** (5F **5**)
Eldon Rd. *King S* —1C **18**
Eldon St. *S'sea* —4H **145** (6F **7**)
Eldridge Gdns. *Roms* —2A **28**
Electron Way. *Chan F* —4F **31**
Elettra Av. *Water* —5D **98**
Eleventh St. *Hythe* —2G **125**
Elgar Clo. *Gos* —6K **143**
Elgar Clo. *Ports* —6D **116**
Elgar Clo. *Sotn* —2B **90**
Elgar Rd. *Sotn* —2B **90**
Elgar Wlk. *Water* —1F **119**
Elgin Clo. *Fare* —4C **114**
Elgin Clo. *Hythe* —3D **108**
Elgin Rd. *Ports* —1A **134**
Elgin Rd. *Sotn* —7A **68**
Eling Clo. *Win* —4C **10**
Eling Ct. *Hav* —7A **100**
Elingfield Ct. *Tot* —5B **66**
Eling Hill. *Tot* —7C **66**
Eling La. *Tot* —5B **66**
Eling Vw. *Sotn* —5E **66**
Eling Wharf. *Tot* —5C **66**
Elizabeth Clo. *King W* —5G **9**
Elizabeth Clo. *W End* —3C **70**
Elizabeth Clo. *Wick* —1C **94**
Elizabeth Ct. *Fare* —7C **114**
Elizabeth Ct. *Gos* —2K **143**
Elizabeth Ct. *Ports* —6A **118**
Elizabeth Ct. *Sotn* —3F **69**
Elizabeth Ct. *W End* —3C **70**
Elizabeth Gdns. *Dib P* —5D **108**
Elizabeth Gdns. *S'sea* —6A **146**
Elizabeth Ho. *Cal* —2H **65**
Elizabeth Rd. *Stub* —5A **130**
Elizabeth Rd. *Water* —1F **119**
Elizabeth Rd. *Wick* —1D **94**
Elizabeth Way. *Bish W* —4J **53**
Elizabeth Way. *Eastl* —5A **32**
Eliza Pl. *Gos* —3B **144**
Elkstone Rd. *Ports* —5G **117**
Ellachie Gdns. *Gos* —7A **144**
Ellachie M. *Gos* —7A **144**
Ellachie Rd. *Gos* —7A **144**
Elland Clo. *F Oak* —2H **51**
Elldene Ct. *Tot* —7K **65**
Ellen Gdns. *Chan F* —5D **30**
Ellerslie Clo. *Fare* —6H **129**
Ellingham Clo. *Alr* —2G **15**
Elliot Clo. *Tot* —5J **65**
Elliot Ri. *H End* —2H **71**
Elliots Cvn. Est. *Hay I* —6H **149**
Ellisfield Rd. *Hav* —2B **120**
Ellis Rd. *Sotn* —7D **70**
Ellwood Av. *Sotn* —7D **70**
Ellwood Clo. *Sotn* —6D **70**
Elm Clo. *Sotn* —7C **48**
Elm Clo. Est. *Hay I* —5C **148**
Elm Ct. *Sotn* —2J **89**
Elm Ct. *Win* —7D **10** (1A **150**)
Elm Cres. *Hythe* —7D **108**
Elm Cres. *Uphm* —4F **35**
Elmdale. *Ptsfld* —5E **24**
Elmdale Clo. *Wars* —5J **111**
Elmdale Gro. *E Wel* —2A **44**
Elm Dri. *Ptsfld* —1H **43**
Elmes Dri. *Sotn* —5G **67**
Elmeswelle Rd. *Water* —6H **79**
Elmfield La. *Cals* —1J **141**
Elmfield N. Block. *Sotn* —7A **68**
Elmfield W. Block. *Sotn* —7A **68**
Elm Gdns. *W End* —1C **70**
Elm Gro. *Eastl* —1J **49**
Elm Gro. *Gos* —3A **144**
Elm Gro. *Hay I* —5D **148**
Elm Gro. *S'sea* —5H **145** (7F **7**)
Elmhurst Rd. *Fare* —6E **114**
Elmhurst Rd. *Gos* —4B **144**
Elm La. *Hav* —5C **120**
Elmleigh Rd. *Hav* —4C **120**
Elm Lodge. *S'sea* —7H **7**
Elmore Av. *Lee S* —3C **142**
Elmore Clo. *Lee S* —3C **142**
Elmore Rd. *Lee S* —4C **142**
Elm Pk. Rd. *Hav* —4C **120**
Elm Rd. *Alr* —2G **15**
Elm Rd. *Bish W* —3B **54**
Elm Rd. *Hav* —6D **120**
Elm Rd. *Win* —7D **10** (1A **150**)
Elmsleigh Ct. *Sotn* —7D **48**
Elmsleigh Gdns. *Sotn* —7D **48**
Elmslie Gdns. *Burs* —4E **90**
Elms Rd. *Fare* —7E **114**
Elm St. *Sotn* —1E **88** (4H **5**)
Elm St. *S'sea* —5H **145** (7E **6**)
Elm Ter. *Sotn* —2E **88** (5H **5**)
Elm Tree Clo. *Asht* —3G **85**
Elmtree Gdns. *Eastl* —1K **49**
Elmtree Gdns. *Roms* —4D **28**
Elmtree Rd. *Ports* —6F **119**
Elmwood Av. *Water* —7F **99**
Elmwood Ct. *Sotn* —2J **67**
Elmwood Lodge. *Fare* —4E **114**
Elmwood Rd. *Ports* —3K **133**
Elphinstone Rd. *S'sea* —6H **145**
Elsfred Rd. *Fare* —6H **129**
Elsie Fudge Ho. *Water* —3G **119**
Elson La. *Gos* —7K **131**
Elson Rd. *Gos* —7J **131**
Elstead Gdns. *Water* —2D **118**
Elstree Rd. *Sotn* —7H **69**
Elver Ct. *Tot* —6B **66**
Elwell Grn. *Hay I* —5C **148**
Ely Ct. *Gos* —3G **143**
Emanuel St. *Ports* —1J **145**
Embassy Ct. *S'sea* —4K **145** (6K **7**)
Embley Clo. *Cal* —2J **65**
Embley La. *E Wel* —4C **26**
Embley Pk. Ind. Est. *E Wel* —3D **26**
Embsay Rd. *Swanw* —5J **91**
Emerald Clo. *Sotn* —6A **70**
Emerald Clo. *Water* —6H **99**
Emer Clo. *N Bad* —5H **29**
Emily Davies Halls. *Sotn* —2C **4**
Emmanuel Clo. *Fare* —4D **112**
Emmett Rd. *Rown* —6G **47**
Emmons Clo. *Hamb* —5F **111**
Empress Pk. Ind. Est. *Sotn* —5E **68**
Empress Rd. *Lyn* —1J **103**
Empress Rd. *Sotn* —4D **88**
(Central Rd.)
Empress Rd. *Sotn* —5E **68**
(Imperial Rd.)
Empshott Rd. *S'sea* —4A **146**
Empson Wlk. *Lee S* —1C **142**
Emsbrook Dri. *Ems* —4J **121**
Emsworth By-Pass. *Ems* —5F **121**
Emsworth Cen., The. *Ems* —6J **121**
Emsworth Comn. Rd. *Hav & Ems* —1G **121**
Emsworth Ho. *Ems* —5G **121**
Emsworth Ho. Clo. *Ems* —5H **121**
Emsworth Rd. *Hav* —5D **120**
Emsworth Rd. *Ports* —6K **133**
Emsworth Rd. *Sotn* —4J **67**
Emsworth Rd. *Thor I* —3K **137**
(in two parts)
Endeavour Clo. *Gos* —4C **144**
Endeavour Clo. *Sotn* —5J **67**
Endeavour Way. *Hythe* —1C **108**
Enderleigh Ho. *Hav* —5B **120**
Enderwood Clo. *Tot* —4G **65**
Endle St. *Sotn* —2F **89** (5H **5**)
Endofield Clo. *Fare* —1C **130**
Enfield Gro. *Sotn* —2H **89**
Englefield Rd. *Sotn* —5G **69**
English Rd. *Sotn* —5J **67**
Ennel Copse. *N Bad* —6H **29**
Ennerdale Clo. *Water* —2K **79**
Ennerdale Gdns. *Alr* —3G **15**
Ennerdale Gdns. *W End* —3A **70**
Ennerdale Rd. *Fare* —3A **130**
Ennerdale Rd. *Sotn* —2F **67**
Ensign Dri. *Gos* —2G **143**
Ensign Pk. *Hamb* —4D **110**
Ensign Way. *Hamb* —4D **110**
Enterprise Clo. *Wars* —5K **111**
Enterprise Ho. *Ports* —4F **7**
Enterprise Ind. Est. *Water* —4K **79**
Enterprise Rd. *Chilw* —2K **47**
Enterprise Rd. *Water* —4K **79**
Enterprise Way. *Sotn* —3E **88** (7G **5**)
Eperston Rd. *Water* —6H **79**
Epping Clo. *Sotn* —3A **70**
Epsilon Ho. *Sotn* —2A **48**
Epsom Clo. *H Hth* —4J **51**
Epsom Ct. White —5D 92
(off Timor Clo.)
Epworth Rd. *Ports* —6A **134**
Erasmus Pk. *Win* —6H **11**
Erica Clo. *L Hth* —3A **112**
Erica Clo. *Water* —2J **99**
Erica Way. *Water* —1J **99**
Eric Rd. *Fare* —5K **129**
Eric Taplin Ct. *S'sea* —5K **145**
Ernest Clo. *Ems* —5J **121**
Ernest Rd. *Hav* —3K **119**
Ernest Rd. *Ports* —1K **145**
Erskine Ct. *Sotn* —6H **47**
Erskine Rd. *Win* —1D **16** (4A **150**)
Escombe Rd. *Eastl* —7C **32**
Escur Clo. *Ports* —3A **134**
Esher Gro. *Water* —3D **98**
Eskdale Clo. *Water* —2K **79**
Esmond Clo. *Ems* —6J **121**
Esmonde Clo. *Lee S* —2C **142**
Esplanade. *Lee S* —3B **142**
Esplanade Gdns. *S'sea* —6D **146**
Esplanade, The. *Gos* —4D **144**
Essex Grn. *Chan F* —1F **49**
Essex Rd. *S'sea* —4B **146**
Esslemont Rd. *S'sea* —5A **146**
Estella Rd. *Ports* —7J **133**
Estridge Clo. *Burs* —4F **91**
Ethelburt Av. *Sotn* —6F **49**
Ethelred Gdns. *Tot* —6H **65**
Ethel Rd. *Ports* —2K **145** (2K **7**)
Eton Rd. *S'sea* —4K **145** (5K **7**)
European Way. *Sotn* —3E **88**
Euryalus Rd. *Fare* —1C **130**
Euston Rd. *S'sea* —3C **146**
Eva Allaway Ct. *Ports* —4C **6**
Evans Clo. *Ports* —5G **133**
Evans Rd. *S'sea* —4B **146**
Evans St. *Sotn* —1D **88** (4F **5**)
Evelegh Rd. *Ports* —6E **118**
Evelyn Clo. *Wal C* —7B **54**
Evelyn Cres. *Sotn* —4A **68**
Evelyn M. *Alr* —1G **15**
Evenlode Rd. *Sotn* —3F **67**
Everdon La. *Ports* —3D **134**
Everell Ct. *S'sea* —7J **145**
Everglades Av. *Water* —2G **99**
Evergreen Clo. *March* —4G **87**
Evergreen Clo. *Water* —6E **98**
Evergreens. *Tot* —6B **66**
Eversley Cres. *Hav* —2B **120**
Eversley Pl. *Win* —3C **16**
Evesham Clo. *Sotn* —6E **48**
Ewart Ct. *Hythe* —1D **108**
Ewart Rd. *Ports* —1K **145**
Ewell Way. *Tot* —3J **65**
Ewhurst Clo. *Hav* —2A **120**
Exbury Clo. *Eastl* —1E **50**
Exbury Gardens. —3J 139
Exbury Rd. *Beau* —4K **123**
Exbury Rd. *Black* —6H **125**
Exbury Rd. *Hav* —1D **120**
Excellent Rd. *Fare* —2C **130**
Exchange Rd. *Ports* —3G **145** (4E **6**)
Exeter Clo. *Eastl* —5J **31**
Exeter Clo. *Ems* —3J **121**
Exeter Clo. *L Hth* —3A **112**
Exeter Clo. *Sotn* —3K **69**
Exeter Ct. *Gos* —2F **143**
Exeter Rd. *Sotn* —4K **69**
Exeter Rd. *S'sea* —6A **146**
Exford Av. *Sotn* —5B **70**
Exford Dri. *Sotn* —5B **70**
Exleigh Clo. *Sotn* —6A **70**
Exmoor Clo. *Tot* —5G **65**
Exmoor Clo. *White* —6C **92**
Exmoor Rd. *Sotn* —6E **68** (1G **5**)
Exmouth Gdns. *H Hth* —4H **51**
Exmouth Rd. *Gos* —7K **131**
Exmouth Rd. *S'sea* —6J **145**
Exmouth St. *Sotn* —7D **68** (2E **4**)
Exton Gdns. *Fare* —4B **116**
Exton Rd. *Hav* —1E **120**
Eyebright Clo. *H Hth* —5H **51**
Eyeworth Wlk. *Dib* —2K **107**
Eynham Av. *Sotn* —6B **70**
Eynham Clo. *Sotn* —6B **70**
Eyre Clo. *Tot* —6J **65**

Faber Clo. *Hav* —2D **120**
Faber M. *Roms* —2C **28**
Fabers Yd. *Win* —7E **10** (2C **150**)
Fabian Clo. *Water* —5H **99**
Factory Rd. *Eastl* —1K **49**
Fairacre Ri. *Fare* —6J **113**
Fairacre Wlk. *Fare* —7J **113**
Fairbairn Wlk. *Chan F* —4C **30**
Fairbourne Clo. *Water* —3F **99**
Fairclose Dri. *Win* —2A **10**
Faircross Clo. *Holb* —4F **125**
Fairdown Clo. *Win* —1H **17**
Fairfax Clo. *Win* —3A **16**
Fairfax Ct. *Sotn* —6D **70**
Fairfax M. *Sotn* —6D **70**
Fairfield. *Roms* —1B **28**
Fairfield Av. *Fare* —7B **114**
Fairfield Clo. *Ems* —4J **121**
Fairfield Clo. *Hythe* —2C **108**
Fairfield Lodge. *Sotn* —7K **47**
Fairfield Rd. *Hav* —5C **120**
Fairfield Rd. *Shaw* —4C **22**
Fairfield Rd. *Win* —6D **10** (1A **150**)
Fairfield Sq. *Ports* —6K **117**
Fair Grn. *Sotn* —7A **70**
Fairhome Clo. *Gos* —1K **143**
Fair Isle Clo. *Fare* —4J **129**
Fairisle Rd. *Sotn* —7F **47**
Fair La. *Win* —7A **12**
Fairlawn Clo. *Rown* —5G **47**
Fairlawn Ho. *Win* —1E **16** (4B **150**)
Fairlead Dri. *Gos* —2G **143**
Fairlea Grange. *Sotn* —7C **48**
Fairlea Rd. *Ems* —3J **121**
Fairlie Clo. *H End* —1H **71**
Fairmead Ct. *Hay I* —5B **148**
Fair Mdw. Way. *Ems* —6G **121**
Fairmead Wlk. *Water* —2H **99**
Fairmead Way. *Tot* —7K **65**
Fair Oak Ct. *F Oak* —1H **51**
Fair Oak Ct. *Gos* —5G **143**
Fair Oak Dri. *Hav* —3C **120**
Fair Oak Rd. *Eastl* —7C **32**
Fairthorne Gdns. *Gos* —4K **143**
Fairview. *Alr* —3F **15**
Fairview Clo. *Hythe* —3D **108**
Fairview Clo. *Roms* —1C **28**
Fairview Ct. *Gos* —4H **143**
Fairview Dri. *Hythe* —4C **108**
Fairview Dri. *Roms* —1C **28**
Fairview Pde. *Hythe* —4D **108**
Fairwater Clo. *Gos* —6E **130**
Fairway Bus. Cen. *Ports* —5C **134**
Fairway Gdns. *Rown* —6F **47**
Fairway Rd. *Hythe* —2C **108**
Fairway, The. *Fare* —6B **116**
Fairway, The. *Gos* —6F **131**
Fairway, The. *Row C* —3E **100**
Fairway, The. *Wars* —5A **112**
Fairy Cross Way. *Water* —2J **99**
Falaise Clo. *Sotn* —7K **47**
Falcon Clo. *Fare* —6J **115**
Falconer Ct. *Holb* —1F **125**
Falcon Fields. *Fawl* —4A **126**
Falcon Grn. *Ports* —7G **119**
Falcon Rd. *Water* —5H **79**
Falcon Sq. *Eastl* —2G **49**
Falcon Vw. *Win* —4B **16**
Falcon Way. *Bot* —3A **72**
Falkland Ct. Chan F —7F 31
(off Falkland Rd.)
Falkland Rd. *Chan F* —1F **49**
Falkland Rd. *Sotn* —4H **67**
Falklands Clo. *Lee S* —1C **142**
Falklands Rd. *Ports* —3K **133**
Fallow Fld. *Win* —4B **16**
Falmouth Rd. *Ports* —5E **116**
Falstaff Way. *Tot* —7J **65**
Fanshawe St. *Sotn* —6D **68**
Fareham Enterprise Cen. *Fare* —1D **130**
Fareham Heights. *Fare* —3G **115**
Fareham Ind. Pk. *Fare* —3G **115**
Fareham Pk. Rd. *Fare* —2K **113**
Fareham Rd. *Gos* —2E **130**
Fareham Rd. *S'wick* —1D **116**

Hambledon Pde.—Heath Rd.

Hambledon Pde. *Water* —3D **98**
Hambledon Rd. *Clan* —5H **59**
Hambledon Rd. *Den* —7A **78**
Hambledon Rd. *Hmbdn* —3H **77**
Hambledon Rd. *Water* —3D **98**
(in three parts)
Hamble Ho. *Fare* —7D **114**
Hamble Ho. Gdns. *Hamb* —4F **111**
Hamble La. *Burs* —5E **90**
Hamble La. *Hamb* —3D **110**
Hamble La. *Water* —1F **119**
Hamble Mnr. Ct. *Hamb* —4F **111**
Hamble Pk. Cvn. Site. *Wars* —5A **112**
Hamble Rd. *Gos* —4J **143**
Hambleside Ct. *Hamb* —4E **110**
Hamble Springs. *Bish W* —4A **54**
Hamble Wood. *Bot* —6B **72**
Hamblewood Ct. *Bot* —6C **72**
Hambrook Rd. *Gos* —2K **143**
Hambrook St. *S'sea* —5G **145** (7E **6**)
Hamdown Cres. *E Wel* —1A **44**
Hameldon Clo. *Sotn* —5G **67**
Hamfield Dri. *Hay I* —4B **148**
Hamilton Clo. *Hav* —6C **120**
Hamilton Ct. *S'sea* —6H **145**
Hamilton Enterprise Cen. *Ports* —7F **119**
Hamilton Gro. *Gos* —5E **130**
Hamilton Ho. *Ports* —2K **7**
Hamilton M. *Hythe* —5E **108**
Hamilton Rd. *Cosh* —6D **116**
Hamilton Rd. *Eastl* —7C **32**
Hamilton Rd. *Hythe* —6E **108**
Hamilton Rd. *S'sea* —6J **145**
Ham La. *Cath* —4G **79**
Ham La. *Gos* —7K **131**
Hamlet Ct. *Fawl* —4A **126**
Hamlet Way. *Gos* —6J **131**
Hammond Ct. *Gos* —4D **144**
Hammond Ind. Pk. *Fare* —6A **130**
Hammond Rd. *Fare* —4A **114**
Hammonds Clo. *Tot* —4K **65**
Hammond's Grn. *Tot* —4J **65**
Hammonds La. *Tot* —4K **65**
Hammond's Pas. *Win* —3C **150**
Hammonds Way. *Tot* —4K **65**
Hampage Grn. *Hav* —6A **100**
Hampshire Corporate Pk. *Chan F* —7E **30**
Hampshire County Golf Club, The. —4E **70**
Hampshire Ct. *Chan F* —7F **31**
Hampshire Rose Bowl, The. —3E **70**
Hampshire St. *Ports* —1K **145**
Hampshire Ter. *Ports* —4G **145** (6E **6**)
Hampton Clo. *Black* —7H **125**
Hampton Clo. *Water* —6H **99**
Hampton Gdns. *Black* —7H **125**
Hampton Gro. *Fare* —6J **113**
Hampton Hill. *Swanm* —5D **54**
Hampton La. *Black* —5H **125**
Hampton La. *Win* —6B **10**
Hampton Towers. *Sotn* —5H **89**
Hamtun Cres. *Tot* —3K **65**
Hamtun Gdns. *Tot* —3K **65**
Hamtun Rd. *Sotn* —2B **90**
Hamtun St. *Sotn* —2C **88** (5D **4**)
Hanbidge Cres. *Gos* —3G **131**
Hanbidge Wlk. *Gos* —3G **131**
Handel Rd. *Sotn* —6C **68** (1C **4**)
Handel Ter. *Sotn* —7B **68** (1B **4**)
Handford Pl. *Sotn* —6C **68**
Handley Rd. *Gos* —2J **143**
Handsworth Ho. *S'sea* —4J **145** (5H **7**)
Hangers, The. *Bish W* —2A **54**
Hanger Way. *Ptsfld* —6F **25**
Hanley Rd. *Sotn* —4A **68**
Hannah Gdns. *Water* —5G **99**
Hannay Ri. *Sotn* —7C **70**
Hannington Rd. *Hav* —6A **100**
Hann Rd. *Rown* —5F **47**
Hanns Way. *Eastl* —7K **31**
Hanover Bldgs. *Sotn* —1D **88** (4E **4**)
Hanover Clo. *Roms* —3K **27**
Hanover Ct. *Hythe* —2D **108**
Hanover Ct. *Ports* —5F **145** (6C **6**)
Hanover Gdns. *Fare* —3E **114**
Hanover Ho. *Gos* —2E **130**
Hanover Ho. *Tot* —4B **66**
Hanoverian Way. *White* —6D **92**
Hanover Lodge. *Win* —2E **16**
Hanover St. *Ports* —3F **145** (3B **6**)
Hanway Rd. *Ports* —7K **133**
Ha'penny Dell. *Water* —3F **119**
Harborough Rd. *Sotn* —6C **68**
Harbourne Gdns. *W End* —2A **70**
Harbour Pde. *Sotn* —1B **88** (3B **4**)
Harbour Rd. *Gos* —3C **144**
Harbour Rd. *Hay I* —4K **147**
Harbourside. *Hav* —1C **136**
Harbour Side Cvn. & Camping Site. *Ports* —6E **134**
Harbour Tower. *Gos* —4D **144**
Harbour Vw. *Fare* —1B **132**
Harbour Way. *Ems* —6K **121**
Harbour Way. *Ports* —5H **133**
Harbridge Ct. *Hav* —6A **100**
Harcourt Clo. *Water* —1H **99**
Harcourt Rd. *Fare* —7J **113**
Harcourt Rd. *Gos* —3K **143**
Harcourt Rd. *Ports* —1K **145**
Harcourt Rd. *Sotn* —4G **69**
Harding La. *F Oak* —7G **33**
(in two parts)
Harding Rd. *Gos* —2J **143**
Hard Interchange, The. *Ports* —3F **145** (4B **6**)
Hardley Ind. Est. *Hythe* —1D **124**
Hardley La. *Hythe* —7E **108**
Hard, The. *Ports* —3F **145** (3B **6**)
Hardwicke Clo. *Sotn* —2G **67**
Hardwicke Way. *Hamb* —4C **110**
Hardwick Rd. *Chan F* —4G **31**
Hardy Clo. *L Hth* —2C **112**
Hardy Clo. *Sotn* —6J **67**
Hardy Dri. *Hythe* —4E **108**
Hardy Rd. *Eastl* —2K **49**
Hardy Rd. *Ports* —6F **119**
Harebell Clo. *Fare* —3F **115**
Harefield Ct. *Roms* —2C **28**
Harefield Rd. *Sotn* —7F **49**
Hare La. *Twy* —5F **23**
Harestock Clo. *Win* —2C **10**
Harestock Rd. *Hav* —3A **120**
Harestock Rd. *Win* —4B **10**
Harewood Clo. *Eastl* —4K **31**
Harkness Dri. *Water* —5J **99**
Harland Cres. *Sotn* —3A **68**
Harlaxton Clo. *Eastl* —5J **31**
Harlech Dri. *Chan F* —6D **30**
Harlequin Gro. *Fare* —5C **114**
Harleston Rd. *Ports* —5J **117**
Harley Ct. *Wars* —5J **111**
Harley Wlk. *Ports* —2J **145** (1J **7**)
Harlyn Rd. *Sotn* —3G **67**
Harold Clo. *Tot* —6J **65**
Harold Rd. *Fare* —4A **130**
Harold Rd. *Hay I* —6E **148**
Harold Rd. *Sotn* —5K **67**
Harold Rd. *S'sea* —5K **145** (7K **7**)
Harrage, The. *Roms* —3A **28**
Harrier Clo. *Lee S* —2C **142**
Harrier Clo. *Sotn* —5J **47**
Harrier Clo. *Water* —5H **79**
Harrier Way. *Hythe* —1E **124**
Harrier Way. *Ptsfld* —7G **25**
Harriet Clo. *Fare* —5J **129**
Harris Av. *H End* —4H **71**
Harris La. *Ids* —6G **61**
Harrison Ho. *Ports* —5J **133**
Harrison Rd. *Fare* —4E **114**
Harrison Rd. *Sotn* —1F **69**
Harrison's Cut. *Sotn* —1E **88** (4F **5**)
(SO14)
Harrison's Cut. *Sotn* —3J **67**
(SO15)
Harris Rd. *Gos* —4G **131**
Harrow Down. *Win* —4C **16**
Harrowgate La. *Water* —4B **78**
Harrow La. *Ptsfld* —3D **24**
Harrow Rd. *S'sea* —4K **145** (5K **7**)
Harry Sotnick Ho. *Ports* —2A **146**
Hart Ct. *Sotn* —2J **89**
Hartford Ho. *Ports* —5G **145** (7E **6**)
Hart Hill. *Hythe* —5F **109**
Harting Clo. *Water* —7A **60**
Harting Down. *Ptsfld* —6F **25**
Harting Gdns. *Fare* —5B **116**
Hartington Rd. *Gos* —2J **143**
Hartington Rd. *Sotn* —7E **68** (1H **5**)
Hartland's Rd. *Fare* —5E **114**
Hartley Av. *Sotn* —2E **68**
Hartley Clo. *Dib P* —5D **108**
Hartley Clo. *Eastl* —2F **51**
Hartley Rd. *Eastl* —2F **51**
Hartley Rd. *Ports* —4J **133**
Hartley Wlk. *Dib P* —5D **108**
Hart Plain Av. *Water* —1E **98**
(in two parts)
Harts Farm Way. *Hav* —6J **119**
Hartsgrove Av. *Black* —7H **125**
Hartsgrove Clo. *Black* —6H **125**
Hartwell Rd. *Ports* —4C **134**
Hartwood Gdns. *Water* —3F **99**
Harvest Clo. *Win* —4C **16**
Harvester Dri. *Fare* —5J **113**
Harvestgate Wlk. *Hav* —7A **100**
Harvesting La. *E Meo* —3H **41**
Harvest Rd. *Chan F* —4C **30**
Harvest Rd. *Water* —7K **77**
Harvey Brown Ho. *Hay I* —3D **148**
Harvey Ct. *Black* —5H **125**
Harvey Cres. *Wars* —5A **112**
Harvey Gdns. *Hythe* —3E **108**
Harvey Rd. *Eastl* —7D **32**
Harvey Rd. *Ports* —5K **117**
Harwich Rd. *Ports* —5J **117**
Harwood Clo. *Gos* —3F **131**
Harwood Clo. *Tot* —4K **65**
Harwood Pl. *King W* —6H **9**
Harwood Rd. *Gos* —3F **131**
Haselbury Rd. *Tot* —5A **66**
Haselfoot Gdns. *Sotn* —5D **70**
Haselworth Dri. *Gos* —7A **144**
Haskells Clo. *Lyn* —2H **103**
Haslar Cres. *Water* —3D **98**
Haslar Jetty Rd. *Gos* —6C **144**
Haslar Rd. *Gos* —4D **144**
(in two parts)
Haslar Sea Wall. *Gos* —7C **144**
Haslar Ter. *Gos* —6C **144**
Haslemere Gdns. *Hay I* —6J **149**
Haslemere Rd. *S'sea* —5A **146**
Hassocks, The. *Water* —6H **99**
Hasted Dri. *Alr* —3F **15**
Hastings Av. *Gos* —7J **131**
Hastings Ho. *Ports* —5H **133**
Hatch Ct. *Hav* —6K **99**
Hatchet La. *Beau* —7D **122**
Hatchley La. *Uphm* —5C **34**
Hatch Mead. *W End* —2B **70**
Hatfield Rd. *S'sea* —5B **146**
Hathaway Clo. *Eastl* —6A **32**
Hathaway Gdns. *Water* —4J **99**
Hatherell Clo. *W End* —3C **70**
Hatherley Cres. *Fare* —6K **115**
Hatherley Dri. *Fare* —6A **116**
Hatherley Mans. *Sotn* —5K **67**
Hatherley Rd. *Ports* —5F **117**
Hatherley Rd. *Win* —6D **10**
Hatley Rd. *Sotn* —4K **69**
Havant Bus. Cen. *Hav* —6A **120**
Havant By-Pass. *Hav* —6K **119**
Havant By-Pass. *Ports & Hav* —1B **134**
Havant Farm Clo. *Hav* —3C **120**
Havant Museum & Art Gallery. —5D **120**
Havant Retail Pk. *Hav* —5J **119**
Havant Rd. *Cosh & Hav* —6A **118**
Havant Rd. *Ems* —5F **121**
Havant Rd. *Hay I* —4C **136**
Havant Rd. *Horn & Row C* —5A **80**
Havant Rd. *Ports* —6K **133**
Havant St. *Ports* —3F **145** (3B **6**)
Havelock Ct. *Wars* —5H **111**
Havelock Mans. *S'sea* —4K **145** (6K **7**)
Havelock Rd. *Sotn* —7C **68** (1C **4**)
Havelock Rd. *S'sea* —4J **145** (6J **7**)
Havelock Rd. *Wars* —5H **111**
Haven Cres. *Fare* —6G **129**
Havendale. *H End* —7J **71**
(in two parts)
Haven Rd. *Hay I* —7H **149**
Havenstone Way. *Sotn* —7H **49**
Haven, The. *Eastl* —4A **32**
Haven, The. *Gos* —6A **144**
Haven, The. *H End* —1G **91**
Haven, The. *L Hth* —2D **112**
Haven, The. *S'sea* —3C **146**
H Avenue. *Hythe* —1J **125**
Havisham Rd. *Ports* —1J **145**
Havre Towers. *Sotn* —5H **89**
Haweswater Clo. *Sotn* —3G **67**
Hawfinch Clo. *Sotn* —5J **47**
Hawk Clo. *Fare* —5J **129**
Hawke St. *Ports* —3F **145** (3B **6**)
Hawkeswood Rd. *Sotn* —5F **69**
Hawkewood Av. *Water* —3E **98**
Hawkhill. *Dib* —3K **107**
Hawkhurst Clo. *Sotn* —4K **89**
Hawkins Ct. *March* —2G **87**
Hawkins Rd. *Gos* —5G **131**
Hawkley Clo. *Hav* —7B **100**
Hawkley Grn. *Sotn* —4J **89**
Hawkwell. *Fare* —5J **115**
Hawstead Grn. *Hav* —7A **100**
Hawthorn Clo. *Alr* —2G **15**
Hawthorn Clo. *Col C* —2F **33**
Hawthorn Clo. *F Oak* —1H **51**
Hawthorn Clo. *Fare* —5A **116**
Hawthorn Clo. *H End* —6J **71**
Hawthorn Ct. *Ptsfld* —6G **25**
Hawthorn Cres. *Cosh* —1A **134**
Hawthorne Gro. *Hay I* —4D **148**
Hawthorne Rd. *Tot* —4J **65**
Hawthorn La. *Sar G* —1K **111**
Hawthorn Rd. *Den* —1K **97**
Hawthorn Rd. *Horn* —2K **79**
Hawthorn Rd. *Hythe* —3C **108**
Hawthorn Rd. *Sotn* —2D **68**
Hawthorns, The. *Bish W* —2H **53**
Hawthorns, The. *Eastl* —2H **49**
Hawthorns, The. *March* —4H **87**
(Limes, The)
Hawthorns, The. *March* —4G **87**
(Main Rd.)
Hawthorns Urban Wildlife Cen., The. —4C **68**
Hawthorn Wlk. *Lee S* —2C **142**
Hayburn Rd. *Sotn* —2E **66**
Haydn Clo. *King W* —6G **9**
Haydock Clo. *Tot* —4H **65**
Haydock M. *Water* —4J **99**
Hayes Clo. *Fare* —3A **114**
Hayes Ct. *S'sea* —5J **145** (7J **7**)
Hayes Mead. *Holb* —2E **124**
Hayle Rd. *W End* —2A **70**
Hayley Clo. *Hythe* —6C **108**
Hayling Av. *Ports* —1B **146**
Hayling Billy Bus. Cen. *Hay I* —4A **148**
Hayling Clo. *Fare* —6A **114**
Hayling Golf Course. —5K **147**
Haynes Way. *Dib P* —5B **108**
Hays Cotts. *Steep* —2B **24**
Hayter Gdns. *Roms* —2B **28**
Hayward Clo. *Tot* —5J **65**
Hayward Ct. *Holb* —3F **125**
Haywards Bus. Cen. *Hav* —3E **120**
Haywards Ct. *Ports* —4F **145** (6C **6**)
Hazel Bank Clo. *Ptsfld* —5F **25**
Hazel Clo. *Chan F* —7F **21**
Hazel Clo. *Col C* —1F **33**
Hazel Ct. *S'sea* —4A **146**
Hazeldean Ct. *Row C* —4E **100**
Hazeldean Dri. *Row C* —4E **100**
Hazeldene Gdns. *It Ab* —1F **13**
Hazeldown Rd. *Rown* —6F **47**
Hazeleigh Av. *Sotn* —3H **89**
Hazeley Grn. *Hav* —1E **120**
Hazeley Rd. *Twy* —3F **23**
Hazel Farm Rd. *Tot* —5H **65**
Hazel Gro. *Asht* —2E **84**
Hazel Gro. *L Hth* —4C **112**
Hazel Gro. *Water* —6K **59**
Hazel Gro. *Win* —3C **16**
Hazelholt Dri. *Hav* —3A **120**
Hazel Rd. *Sotn* —1G **89** (4K **5**)
Hazel Rd. *Water* —6K **59**
Hazel Wlk. *Ptsfld* —1J **43**
Hazelwood. *Fare* —2J **129**
Hazelwood Av. *Hav* —3J **119**
Hazelwood Rd. *Sotn* —3K **69**
Hazleton Ind. Est. *Horn* —6K **79**
Hazleton Way. *Water* —7J **79**
Headbourne Worthy Ho. *Win* —2G **11**
Head Down. *Ptsfld* —6F **25**
Headland Dri. *L Hth* —2B **112**
Headley Clo. *Lee S* —2C **142**
Hearne Gdns. *Shir H* —3D **74**
Heath Clo. *F Oak* —2J **51**
Heath Clo. *Water* —5J **79**
Heathcote Pl. *Hurs* —2E **20**
Heathcote Rd. *Chan F* —4G **31**
Heathcote Rd. *Ports* —6A **134**
Heath Ct. *Ptsfld* —7D **24**
Heathen St. *Durl* —7B **52**
Heatherbrae Gdns. *N Bad* —6G **29**
Heather Chase. *Eastl* —1F **51**
Heather Clo. *Gos* —5E **130**
Heather Clo. *Tot* —5K **65**
Heather Clo. *Water* —7G **99**
Heather Ct. *Sotn* —5B **70**
Heatherdeane Rd. *Sotn* —2D **68**
Heatherdene Rd. *Chan F* —1H **31**
Heatherfield. *Bton* —5G **43**
Heather Gdns. *Fare* —3A **114**
Heatherlands Rd. *Chilw* —3C **48**
Heatherley Ct. *S'sea* —5J **145** (7J **7**)
Heather Rd. *Fawl* —5J **125**
Heather Rd. *Ptsfld* —6G **25**
Heatherstone Av. *Dib P* —6C **108**
Heatherton M. *Ems* —3J **121**
Heatherview Clo. *N Bad* —5C **29**
Heathfield. *Hythe* —4C **108**
Heathfield Av. *Fare* —5A **114**
Heathfield Clo. *Chan F* —7F **21**
Heathfield Clo. *Sotn* —2B **90**
Heathfield Rd. *Chan F* —7F **21**
Heathfield Rd. *Ptsfld* —6G **25**
Heathfield Rd. *Ports* —7J **133**
Heathfield Rd. *Sotn* —2A **90**
Heath Gdns. *Net A* —6C **90**
Heath Ho. Clo. *H End* —1G **91**
Heath Ho. Gdns. *H End* —1G **91**
Heath Ho. La. *H End* —1G **91**
Heathlands. *Shed* —5B **74**
Heathlands Clo. *Chan F* —2F **31**
Heathlands Rd. *Chan F* —2F **31**
Heath La. *Titch* —7F **113**
Heath Lawns. *Fare* —5A **114**
Heath Rd. *L Hth* —3A **112**
Heath Rd. *N Bad* —7H **29**

A-Z Southampton, Portsmouth & Winchester 167

Heath Rd.—Holly Hill La.

Heath Rd. *Ptsfld* —6D **24**
Heath Rd. *Sotn* —7K **69**
Heath Rd. *Wick & Sob* —4J **75**
Heath Rd. E. *Ptsfld* —7F **25**
Heath Rd. N. *L Hth* —2A **112**
Heath Rd. S. *L Hth* —3A **112**
Heath Rd. W. *Ptsfld* —7E **24**
Heath, The. *Den* —1B **98**
Heaton Rd. *Gos* —1J **143**
Hebrides Clo. *Fare* —4J **129**
Heckfield Clo. *Hav* —1E **120**
Hector Clo. *Water* —4F **119**
Hector Rd. *Fare* —1D **130**
Hedera Rd. *L Hth* —3A **112**
Hedge End Bus. Cen. *H End* —3G **71**
Hedge End Retail Pk. *H End* —5F **71**
(in two parts)
Hedge End Wlk. *Hav* —7F **101**
Hedgerow Clo. *Rown* —4F **47**
Hedgerow Dri. *Sotn* —3A **70**
Hedgerow Gdns. *Ems* —3J **121**
Hedley Clo. *Fawl* —6J **125**
Hedley Gdns. *H End* —2G **71**
Hedley Wlk. *Black* —6J **125**
Heidelberg Rd. *S'sea* —4A **146**
Heights, The. *Fare* —4G **115**
Heights, The. *H End* —6F **71**
Helena Rd. *S'sea* —6A **146**
Helford Gdns. *W End* —2A **70**
Hellyer Rd. *S'sea* —5B **146**
Helm Clo. *Gos* —2G **143**
Helsby Clo. *Fare* —6B **114**
Helsted Clo. *Gos* —4H **143**
Helston Dri. *Ems* —3H **121**
Helston Rd. *Ports* —5E **116**
Helvellyn Rd. *Sotn* —4G **67**
Hemdean Gdns. *W End* —3C **70**
Hemlock Rd. *Water* —1F **99**
Hemlock Way. *Chan F* —5C **30**
Hemming Clo. *Tot* —6K **65**
Hemmingway Gdns. *White* —5D **92**
Hempsted Path. *Ports* —5G **117**
Hempsted Rd. *Ports* —5G **117**
Hemsley Wlk. *Water* —1H **99**
Henderson Pk. Mobile Homes. *S'sea* —5D **146**
Henderson Rd. *S'sea* —5C **146**
Hendy Clo. *S'sea* —5H **145** (7G **7**)
Henley Gdns. *Fare* —2A **114**
Henley Rd. *S'sea* —6A **146**
Henry Clo. *Holb* —1E **124**
Henry Cort Dri. *Fare* —3K **113**
Henry Rd. *Eastl* —6C **32**
Henry Rd. *Sotn* —5J **67**
Henry St. *Gos* —4B **144**
Henry St. *Sotn* —6C **68**
Henstead Ct. *Sotn* —6C **68**
Henstead Rd. *Sotn* —6C **68**
Hensting La. *Fish P & Ows* —3G **33**
Henty Rd. *Sotn* —4J **67**
Henville Clo. *Gos* —7G **131**
Henwood Down. *Ptsfld* —6E **24**
Hepworth Clo. *Sotn* —3B **90**
Herald Ind. Est. *H End* —3G **71**
Herald Rd. *H End* —3G **71**
Herbert Rd. *Gos* —3J **143**
Herbert Rd. *S'sea* —6K **145**
Herbert St. *Ports* —1H **145**
Herbert Walker Av. *Sotn* —7H **67** (4A **4**)
(in two parts)
Hercules St. *Ports* —7J **133**
Hereford Ct. *Gos* —2F **143**
Hereford Ct. *S'sea* —7H **7**
Hereford Rd. *S'sea* —5J **145** (7H **7**)
Hereward Clo. *Roms* —3C **28**
Heritage Ct. *Win* —2E **150**
Heritage Gdns. *Fare* —7K **115**
Hermes Rd. *Lee S* —1A **142**
Hermitage Clo. *Bish W* —3H **53**
Hermitage Clo. *Hav* —2B **120**
Hermitage Gdns. *Water* —5G **99**
Herne Rd. *Ptsfld* —6E **24**
(in two parts)
Herne Rd. *Ports* —6K **117**
Heron Clo. *S'sea* —3C **146**
Heron Quay. *Ems* —7K **121**
Herons Clo. *Fare* —3K **129**
Herons Ct. *Hay I* —3E **148**
Heron Sq. *Eastl* —1H **49**
Herons Wood. *Cal* —2J **65**
Heron Way. *Gos* —4E **130**
Herrick Clo. *Sotn* —1C **90**
Herriot Ho. *Water* —2H **99**
Herriott Clo. *Water* —7H **79**
Hertford Pl. *Ports* —1J **145**
Hertsfield. *Fare* —3D **112**
Hesketh Ho. *Sotn* —6K **67**
Hester Rd. *S'sea* —4C **146**
Hestia Clo. *Roms* —2D **28**
Heston Wlk. *Gos* —5H **143**
Hewett Clo. *Fare* —7G **113**
Hewett Ho. *Titch* —7G **113**
Hewett Rd. *Fare* —7G **113**
Hewett Rd. *Ports* —5K **133**
Hewetts Ri. *Wars* —6H **111**
Hewitt Clo. *Gos* —2K **143**
Hewitt's Rd. *Sotn* —7A **68**
Hewlett Ct. *Fare* —5F **115**
Hexagon Cen., The. *Chan F* —1F **49**
Heye's Dri. *Sotn* —2B **90**
Heysham Rd. *Sotn* —4J **67**
Heyshott Gdns. *Water* —7A **60**
Heyshott Rd. *S'sea* —4A **146**
Heyward Rd. *S'sea* —5K **145** (6K **7**)
Heywood Gdns. *Hav* —7A **100**
Heywood Grn. *Sotn* —7D **70**
Hickley Path. *Fare* —4F **115**
Hickory Dri. *Win* —3C **10**
Hickory Gdns. *W End* —1B **70**
Hides Hill La. *Beau* —3F **123**
Highbank Av. *Water* —3C **118**
Highbridge Rd. *Highb & Col C* —3B **32**
Highbury Bldgs. *Ports* —1A **134**
Highbury Clo. *F Oak* —2H **51**
Highbury Gro. *Ports* —1A **134**
Highbury St. *Ports* —4F **145** (6C **6**)
Highbury Way. *Ports* —1A **134**
Highclere Av. *Hav* —2A **120**
Highclere Rd. *Sotn* —1A **68**
Highclere Way. *Chan F* —7D **30**
Highcliff Av. *Sotn* —4D **68**
Highcliffe Dri. *Eastl* —3K **31**
Highcliffe Rd. *Gos* —4J **143**
Highcliffe Rd. *Win* —2G **17** (5F **150**)
High Ct. *S'sea* —5B **146**
Highcroft. *Win* —1C **16**
Highcroft Ind. Est. *Water* —4K **79**
Highcroft La. *Water* —4K **79**
Highcrown M. *Sotn* —2D **68**
Highcrown St. *Sotn* —2D **68**
High Dri. *Gos* —6F **131**
Highfield. *Twy* —4F **23**
Highfield Av. *Fare* —6C **114**
Highfield Av. *Sotn* —1C **68**
Highfield Av. *Twy* —4F **23**
Highfield Av. *Water* —4G **99**
Highfield Clo. *Chan F* —4H **31**
Highfield Clo. *Sotn* —2D **68**
Highfield Clo. *Water* —4G **99**
Highfield Cres. *Sotn* —2E **68**
Highfield La. *Sotn* —2D **68**
Highfield Pde. *Water* —4H **99**
Highfield Rd. *Chan F* —4H **31**
Highfield Rd. *Gos* —2J **143**
Highfield Rd. *Ptsfld* —5D **24**
Highfield Rd. *Ports* —3J **145** (3H **7**)
Highfield Rd. *Sotn* —3C **68**
Highfields. *Wars* —5A **112**
Highfield Ter. *Win* —1D **16** (3B **150**)
High Firs Gdns. *Roms* —3D **28**
High Firs Rd. *Roms* —2D **28**
High Firs Rd. *Sotn* —7A **70**
Highgate Rd. *Ports* —6B **134**
Highgrove Clo. *Tot* —7J **65**
Highgrove Ind. Pk. *Ports* —4C **134**
Highgrove Rd. *Ports* —7C **134**
Highland Clo. *Ems* —6H **121**
Highland Rd. *Ems* —5H **121**
Highland Rd. *S'sea* —6A **146**
Highlands Clo. *Dib P* —4D **108**
Highlands Clo. *N Bad* —5F **29**
Highlands Ho. *Sotn* —2G **89**
Highlands Pk. *Fare* —3B **114**
Highlands Rd. *Cosh* —6E **118**
Highlands Rd. *Fare* —6J **113**
Highland St. *S'sea* —6B **146**
Highlands Way. *Dib P* —4C **108**
Highland Ter. *S'sea* —5A **146**
High Lawn Way. *Hav* —1B **120**
High Mead. *Fare* —3B **114**
Highmeadow. *Sotn* —6B **70**
Highmount Clo. *Win* —1G **17** (4G **150**)
Highnam Gdns. *Sar G* —2A **112**
High Oaks Clo. *L Hth* —3B **112**
High Rd. *Sotn* —1G **69**
High St. *Beau* —7G **123**
High St. *Bish W* —4K **53**
High St. *Bot* —5A **72**
High St. *Bton* —5G **43**
High St. *Burs* —6F **91**
High St. *Cosh* —7A **118**
High St. *Drox* —2A **56**
High St. *Eastl* —2K **49**
High St. *E Meo* —1E **40**
High St. *Ems* —6J **121**
High St. *Fare* —5F **115**
High St. *Gos* —4C **144**
High St. *Hamb* —4F **111**
High St. *Hmbdn* —1J **77**
High St. *Hythe* —1D **108**
High St. *Lee S* —2B **142**
High St. *Lyn* —1J **103**
High St. *Meon* —5B **38**
High St. *Ptsfld* —6D **24**
High St. *Ports* —5F **145** (7B **6**)
High St. *Shir H* —5C **74**
High St. *Sob* —1A **76**
High St. *Sotn* —1D **88** (4D **4**)
High St. *S'wick* —7E **96**
High St. *Titch* —6G **113**
High St. *Tot* —5B **66**
High St. *Twy* —4F **23**
High St. *W End* —2B **70**
High St. *Win* —7E **10** (2C **150**)
(in three parts)
Hightown Towers. *Sotn* —1D **90**
High Trees. *F Oak* —1K **51**
Hightrees. *Water* —5G **99**
High Trees Dri. *Win* —5D **10**
High Vw. *Fare* —5B **116**
High Vw. *Ptsfld* —5D **24**
High Vw. Way. *Sotn* —4J **69**
High Wlk. *Fare* —3B **114**
Highways Rd. *Comp* —4B **22**
Highwood La. *Roms* —2D **28**
Highwood Lawn. *Hav* —6A **100**
Highwood Rd. *Gos* —1F **143**
Higworth Cvn. Pk. *Hay I* —3C **148**
Higworth La. *Hay I* —3C **148**
Hilary Av. *Ports* —7B **118**
Hilary Ct. *Gos* —2G **143**
Hilda Gdns. *Water* —1B **98**
Hilda Pl. *Sotn* —1J **5**
Hilden Way. *Win* —2A **10**
Hillary Clo. *Fare* —4C **114**
Hillary Clo. *Lyn* —3K **103**
Hillborough Ct. *S'sea* —5J **145**
Hillborough Cres. *S'sea* —5J **145**
Hillbrow Clo. *Fare* —3A **114**
Hill Brow Clo. *Row C* —4E **100**
Hill Clo. *F Oak* —5H **33**
Hillcrest Av. *Chan F* —4G **31**
Hillcrest Clo. *N Bad* —5G **29**
Hillcrest Dri. *Chan F* —4G **31**
Hillcrest Gdns. *Wal C* —7A **54**
Hill Cft. *Fare* —3E **112**
Hilldene Way. *W End* —3C **70**
Hilldown Rd. *Sotn* —2E **68**
Hilldowns Av. *Ports* —5H **133**
Hill Dri. *Fare* —3A **114**
Hiller Wlk. *Lee S* —2C **142**
Hill Farm Rd. *Sotn* —6B **68**
Hill Gro. La. *Swanm* —6F **55**
Hillgrove Rd. *Sotn* —1J **69**
Hill Head Rd. *Fare* —6H **129**
Hillier Way. *Win* —5F **11**
Hill La. *Col C* —1E **32**
Hill La. *Sotn* —1A **4**
Hillmead Gdns. *Hav* —4J **119**
Hill Pk. Rd. *Fare* —2A **114**
Hill Pk. Rd. *Gos* —2J **143**
Hill Pl. *Burs* —5G **91**
Hill Ri. *Meon* —5B **38**
Hill Ri. *Twy* —3F **23**
Hill Rd. *Fare* —5C **116**
Hillside. *Curd* —4G **73**
Hillside. *Win* —2A **10**
Hillside Av. *Roms* —3B **28**
Hillside Av. *Sotn* —3H **69**
Hillside Av. *Water* —4C **118**
Hillside Clo. *Chan F* —4G **31**
Hillside Clo. *Water* —1K **79**
Hillside Clo. *Win* —5B **10**
Hillside Cres. *Ports* —5E **116**
Hillside Ind. Est. *Horn* —4K **79**
Hillside Rd. *Win* —6B **10**
Hillsley Rd. *Ports* —4E **116**
Hillson Dri. *Fare* —3K **113**
Hillson Ho. *Fare* —3A **114**
Hillsons Rd. *Bot* —5C **72**
Hill St. *Cal* —5H **45**
Hill Ter. *Alr* —1G **15**
Hill Ter. *Eastl* —5H **33**
Hilltop. *Win* —2B **10**
Hilltop Cres. *Ports* —4D **118**
Hilltop Dri. *Sotn* —1C **90**
Hilltop Gdns. *Horn* —1A **80**
Hilltop Rd. *Beau* —4J **123**
Hilltop Rd. *S'wick* —4F **117**
Hill Vw. *E Meo* —1E **40**
Hillview. *Water* —7K **79**
Hill Vw. Cvn Pk. *F Oak* —5G **33**
Hill Vw. Rd. *Brfld* —3D **18**
Hill Vw. Rd. *Fare* —5B **116**
Hillview Rd. *Hythe* —3C **108**
Hill Wlk. *Fare* —3A **114**
Hillway, The. *Chan F* —3G **31**
Hillway, The. *Fare* —6B **116**
Hillyfields. *Nurs* —7E **46**
Hilsea Cres. *Ports* —2K **133**
Hilsea Mkt. *Ports* —2K **133**
Hiltingbury Clo. *Chan F* —1G **31**
Hiltingbury Ct. *Chan F* —1E **30**
Hiltingbury Rd. *Chan F* —1E **30**
Hiltingbury Rd. *Hav* —1D **120**
Hilton Rd. *Gos* —5B **144**
Hilton Rd. *H End* —5H **71**
Hinkler Ct. *Sotn* —1C **90**
Hinkler Rd. *Sotn* —6D **70**
Hinton Clo. *Hav* —2K **119**
Hinton Cres. *Sotn* —7D **70**
Hinton Fields. *King W* —1H **11**
Hinton La. *Titchb* —6F **15**
Hinton Mnr. La. *Love* —4G **79**
Hipley Rd. *Hav* —3D **120**
Hirst Rd. *Hythe* —3E **108**
Hispano Av. *White* —6D **92**
Hitherwood Clo. *Water* —4J **99**
H.M.S. Alliance. —5D 144
HMS Daedalus Cvn. Pk. *Gos* —3F **143**
H.M.S. Victory. —2E 144 (2A 6)
H.M.S. Warrior. —3E 144 (4A 6)
Hoadlands. *Ptsfld* —5E **24**
Hoads Hill. *Wick* —3D **94**
Hobart Dri. *Hythe* —3D **108**
Hobb La. *H End* —7J **71**
Hobbs Pas. *Gos* —4D **144**
Hobby Clo. *Ports* —3B **134**
Hobson Way. *Holb* —4G **125**
Hockham Ct. *Hav* —6K **99**
Hockley Clo. *Ports* —6J **117**
Hockley Golf Course. —6F 17
Hockley Link. *Comp* —6D **16**
Hockley Path. *Ports* —6K **117**
Hocombe Dri. *Chan F* —7E **20**
Hocombe Pk. Clo. *Chan F* —7E **20**
Hocombe Rd. *Chan F* —7E **20**
Hocombe Wood Rd. *Chan F* —7D **20**
Hodder Clo. *Chan F* —5E **30**
Hodges Clo. *Hav* —3D **120**
Hoeford Clo. *Fare* —1E **130**
Hoe La. *N Bad* —1C **46**
Hoe Rd. *Bish W* —3A **54**
Hoe St. *Hmbdn* —6E **76**
Hoe, The. *Gos* —6H **131**
Hogarth Clo. *Roms* —1C **28**
Hogarth Clo. *Sotn* —3B **90**
Hoggarth Clo. *Ptsfld* —5E **24**
Hogs Lodge La. *Clan* —7A **42**
Hogwood La. *W End* —5D **50**
Holbeach Clo. *Ports* —5K **117**
Holbrook Rd. *Fare* —6E **114**
Holbrook Rd. *Ports* —2J **145** (1J **7**)
Holbury Ct. *Hav* —1E **120**
Holbury Drove. *Holb* —4E **124**
Holcot La. *Ports* —3D **134**
Holcroft Ho. *Sotn* —6D **70**
Holcroft Rd. *Sotn* —7D **70**
Holdaway Clo. *King W* —7H **9**
Holdenby Ct. *Ports* —2D **134**
Holdenhurst Clo. *Water* —3K **79**
Hole La. *Curd* —3G **73**
Hole La. *Hmbdn* —4E **76**
Holiday Hills Reptillery. —3D 102
Holkham Clo. *Sotn* —1F **67**
Hollam Clo. *Fare* —6J **113**
Hollam Cres. *Fare* —6J **113**
Hollam Dri. *Fare* —6J **113**
Hollam Rd. *S'sea* —3C **146**
Holland Clo. *Chan F* —7F **31**
Holland Pk. *Sar G* —3A **112**
Holland Pl. *Gos* —5G **131**
Holland Pl. *Sotn* —3J **67**
Holland Rd. *Sotn* —3G **89**
Holland Rd. *S'sea* —4K **145** (6K **7**)
Holland Rd. *Tot* —5H **65**
Hollands Clo. *Win* —2A **10**
Hollingbourne Clo. *Sotn* —4G **69**
Hollman Dri. *Roms* —2J **27**
Hollow La. *Hay I* —5C **148**
Hollybank. *Lee S* —3C **142**
Hollybank Clo. *Hythe* —3D **108**
Hollybank Clo. *Water* —7K **79**
Hollybank Cres. *Hythe* —2C **108**
Hollybank La. *Ems* —2J **121**
Hollybank Rd. *Hythe* —2C **108**
Hollybrook Av. *Sotn* —1K **67**
Hollybrook Clo. *Sotn* —2J **67**
Hollybrook Gdns. *L Hth* —1B **112**
Hollybrook Rd. *Sotn* —2K **67**
Holly Clo. *Hythe* —7D **108**
Holly Clo. *Sar G* —3K **111**
Holly Dell. *Sotn* —6B **48**
Holly Dri. *Water* —7H **99**
Holly Gdns. *W End* —1C **70**
Holly Gro. *Fare* —2B **114**
Holly Hatch Rd. *Tot* —6K **65**
Holly Hill. *Sotn* —6B **48**
Holly Hill Clo. *Sotn* —6B **48**
Holly Hill La. *Sar G* —2H **111**

Holly Hill Mans.—Jarndyce Wlk.

Holly Hill Mans. L Hth —2K 111
Holly Hill Woodland Pk. —2J 111
Holly Lodge. Chan F —7F 31
Holly Lodge. Sotn —3E 68
Holly M. Sotn —7C 48
Holly Oak Ct. Sotn —7H 47
Holly Oak Rd. Sotn —1H 67
(in two parts)
Holly Rd. Asht —3G 85
Holly Rd. Black —7H 125
Holly St. Gos —4B 144
Hollywell Dri. Port S —7G 117
Hollywood Clo. N Bad —6G 29
Holman Clo. Water —3H 99
Holmbush Ct. S'sea —5H 145 (7G 7)
Holmdale Rd. Gos —1J 143
Holmefield Av. Fare —1C 130
Holmes Clo. Net A —7A 90
Holmesland Dri. Bot —5A 72
Holmesland La. Bot —5A 72
Holmesland Wlk. Bot —5A 72
Holmgrove. Fare —3D 112
Holm Oak Clo. Win —2A 10
Holmsley Clo. Sotn —5B 70
Holmsley Ct. Tot —4G 65
Holne Ct. S'sea —5D 146
Holst Way. Water —1F 119
Holt Clo. Wick —1C 94
Holt Ct. Sotn —5H 89
Holt Down. Ptsfld —6F 25
Holt Gdns. Row C —2E 100
Holt Rd. Sotn —5C 68
Holt Vw. Eastl —1E 50
Holybourne Rd. Hav —3C 120
Holybourne Rd. Roms —3C 28
Holyrood Av. Sotn —2E 68
Holyrood Clo. Water —6H 99
Holyrood Ho. Sotn —2D 88 (5E 4)
Holyrood Pl. Sotn —2D 88 (5E 4)
Holywell Rd. Swanm —3G 75
Homeborough Ho. Hythe —1D 108
Home Farm Clo. Hythe —3E 108
Homefayre Ho. Fare —5E 114
Homefield. Roms —1B 28
Home Fld. Dri. Nurs —6D 46
Homefield Path. Ports —7D 118
Homefield Rd. Ports —7D 118
Homefield Way. Water —5J 59
Homefort Ho. Gos —4A 144
(off Stoke Rd.)
Homegrove Ho. S'sea —5J 145 (7H 7)
Homeheights. S'sea —6H 145
Home Mead. Water —2A 98
Homemead Ho. Roms —4K 27
Homepoint Ho. Sotn —5K 69
Homer Clo. Gos —7E 130
Homer Clo. Water —3F 99
Homer Farm La. Black —2C 140
Homerise Ho. Win —1D 150
Homer Mobile Home Pk. Black —2C 140
Homerose Ho. S'sea —4H 145 (6G 7)
Home Rule Rd. L Hth —2C 112
Homeryde Ho. Lee S —3B 142
Homesea Ho. S'sea —5H 145 (6G 7)
Homespinney Ho. Sotn —2G 69
Home Way. Ptsfld —6G 25
Homewell. Hav —5C 120
Honey La. Fare —1A 114
Honeysuckle Clo. Gos —4E 130
Honeysuckle Clo. L Hth —1B 112
Honeysuckle Clo. Win —4C 16
Honeysuckle Cotts. Sotn —7F 49
Honeysuckle Ct. Water —1G 119
Honeysuckle Rd. Sotn —7D 48
Honeysuckle Way. Chan F —4D 30
Honeywood Clo. Ports —3A 134
Honeywood Clo. Tot —3J 65
Honister Clo. Sotn —4F 67
Hood Clo. L Hth —2C 112
Hood Rd. Sotn —4K 69
Hook Bird Sanctuary. —7G 111
Hook Clo. Amp —7D 20
Hook Cres. Amp —7D 20
Hook La. Wars & Fare —7B 112
Hook Pk. Rd. Wars —7H 111
Hookpit Farm La. King W —6G 9
Hook Rd. Amp —6B 20
Hook's Farm Way. Hav —3A 120
Hook's La. Hav —3K 119
(in two parts)
Hook Water Clo. Chan F —7E 20
Hook Water Rd. Chan F —7D 20
Hookwood La. Amp —7C 20
Hope Rd. W End —2D 70
Hope St. Ports —2H 145 (1F 7)
Hopfield Clo. Water —6F 99
Hopfield M. Water —7F 99
Hopkins Clo. Ports —6D 116
Hopkins Ct. S'sea —6C 146
Hordle Rd. Hav —2J 119
Hornbeam Clo. H End —6J 71
Hornbeam Clo. S Won —2D 8
Hornbeam Gdns. W End —1C 70
Hornbeam Rd. Chan F —4B 30
Hornbeam Rd. Hav —3E 120
Hornby Clo. Wars —6J 111
Hornchurch Rd. Sotn —7G 47
Horndean Cvn. Site. Horn —3K 79
Horndean Ho. Ports —2J 145 (2H 7)
Horndean Precinct. Horn —5A 80
Horndean Rd. Ems —1G 121
Hornet Clo. Fare —4A 114
Hornet Clo. Gos —5B 144
Hornetide Ho. Lee S —3B 142
Hornet Rd. Ems —4K 137
Hornet Rd. Fare —2C 130
Horns Drove. Rown —6E 46
Horns Hill. Sob —2A 76
Horns Hill. Sotn —5E 46
Horsea La. Ports —3J 133
Horsea Rd. Ports —3K 133
Horsebridge Way. Rown —6F 47
Horsecroft. Roms —2A 28
Horsefair Ct. Roms —3K 27
Horsefair M. Roms —3K 27
Horsefair, The. Roms —3K 27
Horsepost La. Hmbdn —1B 78
Horse Sands Clo. S'sea —5E 146
Horseshoe Bri. Sotn —4E 68
Horseshoe Clo. Fare —4E 112
Horseshoe Dri. Roms —7C 18
Horseshoe Lodge. Wars —5K 111
Horton Rd. Gos —3F 131
Horton Way. Eastl —1E 50
Hoskins Ho. Ports —2D 6
Hospital La. Fare —1D 132
Hospital of St Cross, The. —4E 16
Hospital Rd. Shir H —3D 74
Hotspur Clo. Hythe —1C 108
Houchin St. Bish W —4K 53
Houghton Clo. Hav —7E 100
Hound Clo. Net A —1C 110
Hound Rd. Net A —1B 110
Hound Rd. Gdns. Net A —7C 90
Hound Way. Net A —7B 90
Houndwell Pl. Sotn —1D 88 (4F 5)
Hounsdown Av. Tot —7A 66
Hounsdown Clo. Tot —7A 66
House Farm Rd. Gos —4H 143
Hove Ct. Lee S —2B 142
Hoveton Gro. Chan F —2E 30
Howard Clo. Chan F —6G 31
Howard Clo. F Oak —1H 51
Howard Clo. Sotn —7H 49
Howard Lodge. S'sea —6H 145
Howard Oliver Ho. Hythe —3E 108
Howard Rd. Ports —3K 133
Howard Rd. Sotn —6A 68
Howard's Gro. Sotn —4K 67
Howe Rd. Gos —2F 143
Howerts Clo. Wars —7J 111
Hoylake Clo. Gos —6F 131
Hoylake Rd. Ports —5D 118
Hoyle Clo. Uphm —6E 34
Hoylecroft Clo. Fare —3B 114
Hubert Rd. Win —4D 16
Huckswood La. Ids —7H 61
Hudson Clo. Gos —2F 143
Hudson Ct. Tot —6J 65
Hudson Rd. S'sea —4J 145 (6H 7)
Hughes Clo. Black —6H 125
Hulbert Rd. Water & Hav —5F 99
(in three parts)
Hulles Way. N Bad —6G 29
Hulse Lodge. Sotn —4C 68
Hulse Rd. Sotn —4C 68
Hulton Clo. Sotn —4G 89
Humber Clo. Fare —4J 129
Humber Gdns. Burs —4F 91
Hummicks, The. Beau —7K 123
Hundred Acres Rd. Wick —3H 95
Hundred, The. Roms —3K 27
Hundred, The. Water —4E 98
Hungerford. Burs —6E 90
Hunt Av. Net A —7B 90
Hunt Clo. S Won —2D 8
Hunter Clo. Gos —1G 143
Hunter Clo. Holb —1E 124
Hunter Ct. Sotn —3J 67
Hunter Rd. Ems —4K 137
Hunter Rd. Ports —5A 118
Hunter Rd. S'sea —5A 146
Hunters Chase. Swanm —1F 75
Hunters Ct. Burs —1G 91
Hunters Cres. Roms —7D 18
Hunters Cres. Tot —6G 65
Hunters Hill. Tot —2J 85
Hunters Lodge. Fare —5J 113
Hunters Ride. Water —7F 99
Hunter's Ride. Win —5B 20
Hunters Way. Eastl —1F 51
Huntingdon Clo. Fare —5D 112
Huntingdon Clo. Tot —3K 65
Huntingdon Gdns. H Hth —5J 51
Huntley Clo. Ports —5G 117
Huntly Way. Sotn —5J 69
Hunton Clo. Sotn —1A 68
Huntsman Clo. Water —7G 79
Hunts Pond Rd. Park G & Fare —1C 112
Hurdles, The. Fare —4E 112
Hurdle Way. Comp —1B 22
Hurlingham Gdns. Sotn —6D 48
Hurn Ct. Hav —7E 100
Hurricane Dri. Rown —5F 47
Hursley Ct. Chan F —1E 30
Hursley Dri. Black —1C 140
Hursley Rd. Chan F —6E 20
Hursley Rd. Hav —1A 120
Hurstbourne Clo. Hav —7A 100
Hurstbourne Pl. Sotn —5J 89
Hurst Clo. Chan F —6D 30
Hurst Clo. Fare —6H 129
Hurst Clo. Tot —4A 66
Hurst Grn. Gos —5E 130
Hurst Grn. Clo. Sotn —4K 89
Hurst Grn. Clo. Water —3J 99
Hurst La. Fish P —4B 34
Hurstville Dri. Water —7G 99
(in two parts)
Hussar Ct. Water —4D 98
Hussey Clo. Win —5F 11
Hutfield Ct. Gos —3A 144
(off Lees La.)
Hutwood Rd. Chilw —3D 48
Huxley Clo. L Hth —4D 112
Huxley Ct. Dib P —4K 107
Hyde Abbey Rd. Win —7F 11 (1D 150)
Hyde Chu. La. Win —6F 11
Hyde Chu. Path. Win —6F 11
(off Hyde St.)
Hyde Clo. Sotn —3K 67
Hyde Clo. Tot —5G 65
Hyde Clo. Win —6E 10 (1C 150)
Hyde Ga. Win —6F 11 (1D 150)
Hyde Ho. Gdns. Win —6F 11
Hyde Lodge. Win —6E 10
Hyden Farm La. Clan —5E 58
Hyde Pk. Ho. S'sea —4H 145 (5G 7)
Hyde Pk. Rd. S'sea —4H 145 (5G 7)
Hyde St. S'sea —5H 145 (7F 7)
Hyde St. Win —7F 11 (1D 150)
Hylton Rd. Ptsfld —6D 24
Hymans Way. Tot —5A 66
Hyssop Clo. White —6E 92
Hythe By-Pass. Dib —1J 107
Hythe Rd. March —5F 87
Hythe Rd. Ports —5K 117

Ian Gibson Ct. S'sea —4J 7
Ibbotson Way. Tot —7J 65
Ibsen Clo. White —5D 92
Ibsley Gro. Hav —3A 120
Icarus Pl. Water —4G 119
Ida Ct. Sotn —3J 89
Ideal Pk. Homes Cvn. Site. Bram —4E 32
Idsworth Clo. Horn —6B 80
Idsworth Ho. Ports —2G 7
Idsworth Rd. Cowp —3J 99
Idsworth Rd. Ports —7B 134
Iford Ct. Hav —7E 100
Ilex Clo. King W —6G 9
Ilex Cres. L Hth —3A 112
Ilex Wlk. Hay I —5F 149
Imber Rd. Win —7H 11 (1G 150)
Imber Way. Sotn —1B 90
Imperial Av. Sotn —4J 67
Imperial Pk. Ind. Est. Sotn —5E 68
Imperial Rd. Sotn —5E 68
Imperial Way. W Dock —7K 67
Implacable Rd. Lee S —1A 142
Inchmery La. Exby —4K 139
Ingersley Ri. W End —3D 70
Ingledene Clo. Gos —4A 144
Ingledene Clo. Hav —4A 120
Ingle Glen. Dib P —5D 108
Ingle Grn. Cal —3G 65
Ingleside. Net A —6B 90
Ingleside Clo. Fare —6J 113
Ingleton Rd. Sotn —3E 66
Inglewood. F Oak —7H 33
Inglis Rd. S'sea —5K 145 (7K 7)
Ingoldfield La. Sob & Newt —2B 76
Ingram Ct. Sotn —4F 69
Inhams La. Water —1J 97
Inhurst Av. Water —4H 99
Inhurst Rd. Ports —5K 133
Inkerman Rd. Sotn —2G 89
Inkpen Wlk. Hav —6A 100
Inmans La. Ptsfld —4F 25
Inner Relief Rd. Water —5E 98
International Way. Sotn —5H 89
Invergordon Av. Ports —7C 118
Inverkip Clo. Lee S —1B 142
Inverness Av. Fare —3B 114
Inverness Rd. Gos —2K 143
Inverness Rd. Ports —1K 145
Ionic Clo. Chan F —3J 31
Iping Av. Hav —1B 120
Ipley Way. Hythe —4D 108
Ireland Way. Water —1F 119
Iris Rd. Sotn —7E 48
Ironbridge Cres. Park G —7B 92
Ironbridge La. S'sea —4D 146
Iron Mill Clo. Fare —3A 114
Ironmill La. Titch —1J 113
Ironside Ct. Sotn —5D 4
Irvine Clo. Fare —3D 114
Irving Rd. Sotn —3G 67
Irwell Clo. Chan F —5D 30
Irwin Heights. Gos —7K 131
Isambard Brunel Rd. Ports —3H 145 (4F 7)
Isis Clo. Sotn —4F 67
Island Clo. Hay I —4C 136
Island Farm La. Steep —1B 24
Island Vw. Ter. Ports —6H 133
Island Vw. Wlk. Fare —5B 116
Islay Gdns. Ports —5A 118
Itchen Av. Eastl —1E 50
Itchen Bri., The. Sotn —2F 89 (6H 5)
Itchen Clo. Ptsfld —7C 24
Itchen Ct. Win —3F 150
Itchen Grange. Eastl —7C 32
Itchenor Rd. Hay I —6J 149
Itchen Rd. Hav —7E 100
Itchenside Clo. Sotn —7J 49
Itchen Valley Country Pk. & Vis. Cen. —6B 50
Itchen Vw. It Sto —2A 14
Itchen Vw. Sotn —7J 49
Itchin Clo. Tot —6J 65
Ithica Clo. Hay I —4D 148
Ivanhoe Rd. Sotn —3A 68
Ivor Clo. Holb —3F 125
Ivy Clo. Tot —2K 65
Ivy Clo. Win —3D 16
Ivy Ct. Water —2E 118
Ivy Dene. Sotn —1C 90
Ivydene Gdns. Water —1H 99
Ivy Ho. Gos —4B 144
Ivy La. Navy —2F 145 (1B 6)
Ivy La. W End —2A 70
Ivy Orchard. Water —5J 59
Ivy Rd. Sotn —4F 69
Ivy Ter. H End —6G 71

Jacaranda Clo. Fare —2F 113
Jack Clo. Chan F —4B 30
Jack Cockerill Way. S'sea —7J 145
Jackdaw Clo. Cowp —1F 99
Jackdaw Ri. Eastl —2G 49
Jackie Wigg Gdns. Tot —5B 66
Jacklyns Clo. Alr —3F 15
Jacklyns La. Alr —3F 15
Jackman's Clo. Sotn —2G 89
Jackson Clo. Ports —7D 118
Jacobs Clo. Roms —3B 28
Jacobs Clo. Water —6K 59
Jacob's Gutter La. Tot —7A 66
(in two parts)
Jacob's St. Ports —2H 145 (2G 7)
Jacob's Wlk. Tot —1K 85
Jacomb Pl. Gos —5G 131
Jacqueline Av. Water —2E 118
Jade Ct. Gos —2F 143
Jago Rd. Ports —2E 144 (2A 6)
Jamaica Pl. Gos —4B 144
Jamaica Rd. Gos —3C 144
James Butcher Ct. S'sea —7J 145
(off Eastern Villas Rd.)
James Callaghan Dri. Fare —4E 116
James Clo. Gos —3F 131
James Clo. Hay I —4B 148
James Copse Rd. Water —7G 79
James Ct. Roms —4B 28
James Grieve Av. L Hth —4B 112
James Howell Ct. Water —1A 98
Jameson Rd. Sotn —2J 89
James Rd. Gos —3F 131
James Rd. Hav —4B 120
James St. Sotn —1E 88 (3G 5)
Janaway Gdns. Sotn —4G 69
Janes Clo. Black —7H 125
Janson Rd. Sotn —5K 67
Japonica Way. Hav —3F 121
Jarndyce Wlk. Ports —1J 145

Leyton Rd.—Ludcombe

Leyton Rd. Sotn —6F 69
Liam Clo. Hav —2D 120
Liberties, The. Sob —2A 76
Liberty Rd. Newt —4K 75
Liberty Row. Hamb —4F 111
(off Meadow La.)
Liberty, The. Water —2K 97
Library Rd. Tot —5B 66
Lichen Way. March —3G 87
Lichfield Ct. Gos —3G 143
(off Gazelle Clo.)
Lichfield Dri. Gos —1B 144
Lichfield Rd. Fare —3D 112
Lichfield Rd. Ports —2B 146
Liddel Way. Chan F —5E 30
Liddiards Way. Pur —3F 119
Lidiard Gdns. S'sea —6C 146
Lightfoot Lawn. S'sea —5D 146
Light Infantry Mus., The.
—7E 10 (2B 150)
Lightning Clo. Fawl —5J 125
Lilac Clo. Hav —3F 121
Lilac Rd. Sotn —7E 48
Lilley Clo. March —3G 87
Lillies, The. H Hth —4H 51
Lily Av. Water —4C 118
Limberline Rd. Ports —3B 134
Limberline Spur. Ports —2B 134
Lime Av. Sotn —7K 69
Lime Clo. Col C —2F 33
Lime Clo. Dib P —4B 108
Lime Clo. Sotn —7K 69
Lime Gdns. W End —1C 70
Lime Gro. Hay I —4K 147
Lime Gro. Ports —5G 117
Limekiln La. Bish W —6C 36
Limekiln La. E Meo —2K 41
(in two parts)
Limekiln La. Holb —2E 124
(in two parts)
Lime Kiln La. Est. Holb —2E 124
Lime Rd. Alr —2G 15
Limes, The. Gos —6G 131
Limes, The. Hav —6C 120
Limes, The. March —4H 87
Lime St. Sotn —2D 88 (5F 5)
Limetree Wlk. Win —7J 11
Lime Wlk. Bot —5A 72
Lime Wlk. Dib P —4B 108
Linacre Rd. Sotn —7C 70
Lincoln Clo. Fare —3D 112
Lincoln Clo. Roms —1C 28
Lincoln Ct. Gos —3G 143
Lincoln Ct. Sotn —2B 68
Lincoln Ct. W End —2B 70
Lincoln Ri. Water —1H 99
Lincoln Rd. Ports —3K 145 (3K 7)
Lincolns Ri. Eastl —1A 32
Linda Gro. Water —2G 99
Linda Rd. Fawl —4A 126
Lindbergh Clo. Gos —3G 143
Lindbergh Ri. White —7F 93
Lind Clo. Water —3G 119
Linden Clo. Wal C —1B 74
Linden Ct. Park G —2C 112
Linden Ct. Roms —3K 27
Linden Ct. Sotn —1A 70
Linden Gdns. H End —7J 71
Linden Gro. Chan F —2F 31
Linden Gro. Gos —5A 144
Linden Gro. Hay I —5D 148
Linden Lea. Fare —5A 116
Linden Rd. Roms —3A 28
Linden Rd. Sotn —7H 47
Lindens Clo. Ems —4J 121
Linden Wlk. N Bad —5G 29
Linden Way. Hav —3C 120
Linden Way. Water —7K 79
Lindisfarne Clo. Ports —6B 118
Lindley Av. S'sea —6B 146
Lindley Gdns. Alr —3G 15
Lindon Ct. S'sea —4A 146
Lind Rd. Gos —7B 144
Lindsay Rd. Sotn —6D 70
Lindsey Ho. S'sea —6J 145
(off Richmond Rd.)
Lindway. Park G —7B 92
Liners Ind. Est. Sotn —6K 67
Linford Ct. F Oak —1H 51
Linford Ct. Hav —6A 100
Linford Cres. Sotn —1A 68
Ling Dale. Sotn —4C 48
Lingdale Pl. Sotn —4D 68
Lingfield Ct. Ports —5G 145 (7D 6)
Lingfield Gdns. Sotn —2J 69
Lingwood Clo. Sotn —4C 48
Lingwood Wlk. Sotn —4C 48
Linkenholt Way. Hav —1K 119
Linklater Path. Ports —1J 145 (1J 7)
Linklater Rd. Ports —1J 145 (1J 7)
Link Rd. Sotn —1G 67
Link Rd. S'wick —4G 117
Links Clo. Row C —4E 100
Links La. Hay I —5K 147
Links La. Row C —3E 100
Links Rd. Win —6C 10
Links, The. Gos —6F 131
Links Vw. Way. Sotn —5C 48
Link, The. Water —4H 99
Link Way. Fare —6K 129
Linnet Clo. Ptsfld —7G 25
Linnet Clo. Water —1F 99
Linnet Ct. Gos —2J 143
Linnet Sq. Eastl —2G 49
Linnets Rd. Alr —3F 15
Linnets, The. Fare —6J 115
Linnets, The. Tot —4H 65
Linwood Clo. Hythe —4D 108
Lion Ga. Building. Ports
—3G 145 (3D 6)
Lionheart Way. Burs —4E 90
Lions Hall. Win —1E 16 (4C 150)
Lion St. Ports —3G 145 (3D 6)
(in two parts)
Lion Ter. Ports —3G 145 (4D 6)
(in three parts)
Liphook Ho. Hav —1E 120
Lipizzaner Fields. White —5C 92
Lisbon Rd. Sotn —6A 68
Lisle Clo. Win —5A 16
Lisle Ct. Win —2D 16
Lisle Way. Ems —3H 121
Liss Rd. S'sea —4A 146
Lister Rd. Ports —6A 118
Litchfield Cres. Sotn —3J 69
Litchfield Rd. Sotn —3J 69
Litchfield Rd. Win —3C 10
Lith Av. Horn —4K 79
Lith Cres. Horn —3K 79
Lith La. Horn —4H 79
(Catherington La.)
Lith La. Horn —3J 79
(Lith Cres.)
Lit. Abshot Rd. Fare —6C 112
Lit. Anglesey. Gos —6A 144
Lit. Anglesey Rd. Gos —6K 143
Lit. Arthur St. Ports —1K 145
Lit. Ashton La. Bish W —7A 36
Lit. Bull La. Wal C —2A 74
Little Clo. Gos —3F 131
Lit. Coburg St. Ports —3J 145 (3J 7)
Lit. Corner. Water —2A 98
Littlefield Cres. Chan F —4B 30
Lit. Gays. Fare —5H 129
Lit. George St. Ports —1K 145
Little Grn. Gos —6K 143
Littlegreen Av. Hav —2D 120
Lit. Grn. Orchard. Gos —5K 143
Lit. Hambrook St. S'sea —5G 145 (7E 6)
Lit. Hayes La. It Ab —1G 13
Lit. Holbury Pk. Homes. Holb —2E 124
Lit. Hyden La. Clan —3J 59
Lit. Kimble Wlk. H End —6H 71
Lit. Lance's Hill. Sotn —5J 69
Little La. Gos —6K 143
Lit. Mead. Water —2B 98
Lit. Meads. Roms —3J 27
Lit. Minster St. Win —1F 17 (3D 150)
Lit. Oak Rd. Sotn —7C 48
Littlepark Av. Hav —3J 119
Lit. Park Clo. H End —6G 71
Lit. Park Farm Rd. Fare —1D 112
Littlepark Ho. Hav —3H 119
Lit. Quob La. W End —2D 70
Lit. Reynolds. Tot —7J 65
Lit. Shore La. Bish W —4A 54
Lit. Southsea St. S'sea —5G 145 (7E 6)
Littleton Gro. Hav —2C 120
Littleton Rd. Win —3A 10
Littlewood Gdns. L Hth —3K 111
Littlewood Gdns. W End —3C 70
Lit. Woodham La. Gos —3F 143
Liverpool Ct. Gos —3G 143
Liverpool Rd. Fare —1C 130
Liverpool Rd. Ports —3K 145
Liverpool St. Sotn —5D 68
Livesay Gdns. Ports —2A 146
Livingstone Ct. Gos —2G 143
Livingstone Rd. Sotn —4D 68
Livingstone Rd. S'sea —5J 145 (7J 7)
Lloyd Av. March —4F 87
Loader Clo. King W —7H 9
Loane Rd. Sotn —2J 89
Lobelia Ct. Water —7H 99
Lobelia Rd. Sotn —7F 49
Locarno Rd. Ports —5B 134
Lock App. Port S —7F 117
Lockerley Cres. Sotn —3G 67
Lockerley Rd. Hav —3D 120
Locke Rd. H End —4H 71
Lockhams Rd. Curd —4F 73
Locks Heath Cen. L Hth —3B 112
Locksheath Clo. Hav —7A 100
Locks Heath Pk. Rd. L Hth —5C 112
Locksley Ct. Sotn —5C 68
Locksley Rd. Eastl —2H 49
Locks Rd. L Hth —4B 112
Locksway Rd. S'sea —4C 146
Lockswood Keep. L Hth —2B 112
Lockswood Rd. L Hth —3A 112
Lock Vw. Port S —7F 117
Lodge Av. Ports —6B 118
Lodge Dri. Dib P —5C 108
Lodge Gdns. Gos —5K 143
Lodge Hill. Newt —6A 76
Lodge La. Beau —2A 138
Lodge Rd. Hav —5J 119
Lodge Rd. L Hth —3C 112
Lodge Rd. Sotn —5D 68
Lodge, The. Sotn —5C 68
Lodge, The. Water —7H 99
Lodge Va. E Wel —1A 44
Lodsworth Clo. Water —7A 60
Lodsworth Ho. Ports —2J 145 (1J 7)
Lofting Clo. Eastl —1D 50
Logan Clo. Sotn —6G 47
Lomax Clo. H End —3H 71
Lombard Ct. Ports —7C 6
Lombard St. Ports —5F 145 (7B 6)
Lombardy Clo. Gos —5H 131
Lombardy Ri. Water —1G 119
Lomond Clo. Ports —7J 133
Londesborough Rd. S'sea —5K 145
London Av. Ports —5J 133
London Mall. Ports —5K 133
London Rd. Cosh & Water —6A 118
London Rd. Ptsfld —4F 25
London Rd. Ports —2K 133
London Rd. Sotn —6C 68 (1D 4)
London Rd. Water —3A 80
(in two parts)
London Rd. Win & King W —3G 11
Lone Barn La. Cptn —2F 37
Lone Valley. Water —3D 118
Long Acre Ct. Ports —1K 145
Longacres. Fare —2D 112
Longbarrow Clo. S Won —2D 8
Long Beech Dri. Tot —6J 65
Longbridge Clo. Cal —2J 65
Longbridge Ct. Cal —2J 65
Longbridge Ho. S'sea —5E 6
Longbridge Ind. Pk. Sotn —2F 89 (6J 5)
Longclose Rd. H End —5J 71
Long Copse. Holb —4G 125
Long Copse La. Ems —2J 121
Long Curtain Rd. S'sea —6F 145
Longdean Clo. Ports —5F 117
Long Dri. Gos —6F 131
Long Dri. W End —2D 70
Longfield Av. Fare —7A 114
Longfield Clo. S'sea —3D 146
Longfield Rd. Ems —3H 121
(in two parts)
Longfield Rd. F Oak —2J 51
Longfield Rd. Win —7H 11
Longhouse Grn. Win —7H 11
Long La. Burs —5F 91
Long La. Holb —1E 124
Long La. March —4E 86
Long La. Clo. Holb —4G 125
Longleat Gdns. Sotn —7J 47
Longmead Av. Eastl —6C 32
Longmead Gdns. Hav —7C 120
Longmeadow Gdns. Hythe —2D 108
Longmead Rd. Sotn —2K 69
Longmore Av. Sotn —3G 89
Longmore Cres. Sotn —3G 89
Longmynd Dri. Fare —6A 114
Longridge Rd. H End —6H 71
Long Rd. Ptsfld —4E 24
Long Rd. Sob —5B 56
Longshore Way. S'sea —4E 146
Longs La. Fare —4A 130
Longstaff Gdns. Fare —3C 114
Longstock Clo. Sotn —5K 89
Longstock Cres. Tot —5J 65
Longstock Rd. Hav —7E 100
Longs Wlk. Ports —1J 145 (1J 7)
Long Wlk. Win —4K 11
Long Water Dri. Gos —7B 144
Longwood Av. Water —2G 99
Lonsdale Av. Fare —1C 132
Lonsdale Av. Ports —7B 118
Loperwood. Cal —2E 64
Loperwood La. Cal —7F 45
(in two parts)
Lordington Clo. Ports —6C 118
Lord Montgomery Way. Ports
—4G 145 (5E 6)
Lord Mountbatten Clo. Sotn —7H 49
Lords Ct. Ports —2J 145 (2J 7)
Lords Hill Cen. E. Sotn —7G 47
Lords Hill Cen. W. Sotn —7G 47
Lord's Hill District Cen. Sotn —7G 47
Lords Hill Way. Sotn —7F 47
Lord's St. Ports —2J 145 (2J 7)
Lordswood. Highb —3D 32
Lordswood Clo. Sotn —7A 48
Lordswood Ct. Sotn —7K 47
Lordswood Gdns. Sotn —7A 48
Lordswood La. Chilw —3A 48
Lordswood Rd. Sotn —7K 47
Loreille Gdns. Rown —4F 47
Loring Ho. Ports —3K 133
Lorne Pl. Sotn —5K 69
Lorne Rd. S'sea —5K 145 (7K 7)
Lortemore Pl. Roms —3K 27
Loughwood Clo. Eastl —4K 31
Louis Flagg Ho. S'sea —4H 145 (6G 7)
Lovage Gdns. Tot —5H 65
Lovage Rd. White —6E 92
Lovage Way. Water —3K 79
Lovatt Gro. Fare —3A 114
Lovedean La. Water —4F 79
Lovedon La. King W —5G 9
Love La. Ptsfld —5E 24
(in two parts)
Love La. Roms —3K 27
Love La. Twy —4G 23
Lovell Clo. S Won —2D 8
Lovells Wlk. Alr —2F 15
Lovett Rd. Ports —4A 134
Lovett Wlk. Win —4B 10
Lovington La. Avtn & Alr —2J 13
Lowcay Rd. S'sea —6K 145
Lowden Clo. Win —4C 16
Lwr. Alfred St. Sotn —6E 68
Lwr. Banister St. Sotn —6C 68
Lwr. Baybridge La. Ows —2B 34
Lwr. Bellfield. Titch —7G 113
Lwr. Bere Wood. Water —6G 99
Lwr. Brookfield Rd. Ports —2K 145
Lwr. Brook St. Win —7F 11 (2E 150)
Lwr. Brownhill Rd. Sotn —2D 66
Lwr. Canal Wlk. Sotn —3D 88 (7E 4)
Lwr. Chase Rd. Wal C & Swanm
—7B 54
Lwr. Church Path. Ports
—3H 145 (3G 7)
Lwr. Church Rd. Fare —3D 112
Lwr. Crabbick La. Water —1G 97
Lwr. Derby Rd. Ports —6H 133
Lwr. Drayton La. Ports —7D 118
(in two parts)
Lwr. Duncan Rd. Park G —1C 112
Lwr. Farlington Rd. Ports —6F 119
Lwr. Forbury Rd. S'sea —4J 145 (5H 7)
Lwr. Grove Rd. Hav —5D 120
Lwr. Heyshott. Ptsfld —6E 24
Lower La. Bish W —3K 53
Lwr. Mead. Ptsfld —6F 25
Lwr. Moors Rd. Col C —1E 32
Lwr. Mortimer Rd. Sotn —2G 89
Lwr. Mullins La. Hythe —3B 108
Lwr. New Rd. W End —3C 70
Lwr. Northam Rd. H End —6H 71
Lwr. Preshaw La. Uphm —2B 36
Lwr. Quay. Fare —6E 114
Lwr. Quay Clo. Fare —6E 114
Lwr. Quay Rd. Fare —6E 114
Lower Rd. Hav —5J 119
Lower Rd. S Won —2B 8
Lwr. St Helens Rd. H End —7H 71
Lwr. Spinney. Wars —7H 111
Lwr. Stanmore La. Win —3D 16
Lower St. Brfld —2C 18
Lwr. Swanwick Rd. Swanw —5J 91
Lower Test Marshes Nature Reserve.
—3B 66
Lwr. Tye Farm Cvn. Pk. Hay I —6F 137
Lwr. Vicarage Rd. Sotn —2G 89
Lwr. Wardown. Ptsfld —5F 25
(in two parts)
Lwr. William St. Sotn —6G 69 (1K 5)
Lwr. Wingfield St. Ports
—2J 145 (1H 7)
Lwr. York St. Sotn —6G 69 (1K 5)
Lowestoft Rd. Ports —5J 117
Lowford Hill. Burs —4E 90
Lowland Rd. Water —1K 97
Lowry Gdns. Sotn —3B 90
Loxwood Rd. Water —6G 79
Luard Ct. Hav —5E 120
Lucas Clo. Rown —6G 47
Luccombe Pl. Sotn —2A 68
Luccombe Rd. Sotn —2A 68
Lucerne Av. Water —3D 98
Lucerne Gdns. H End —5F 71
Lucknow St. Ports —3K 145 (4K 7)
Ludcombe. Water —7A 78

Ludlow Rd.—Marshlands Spur

Ludlow Rd. *Ports* —5G **117**
Ludlow Rd. *Sotn* —1H **89**
Ludwells La. *Wal C* —7C **54**
Lugano Clo. *Water* —3E **98**
Lukes Clo. *Hamb* —4F **111**
Lukin Dri. *Nurs* —5D **46**
Lulworth Bus. Cen. *Tot* —2K **65**
Lulworth Clo. *Chan F* —7E **30**
Lulworth Clo. *Hay I* —3D **148**
Lulworth Clo. *Sotn* —2F **67**
Lulworth Grn. *Sotn* —2F **67**
Lulworth Rd. *Lee S* —3B **142**
Lumley Gdns. *Ems* —5K **121**
Lumley Path. *Ems* —5K **121**
Lumley Rd. *Ems* —5K **121**
Lumsden Av. *Sotn* —5K **67**
Lumsden Mans. *Sotn* —5K **67**
Lumsden Rd. *S'sea* —5E **146**
Lundy Clo. *Sotn* —6F **47**
Lundy Wlk. *Fare* —4J **129**
Lunedale Rd. *Dib P* —6B **108**
Lupin Rd. *Sotn* —6F **49**
Lutman St. *Ems* —2H **121**
Luton Rd. *Sotn* —1A **90**
Luxton Clo. *Bot* —4A **72**
Luzborough La. *Roms* —6C **28**
Lyburn Clo. *Sotn* —7K **47**
Lyburn Ct. *Sotn* —7K **47**
Lychgate Dri. *Water* —4J **79**
Lychgate Grn. *Fare* —2K **129**
Lydgate. *Tot* —5J **65**
Lydgate Clo. *Sotn* —1C **90**
Lydgate Grn. *Sotn* —1C **90**
Lydgate Rd. *Sotn* —1C **90**
Lydiard Clo. *Eastl* —5K **31**
Lydlynch Rd. *Tot* —5K **65**
Lydney Clo. *Ports* —6H **117**
Lydney Rd. *L Hth* —3A **112**
Lymbourn Rd. *Hav* —5D **120**
Lyme Clo. *Eastl* —5J **31**
Lymer La. *Sotn* —5D **46**
Lymer Vs. *Nurs* —5D **46**
Lynch Clo. *Win* —5D **10**
Lyndale Rd. *Park G* —2C **112**
Lynden Clo. *Fare* —6J **113**
Lynden Ga. *Sotn* —2K **89**
Lyndhurst Clo. *Hay I* —6D **148**
Lyndhurst Clo. *Win* —3C **10**
Lyndhurst Ho. *Hav* —7B **100**
Lyndhurst Rd. *Asht* —5E **84**
Lyndhurst Rd. *Beau* —6G **123**
Lyndhurst Rd. *Gos* —4K **143**
Lyndhurst Rd. *Ports* —5A **134**
Lyndock Clo. *Sotn* —3H **89**
Lyndock Pl. *Sotn* —3H **89**
Lyndum Clo. *Ptsfld* —5D **24**
Lyne Pl. *Water* —6J **79**
Lynford Av. *Win* —5D **10**
Lynford Way. *Win* —5D **10**
Lynn Clo. *W End* —1A **70**
Lynn Rd. *Ports* —7A **134**
Lynn Way. *King W* —1H **11**
Lynton Ct. *Tot* —6K **65**
Lynton Gdns. *Fare* —3C **114**
Lynton Ga. *S'sea* —6H **145**
Lynton Gro. *Ports* —7B **134**
Lynton Rd. *H End* —5H **71**
Lynton Rd. *Ptsfld* —5C **24**
Lynwood Av. *Water* —2E **98**
Lynwood Ct. *Win* —5E **10**
Lynx Clo. *Eastl* —1E **50**
Lyon St. *Sotn* —6D **68**
Lysander Way. *Water* —5H **99**
Lysses Ct. *Fare* —5F **115**
Lysses Path. *Fare* —5F **115**
Lytham Rd. *Sotn* —3K **69**
Lytton Rd. *Hythe* —4E **108**

Mabey Clo. *Gos* —6B **144**
Mablethorpe Rd. *Ports* —5K **117**
MacArthur Cres. *Sotn* —4K **69**
Macaulay Av. *Ports* —5E **116**
Macklin Ho. *Win* —3A **150**
Macnaghten Rd. *Sotn* —5G **69**
Madden Clo. *Gos* —5J **143**
Maddison St. *Sotn* —1C **88** (4D **4**)
Maddoxford La. *Bot* —2A **72**
Maddoxford Way. *Bot* —3A **72**
Madeira Rd. *Ports* —4K **133** (3F **5**)
Madeira Wlk. *Hay I* —5C **148**
Madeline Rd. *Ptsfld* —5D **24**
Madison Clo. *Gos* —7H **131**
Madison Ct. *Fare* —5F **115**
Mafeking Rd. *S'sea* —5A **146**
Maffey Ct. *Bot* —5B **72**
Magazine La. *March* —3G **87**
Magdala Rd. *Cosh* —7A **118**
Magdala Rd. *Hay I* —5B **148**
Magdalen Ct. *Ports* —4K **133**
Magdalene Way. *Fare* —4D **112**
Magdalen Hill. *Win* —1G **17** (3F **150**)
Magdalen M. *Win* —3F **150**
Magdalen Rd. *Ports* —4J **133**
Magdalen Row. *Ptsfld* —6C **24**
Magennis Clo. *Gos* —1G **143**
Magenta Ct. *Gos* —2F **143**
Magnolia Clo. *Dib* —2K **107**
Magnolia Clo. *Fare* —6B **114**
Magnolia Gro. *F Oak* —1K **51**
Magnolia Rd. *Sotn* —7J **69**
Magnolia Way. *Water* —1K **99**
Magpie Clo. *Fare* —6H **115**
Magpie Dri. *Tot* —5H **65**
Magpie Gdns. *Sotn* —1B **90**
Magpie La. *Eastl* —1H **49**
Magpie La. *Lee S* —1C **142**
Magpie Rd. *Hav* —7F **81**
Magpie Wlk. *Water* —1D **100**
(Broad Wlk.)
Magpie Wlk. *Water* —1E **98**
(Eagle Av.)
Maidford Gro. *Ports* —3D **134**
Maidstone Cres. *Ports* —5K **117**
Main Dri. *S'wick* —7F **97**
Main Rd. *Col C & Fish P* —1F **33**
Main Rd. *Dib* —1K **107**
(Bramshott Hill)
Main Rd. *Dib* —1F **125**
(Long La.)
Main Rd. *Ems* —6K **121**
Main Rd. *Gos* —3G **131**
Main Rd. *March* —4G **87**
Main Rd. *Navy* —2E **144** (2A **6**)
Main Rd. *Ott & Comp* —7A **22**
Main Rd. *Tot* —1K **85**
Main Rd. *Win* —1A **10**
Mainsail Dri. *Fare* —6E **114**
Mainstone. *Roms* —5J **27**
Mainstream Ct. *Eastl* —7C **32**
Maisemore Gdns. *Ems* —7G **121**
Maitland St. *Ports* —1J **145**
Maizemore Wlk. *Lee S* —2C **142**
Majestic Rd. *Nurs* —1C **66**
Makins Ct. *Alr* —2F **15**
Malcolm Clo. *Chan F* —1H **31**
Malcolm Clo. *L Hth* —3C **112**
Malcolm Ho. *Ports* —3A **134**
Malcolm Rd. *Chan F* —1H **31**
Malcroft M. *March* —4H **87**
Maldon Clo. *Eastl* —7C **32**
Maldon Rd. *Ports* —6J **117**
Maldon Rd. *Sotn* —7H **69**
Malibres Rd. *Chan F* —2J **31**
Malin Clo. *Fare* —4J **129**
Malin Clo. *Sotn* —7F **47**
Malins Rd. *Ports* —1J **145**
Mallard Clo. *Alr* —1G **15**
Mallard Clo. *Bish W* —3H **53**
Mallard Clo. *Roms* —2A **28**
Mallard Gdns. *Gos* —5E **130**
Mallard Gdns. *H End* —2H **71**
Mallard Rd. *Row C* —4E **100**
Mallard Rd. *S'sea* —3C **146**
Mallards Rd. *Burs* —6E **90**
Mallards, The. *Fare* —3D **114**
Mallards, The. *Hav* —7B **120**
Mallett Clo. *H End* —2K **71**
Mallory Cres. *Fare* —3D **114**
Mallow Clo. *L Hth* —4A **112**
Mallow Clo. *Ports* —6A **118**
Mallow Clo. *Water* —7G **99**
Mallow Rd. *H End* —6F **71**
Mall, The. *Chan F* —3H **31**
Mall, The. *Ports* —6J **133**
Malmesbury Clo. *F Oak* —1H **51**
Malmesbury Ct. *Net A* —1A **110**
Malmesbury Gdns. *Win* —5C **10**
Malmesbury Lawn. *Hav* —7K **99**
Malmesbury Pl. *Sotn* —5A **68**
Malmesbury Rd. *Roms* —2K **27**
Malmesbury Rd. *Sotn* —5A **68**
Malory Clo. *Sotn* —6C **70**
Malpass Rd. *Wor D* —4B **8**
Malta Rd. *Ports* —7K **133**
Malthouse Clo. *Estn* —2A **12**
Malthouse Clo. *Roms* —2K **27**
Malthouse Gdns. *March* —4G **87**
Malthouse La. *Fare* —5E **114**
Malthouse Rd. *Ports* —7J **133**
Maltings, The. *Fare* —4G **115**
Maltings, The. *Ptsfld* —6D **24**
Malt La. *Bish W* —3K **53**
Malus Clo. *Fare* —7C **114**
Malvern Av. *Fare* —7B **114**
Malvern Clo. *Bish W* —4A **54**
Malvern Dri. *Dib P* —3A **108**
Malvern Gdns. *H End* —2J **71**
Malvern M. *Ems* —5J **121**
Malvern Rd. *Gos* —3J **143**
Malvern Rd. *Sotn* —2K **67**
Malvern Rd. *S'sea* —7J **145**
Malwood Av. *Sotn* —1A **68**
Malwood Clo. *Hav* —7D **100**
Malwood Gdns. *Tot* —4H **65**
Malwood Rd. *Hythe* —2C **108**
Malwood Rd. W. *Hythe* —2C **108**
Manaton Way. *H End* —3G **71**
Manchester Ct. *Gos* —3G **143**
Manchester Rd. *Net A* —1K **109**
Manchester Rd. *Ports* —3K **145**
Mancroft Av. *Fare* —5K **129**
Mandarin Way. *Gos* —2F **143**
Mandela Way. *Sotn* —7B **68** (1A **4**)
Manley Rd. *Burs* —4E **90**
Manners La. *S'sea* —4K **145** (5K **7**)
Manners Rd. *S'sea* —4K **145** (5K **7**)
Manningford Clo. *Win* —4F **11**
Manns Clo. *W End* —2B **70**
Manor Clo. *Burs* —4E **90**
Manor Clo. *Hav* —5C **120**
Manor Clo. *Tot* —6K **65**
Manor Clo. *Wick* —3D **94**
Manor Clo. *Win* —7G **11**
Manor Ct. *Fare* —2E **112**
Manor Cres. *Burs* —4E **90**
Manor Cres. *Ports* —7C **118**
Mnr. Farm Clo. *Eastl* —1D **50**
Manor Farm Country Pk. —2J 91
Mnr. Farm Grn. *Twy* —4E **22**
Mnr. Farm Gro. *Eastl* —1D **50**
Manor Farm Mus. —1B 92
Mnr. Farm Rd. *Sotn* —3G **69**
Manor Ho. Av. *Sotn* —6F **67**
Mnr. Lodge Rd. *Row C* —3D **100**
Manor M. *Ports* —6D **118**
Mnr. Park Av. *Ports* —7B **134**
Manor Rd. *Chilw* —3A **48**
Manor Rd. *Dib* —1H **107**
Manor Rd. *Durl* —3E **52**
Manor Rd. *Eastl* —1D **50**
Manor Rd. *Hay I* —4B **148**
Manor Rd. *Holb* —3F **125**
Manor Rd. *Ports* —1K **145** (1K **7**)
Manor Rd. *Twy* —4E **22**
Manor Rd. N. *Sotn* —1H **89**
Manor Rd. S. *Sotn* —2H **89**
Manor Ter. *Burs* —4D **90**
Manor Vs. *Wick* —2D **94**
Manor Way. *Hay I* —6D **148**
Manor Way. *Lee S* —2B **142**
Mansbridge Cotts. *Sotn* —7J **49**
Mansbridge Rd. *Eastl* —2K **49**
Mansbridge Rd. *Sotn & W End* —7H **49**
Mansel Ct. *Sotn* —2F **67**
Mansell Clo. *Dib P* —5B **108**
Mansel Rd. E. *Sotn* —3F **67**
Mansel Rd. W. *Sotn* —2E **66**
Mansergh Wlk. *Tot* —4G **65**
Mansfield La. *Wick* —1J **93**
Mansfield Rd. *Gos* —7F **131**
Mansion Ct. *S'sea* —7K **145**
Mansion Rd. *Sotn* —6K **67**
Mansion Rd. *S'sea* —7K **145**
Manston Ct. *Sotn* —7G **47**
Mansvid Av. *Ports* —7C **118**
Mantle Clo. *Gos* —1G **143**
Mantle Sq. *Ports* —5G **133**
Mant's La. *Win* —1G **17** (4F **150**)
Maple Clo. *Alr* —3F **15**
Maple Clo. *Burs* —5E **90**
Maple Clo. *Ems* —4J **121**
Maple Clo. *Fare* —5K **113**
Maple Clo. *Lee S* —3D **142**
Maple Clo. *Roms* —4D **28**
Maple Cres. *Water* —5K **59**
Maple Dri. *King W* —6G **9**
Maple Dri. *Water* —1B **98**
Maple Gdns. *Tot* —6H **65**
Maple Leaf Gdns. *Eastl* —1K **49**
Maple Rd. *Hythe* —6E **108**
Maple Rd. *Sotn* —5H **69**
Maple Rd. *S'sea* —6J **145**
Maple Sq. *Eastl* —2H **49**
Maples, The. *Chan F* —2F **31**
Mapleton Rd. *H End* —6H **71**
Mapletree Av. *Water* —7K **79**
Maple Wlk. *Ptsfld* —1J **43**
Maple Wood. *Hav* —5J **119**
Maplewood Clo. *Tot* —6H **65**
Maplin Rd. *Sotn* —2E **66**
Maralyn Av. *Water* —7F **99**
Marathon Pl. *Eastl* —7G **33**
Marchesi Ct. *Fare* —3K **129**
Marchwood By-Pass. *March* —6A **66**
Marchwood Ct. Gos —*5G* ***143***
(off Broadsands Dri.)
Marchwood Ind. Est. *March* —2H **87**
Marchwood Rd. *Hav* —7B **100**
Marchwood Rd. *Sotn* —6J **67**
Marchwood Rd. *Tot* —1C **86**
Marchwood Ter. March —*3G* ***87***
(off Main Rd.)
Marcus Clo. *Eastl* —1G **51**
Mardale Rd. *Sotn* —4E **66**
Mardale Wlk. *Sotn* —4E **66**
Marden Way. *Ptsfld* —6E **24**
Mardon Clo. *Sotn* —6H **49**
Mare La. *Twy* —2K **23**
Margam Av. *Sotn* —7J **69**
Margaret Clo. *Water* —4E **98**
Margarita Rd. *Fare* —4B **114**
Margate Rd. *S'sea* —4J **145** (6G **7**)
Margery's Ct. *Ports* —3F **145** (4C **6**)
Marianne Clo. *Sotn* —6G **67**
Marie Rd. *Sotn* —2B **90**
Marigold Clo. *Fare* —4B **114**
Marina Bldgs. Gos —*4A* ***144***
(off Stoke Rd.)
Marina Clo. *Ems* —7K **121**
Marina Clo. *Hamb* —4F **111**
Marina Gro. *Fare* —7B **116**
Marina Gro. *Ports* —1C **146**
Marina Keep. *Port S* —1F **133**
Marine Cotts. *Gos* —3A **144**
Marine Ct. *S'sea* —6B **146**
Marine Pde. *Sotn* —1E **88** (4H **5**)
Marine Pde. E. *Lee S* —3B **142**
Marine Pde. W. *Lee S* —1A **142**
Mariners Clo. *Hamb* —2F **111**
Mariners M. *Hythe* —2D **108**
Mariners Wlk. *S'sea* —3C **146**
Mariners Way. *Gos* —5C **144**
Mariners Way. *Wars* —5H **111**
Marine Wlk. *Hay I* —5F **149**
Marion Rd. *S'sea* —7K **145**
Maritime Av. *March* —2H **87**
Maritime Wlk. *Sotn* —3E **88** (7G **5**)
Maritime Way. *E Dock* —3D **88** (7F **5**)
(in two parts)
Marjoram Cres. *Water* —2J **99**
Marjoram Way. *White* —6E **92**
Mark Anthony Ct. *Hay I* —5B **148**
Mark Clo. *Ports* —3A **134**
Mark Clo. *Sotn* —5J **67**
Mark Ct. *Water* —5F **99**
Marken Clo. *L Hth* —3A **112**
Market Bldgs. *Sotn* —7G **49**
Market La. *Win* —1F **17** (3D **150**)
Market Pde. *Hav* —5C **120**
Market Pl. *Roms* —3K **27**
Market Pl. *Sotn* —2D **88** (5E **4**)
Market St. *Eastl* —2A **50**
(in two parts)
Market St. *Win* —1F **17** (3D **150**)
Marketway. *Ports* —2H **145** (2F **7**)
Markson Rd. *S Won* —2B **8**
Mark's Rd. *Fare* —5B **130**
Marks Tey Rd. *Fare* —2K **129**
Markway Clo. *Ems* —5G **121**
Marland Ho. *Sotn* —7C **68** (2D **4**)
Marlands Lawn. *Hav* —7K **99**
Marlands Shop. Cen. *Sotn* —1C **88** (2D **4**)
Marlborough Clo. *Water* —1E **118**
Marlborough Ct. *Chan F* —6D **30**
Marlborough Ct. *Dib P* —4B **108**
Marlborough Gdns. *H End* —1H **71**
Marlborough Gro. *Fare* —7B **116**
Marlborough Ho. *Sotn* —4C **68**
Marlborough Pk. *Hav* —3E **120**
Marlborough Rd. *Chan F* —1H **31**
Marlborough Rd. *Gos* —2J **143**
Marlborough Rd. *Sotn* —4J **67**
Marlborough Row. *Ports* —2F **145** (1B **6**)
Marldell Clo. *Hav* —1D **120**
Marles Clo. *Gos* —7G **131**
Marlhill Clo. *Sotn* —2J **69**
Marlin Clo. *Gos* —2G **143**
Marlow Clo. *Fare* —2B **114**
Marlowe Ct. *Sotn* —4J **89**
Marlowe Ct. *Water* —4E **98**
Marlow Rd. *Bish W* —3H **53**
Marls Rd. *Bot* —5K **71**
Marmion Av. *S'sea* —6J **145**
Marmion Rd. *S'sea* —6H **145**
Marne Ho. *Fare* —6B **114**
Marne Rd. *Sotn* —5K **69**
Marples Way. *Hav* —5A **120**
Marrels Wood Gdns. *Pur* —2D **118**
Marsden Rd. *Ports* —6G **117**
Marshall Rd. *Hay I* —6F **149**
Marsh Clo. *Ports* —1D **134**
Marshfield Clo. *March* —4E **86**
Marshfield Ho. *Ports* —7E **118**
Marsh Gdns. *H End* —2H **71**
Marsh Ho. *Sotn* —2D **88** (5F **5**)
Marshlands Rd. *Ports* —7E **118**
Marshlands Spur. *Ports* —7F **119**

Marsh La. Fare —5H 129
Marsh La. Fawl —3A 126
Marsh La. Sotn —1D 88 (5G 5)
Marsh Pde. Hythe —2D 108
(off Marsh, The)
Marsh, The. Hythe —1D 108
Marshwood Av. Water —6H 99
Marston Ga. Win —7F 11 (1D 150)
Marston La. Ports —3C 134
Marston Rd. Sotn —7C 70
Martello Clo. Gos —5G 143
Martells Ct. Ports —4F 145 (6C 6)
Martin Av. Fare —5A 130
Martin Av. Water —1B 98
Martin Clo. Lee S —1C 142
Martin Clo. Swanm —7E 54
Martindale Ter. Sotn —4F 67
(off Kendal Av.)
Martin Rd. Fare —5A 130
Martin Rd. Hav —2D 120
Martin Rd. Ports —7B 134
Martins Fields. Comp —1B 22
Martins, The. F Oak —2J 51
Martin St. Bish W —4J 53
Martley Gdns. H End —2H 71
Marvic Ct. Hav —7B 100
Marvin Clo. Bot —5K 71
Marvin Way. Bot —5K 71
Marvin Way. Sotn —6B 70
Marwell Dri. Ows —2K 33
Marwell Zoological Pk. —2A 34
Marybridge Clo. Tot —6K 65
Maryfield. Sotn —1E 88 (4G 5)
Maryland Clo. Sotn —1J 69
Mary Rose Clo. Fare —3B 114
Mary Rose Mus. —3F 145 (3B 6)
Mary Rose Ship Hall. —2E 144 (2A 6)
Mary Rose St., The. Ports —3H 145 (4F 7)
Masefield Av. Ports —5E 116
Masefield Clo. Eastl —7J 31
Masefield Cres. Water —2G 99
Masefield Grn. Sotn —6C 70
Masseys La. E Bol —7D 122
Masten Cres. Gos —7F 131
Matapan Rd. Ports —3J 133
Matheson Rd. Sotn —5G 47
Matilda Pl. Win —7F 11 (1D 150)
Matley Gdns. Tot —5G 65
Matthews Clo. Hav —3K 119
Maunsell Way. H End —1G 71
Mauretania Ho. Sotn —6F 69 (1J 5)
Mauretania Rd. Nurs —7C 46
Maurice Rd. S'sea —4D 146
Mavis Cres. Hav —4C 120
Maxstoke Clo. S'sea —3J 145 (4H 7)
Maxwell Rd. Sotn —2K 89
Maxwell Rd. S'sea —5B 146
Maybray King Way. Sotn —5J 69
Maybush Ct. Sotn —3H 67
May Bush La. Sob —4A 76
Maybush Rd. Sotn —2F 67
May Clo. Holb —4G 125
May Copse. Holb —4G 125
May Cres. Holb —4G 125
Maycroft Ct. Sotn —4C 68
Maydman Sq. Ports —2B 146
Mayfair Ct. Bot —5B 72
Mayfair Gdns. Sotn —5C 68
Mayfield Av. Tot —4K 65
Mayfield Clo. Fare —4A 130
Mayfield Rd. Gos —5B 144
Mayfield Rd. Ports —5K 133
Mayfield Rd. Sotn —1E 68
Mayflower Clo. Chan F —5E 30
Mayflower Clo. Fare —6K 129
Mayflower Dri. S'sea —3D 146
Mayflower Rd. Sotn —4J 67
Mayflowers, The. Sotn —7D 48
Mayhall Rd. Ports —6B 134
Mayhill La. Swanm —5F 55
Maylands Av. S'sea —3B 146
Maylands Rd. Hav —4J 119
Mayles Clo. Wick —2D 94
Mayles La. Wick —4B 94
Mayles Rd. S'sea —3C 146
Maylings Farm Rd. Fare —3C 114
Maynard Clo. Gos —3F 131
Maynard Pl. Water —5J 79
Maynard Rd. Tot —5A 66
Mayo Clo. Ports —1J 145
Maypole Vs. Eastl —2A 32
Mayridge. Fare —3D 112
May Rd. Sotn —5K 67
May's La. Fare —4K 129
Maytree Clo. F Oak —1J 51
Maytree Clo. L Hth —3B 112
May Tree Clo. Win —4B 16
Maytree Gdns. Water —2F 99
Maytree Rd. Chan F —7F 21
Maytree Rd. Cowp —2F 99
Maytree Rd. Fare —5D 114
Maytree Rd. Sotn —6K 69
Mayvale Clo. March —4G 87
Meacher Clo. Tot —4K 65
Meadbrook Gdns. Chan F —4F 31
Mead Clo. Roms —3C 28
Mead Ct. Chan F —4F 31
Mead Cres. Sotn —1G 69
Meadcroft Clo. Wars —6J 111
Meadend Clo. Hav —1E 120
Mead End Rd. Water —2B 98
Mead La. Bton —6H 43
Meadow Av. L Hth —2B 112
Meadowbank Rd. Fare —5A 114
Meadow Clo. Alr —2G 15
Meadow Clo. Hay I —4C 136
Meadow Clo. N Bad —7H 29
Meadow Clo. Tot —7A 66
Meadow Clo. Wal C —7A 54
Meadow Clo. W End —2D 70
Meadow Ct. Ems —6J 121
Meadowcroft Clo. Ott —6B 22
Meadow Edge. Water —4C 118
Meadow Gdns. Wal C —7B 54
Meadow Gro. Chan F —6F 31
Meadowhead Rd. Sotn —1C 68
Meadowland. King W —7G 9
Meadowlands. Hav —5D 120
Meadowlands. Row C —2F 101
Meadow La. Hamb —4F 111
Meadowmead Av. Sotn —5H 67
Meadow Ri. Water —2J 99
Meadowside Clo. Sotn —7H 49
Meadows, The. Fare —3F 115
Meadows, The. Sar G —1B 112
Meadows, The. Water —5D 98
Meadow St. S'sea —5G 145 (7E 6)
Meadowsweet. Water —4J 99
Meadowsweet Way. H Hth —4H 51
Meadowsweet Way. Ports —5J 117
Meadow, The. Lyn —2J 103
Meadow, The. Roms —1A 28
Meadow, The. Water —1A 98
Meadow Wlk. Gos —2E 130
Meadow Wlk. Ports —2H 145 (2F 7)
Meadow Way. Fawl —4K 125
Meadow Way. Win —4B 16
Mead Rd. Chan F —4F 31
Mead Rd. Win —4D 16
Meads, The. Chan F —5D 30
Meads, The. Roms —3J 27
Mead, The. Gos —4E 130
Mead, The. Hythe —3B 108
Mead, The. Ptsfld —7B 24
Mead Way. Fare —3E 114
Meadway. Water —4H 99
Mears Rd. F Oak —1J 51
Meath Clo. Hay I —7F 149
Medieval Merchant's House. —6D 4
Medina Chambers. Sotn —3C 88 (7D 4)
Medina Clo. Chan F —5H 31
Medina Ct. Lee S —1A 142
Medina Ho. Fare —7D 114
Medina Rd. Ports —6J 117
Medina Rd. Sotn —3J 67
Medlar Clo. H End —6J 71
Medley Pl. Sotn —5H 67
Medlicott Way. Swanm —7E 54
Medstead Rd. Hav —3C 120
Medwall Grn. Sotn —7C 70
Medway Dri. Chan F —2D 30
Megana Way. Brfld —4D 18
Megan Ct. Ports —7A 118
Megan Rd. W End —2C 70
Meggeson Av. Sotn —2J 69
Melbourne Gdns. H End —6H 71
Melbourne Ho. Ports —2H 145 (3G 7)
Melbourne Pl. S'sea —4G 145 (5E 6)
Melbourne Rd. H End —6H 71
Melbourne St. Sotn —1E 88 (4H 5)
Melbury Ct. Sotn —3C 68
Melchet Rd. Sotn —4B 70
Melick Clo. March —3G 87
Mellor Clo. Ports —6J 117
Melrose Clo. S'sea —4C 146
Melrose Ct. Cal —3H 65
(in two parts)
Melrose Ct. Win —2E 16
Melrose Gdns. Gos —1J 143
Melrose Rd. Sotn —2A 68
Melville Clo. Sotn —6K 47
Melville Rd. Gos —1K 143
Melville Rd. S'sea —6E 146
Melvin Jones Ho. Fare —3K 129
Memorial Sq. Ports —3H 145 (4F 7)
Mendip Gdns. Dib P —4A 108
Mendip Rd. Sotn —4G 67
Mendips Rd. Fare —6B 114
Mendips Wlk. Fare —6A 114
Mengham Av. Hay I —6D 148
Mengham Ct. Hay I —5E 148
Mengham La. Hay I —5D 148
Mengham Rd. Hay I —5D 148
Menin Ho. Fare —4K 113
Menslands La. Hmbdn —4E 76
Menzies Clo. Sotn —6G 47
Meon Clo. Gos —5E 130
Meon Clo. Ptsfld —5C 24
Meon Clo. Roms —3D 28
Meon Clo. Water —7A 60
Meon Ct. Sotn —4C 70
Meon Cres. Chan F —5G 31
Meon Gdns. Swanm —6E 54
Meon Ho. Fare —7D 114
Meon Rd. Fare —3E 128
Meon Rd. Roms —3D 28
Meon Rd. S'sea —4B 146
Meonside Ct. Wick —2D 94
Meon Valley Golf Course. —4A 74
Meon Valley Vineyard. —7F 55
Mercer Way. Roms —2B 28
Merchants Pl. Win —7F 11 (2E 150)
Merchants Row. Ports —5F 145 (7B 6)
(off White Hart Rd.)
Merchants Wlk. Sotn —6D 4
Merchistoun Rd. Water —5J 79
Mercury Clo. Sotn —7G 47
Mercury Gdns. Hamb —2F 111
Mercury Pl. Water —4F 119
Merdon Av. Chan F —2F 31
Merdon Clo. Chan F —2G 31
Mere Cft. Fare —3E 112
Meredith Gdns. Tot —6J 65
Meredith Rd. Ports —4K 133
Meredith Towers. Sotn —1D 90
Meredun Clo. Hurs —2E 20
Merganser Clo. Gos —1A 144
Meriden Ct. Win —5F 11
(off Northlands Dri.)
Meriden Rd. S'sea —4G 145 (5E 6)
Meridian Cen. Hav —5C 120
Meridian Point. Sotn —1E 4
Meridians Cross. Sotn —3E 88 (7G 5)
Merlin Clo. Bish W —3J 53
Merlin Dri. Ports —3B 134
Merlin Gdns. Fare —5A 116
Merlin Gdns. H End —5G 71
Merlin Lodge. Sotn —2G 89 (6K 5)
Merlin Quay. Sotn —1F 89 (4K 5)
Merlin Way. Chan F —3C 30
Mermaid Rd. Fare —2C 130
Mermaid Way. Sotn —3E 88 (7G 5)
Merrick Way. Chan F —2D 30
Merridale Rd. Sotn —1H 89
Merrieleas Clo. Chan F —3F 31
Merrieleas Dri. Chan F —3F 31
Merriemeade Clo. Dib P —5B 108
Merriemeade Pde. Dib P —5B 108
Merritt Ct. Chan F —7G 31
Merrivale Clo. Hythe —3B 108
Merrivale Rd. Ports —4K 133
Merrow Clo. Fare —6K 115
Merryfield. Fare —2D 112
Merryfield Av. Hav —1A 120
Merryfield Rd. Ptsfld —5F 25
Merry Gdns. N Bad —5H 29
Merryoak Grn. Sotn —7J 69
Merryoak Rd. Sotn —1J 89
Mersea Gdns. Sotn —1K 89
Mersham Gdns. Sotn —5K 69
Merstone Rd. Gos —5F 131
Merthyr Av. Ports —5C 118
Merton Av. Fare —1C 132
Merton Ct. S'sea —5J 145
Merton Cres. Fare —1B 132
Merton Rd. Sotn —1E 68
Merton Rd. S'sea —5H 145
Meryl Rd. S'sea —4D 146
Meryon Rd. Alr —3F 15
Meteor Rd. Ems —4K 137
Methuen Rd. S'sea —5B 146
Methuen St. Sotn —5D 68
Metuchen Way. H End —1H 91
Mews Ct. Ott —6A 22
Mewsey Ct. Hav —6A 100
Mews La. Win —1D 16 (3A 150)
Mews, The. Black —1D 140
Mews, The. Chan F —7F 31
Mews, The. Gos —4D 144
Mews, The. Hav —2B 120
Mews, The. Ptsfld —5D 24
Mews, The. Ports —2K 7
Mews, The. Rown —5G 47
Mews, The. S'sea —6J 145
(off Collingwood Rd.)
Mey Clo. Water —6H 99
Meynell Clo. Eastl —7J 31
Meyrick Rd. Hav —5A 120
Meyrick Rd. Ports —6H 133
Micawber Ho. Ports —1J 145 (1H 7)
Michael Crook Clo. Hav —3K 119
Michaels Way. F Oak —1J 51
Michael's Way. Hythe —2C 108
Michelmersh Clo. Rown —6F 47
Michigan Way. Tot —4G 65
Midanbury B'way. Sotn —3J 69
Midanbury Ct. Sotn —4H 69
Midanbury Cres. Sotn —3J 69
Midanbury La. Sotn —5H 69
Midanbury Wlk. Sotn —4J 69
Midas Clo. Water —2G 119
Middlebridge St. Roms —4K 27
Middlebrook. Bish W —3K 53
Middle Brook St. Win —1F 17 (3E 150)
(in two parts)
Middle Ct. Ports —1K 145
(off Inverness Rd.)
Middlecroft La. Gos —2J 143
Middle Mead. Fare —6J 113
Middle Pk. Way. Hav —2A 120
Middle Rd. N Bad —5H 29
Middle Rd. Park G —1C 112
Middle Rd. Sotn —2K 89
Middle Rd. Win —7D 10 (1A 150)
Middlesex Rd. S'sea —5C 146
Middle St. Sotn —5D 68
Middle St. S'sea —4H 145 (5F 7)
Middleton Clo. Fare —7B 114
Middleton Clo. Sotn —2K 69
Middleton Ri. Water —7A 60
Middleton Wlk. Fare —7B 114
Midfield Clo. Fare —7C 114
Midhurst Ho. Ports —2J 145 (2J 7)
Midlands Est. W End —2B 70
Midlington Hill. Drox —4J 55
Midlington Rd. Drox —4A 56
Midway. Hythe —3C 108
Midway Rd. Ports —2K 133
Midways. Fare —6K 129
Milbeck Clo. Water —2H 99
Milbury Cres. Sotn —6K 69
Mildmay Ct. Win —3F 150
Mildmay St. Win —3C 16
Milebush Rd. S'sea —3D 146
Mile End La. Meon —5E 38
Mile End Rd. Ports —1H 145
Milford Clo. Hav —3A 120
Milford Ct. Gos —5G 143
Milford Ct. S'sea —4C 146
Milford Gdns. Chan F —4H 31
Milford Rd. Ports —3J 145 (3H 7)
Military Rd. Fare —4G 115
Military Rd. Gos —7K 143
(Fort Rd., in three parts)
Military Rd. Gos —4H 143
(Gomer La.)
Military Rd. Gos —5K 131
(Gunners Way)
Military Rd. Gos —5F 143
(PO13)
Military Rd. Hils —2A 134
Military Rd. Navy —2G 145 (1E 6)
Military Rd. Ports —5D 118
Milk La. Water —7D 98
Milkwood Ct. Tot —5H 65
Milky Way. Bton —6J 43
Millais Rd. Sotn —2H 89
Millam Ct. Hay I —4B 148
Milland Rd. Win —2G 17 (5G 150)
Millbank Ho. Sotn —6F 69 (1J 5)
Millbank St. Sotn —7F 69 (1J 5)
Millbank Wharf. Sotn —7F 69 (1K 5)
Millbridge Gdns. Sotn —1A 90
Millbrook Clo. Chan F —5E 30
Millbrook Dri. Hav —7D 100
Millbrook Flyover. Sotn —5F 67
Millbrook Point Rd. Sotn —7G 67
(in two parts)
Millbrook Rd. Sotn —5F 67
Millbrook Rd. E. Sotn —6K 67 (1A 4)
Millbrook Rd. W. Sotn —6J 67
Millbrook Towers. Sotn —2F 67
Millbrook Trad. Est. Sotn —5F 67
(Manor Ho. Av.)
Millbrook Trad. Est. Sotn —6G 67
(Tanner's Brook Way)
Mill Clo. Hay I —5C 136
Mill Clo. Nurs —6E 46
Mill Clo. Water —1C 98
Millcourt. F Oak —1J 51
Milldam. Ports —3G 145 (4D 6)
Mill End. Ems —6K 121
Millennium Clo. Water —1F 119
Millennium Ct. Water —1F 119
Millennium Spinnaker Tower. —4E 144 (5A 6)
Miller Dri. Fare —3C 114
(in two parts)

Nesbitt Clo.—Nutsey Clo.

Nesbitt Clo. Gos —4E 130
Nessus St. Ports —7J 133
Nest Bus. Pk. Hav —2E 120
Netherfield Clo. Hav —5D 120
Netherhill La. Bot —3C 72
Netherton Rd. Gos —1J 143
Netley Abbey. —7K 89
Netley Cliff. Net A —1A 110
Netley Clo. Chan F —7E 30
Netley Firs Clo. Sotn —1E 90
Netley Firs Rd. H End —7F 71
Netley Hill Est. H End —1E 90
Netley Lodge Clo. Net A —1B 110
Netley Pl. S'sea —6H 145
(off Netley Ter.)
Netley Rd. Fare —5D 112
Netley Rd. S'sea —6H 145
Netley Ter. S'sea —6H 145
Nettlecombe Av. S'sea —7K 145
Nettlestone. Net A —6B 90
Nettlestone Rd. S'sea —6B 146
Neva Rd. Sotn —4J 69
Neville Av. Fare —1C 132
Neville Ct. Gos —3A 144
Neville Dri. Roms —1A 28
Neville Gdns. Ems —3H 121
Neville Rd. Ports —1B 146
Nevil Shute Rd. Ports —4B 134
New Barn Rd. Bton —2F 61
Newbarn Rd. Hav —3J 119
Newbolt Clo. Water —2F 99
Newbolt Rd. Ports —5D 116
Newbridge. Net A —7B 90
Newbridge Rd. Cad —1J 63
New Brighton Rd. Ems —5J 121
Newbroke Rd. Gos —7G 131
Newburgh St. Win —7E 10 (1B 150)
Newbury Clo. F Oak —1G 51
Newbury Pl. Wars —4A 112
Newbury Rd. Sotn —3J 69
Newcliffe Gdns. H End —7G 71
New Cliff Ho. Sotn —4H 89
Newcombe Rd. Ports —2K 145 (2K 7)
Newcombe Rd. Sotn —6B 68 (1B 4)
Newcomen Ct. Ports —5H 133
Newcomen Rd. Ports —5H 133
New Cotts. Exby —3K 139
New Cotts. Sotn —2D 66
New Ct. Fare —1E 112
New Cut. Hay I —4C 136
New Down La. Pur —4B 118
New Farm Ind. Est. Alr —3E 14
New Farm Rd. Alr —2E 14
New Forest Enterprise Cen. Tot —7K 65
New Forest Golf Course. —7A 84
New Forest Mus. —1K 103
Newgate La. Fare —4D 130
Newgate La. Ind. Est. Fare —1E 130
(in two parts)
New Inn La. Bart —6A 64
New Inn Rd. Bart —6A 64
Newlands. Fare —5K 113
Newlands Av. Gos —4K 143
Newlands Av. Sotn —5K 67
Newlands Clo. Black —6H 125
Newlands Clo. Chan F —5B 30
Newlands Copse. Black —6J 125
Newlands La. Water —3A 98
Newlands Rd. Fawl —5H 125
Newlands Rd. Water —1E 118
New La. Hav —4D 120
Newlease Rd. Water —1G 119
Newlyn Wlk. Roms —1B 28
Newlyn Way. Port S —7F 117
Newmans Hill. Wick —4E 74
Newman St. Sotn —4J 67
Newmarket Clo. H Hth —4J 51
Newmer Ct. Hav —7K 99
Newney Clo. Ports —3A 134
Newnham Ct. Hav —1E 120
New Pde. Fare —6C 116
Newport Clo. Chan F —6D 30
Newport La. Brfld —3C 18
Newport Rd. Gos —3J 143
New Rd. Asht —2G 85
New Rd. Bish W —1A 54
New Rd. Black —6H 125
New Rd. Col C —1E 32
New Rd. Eastl —1G 51
New Rd. Fare —5D 114
New Rd. Hav —4A 120
New Rd. Hythe —6E 108
(Hardley La., in two parts)
New Rd. Hythe —2D 108
(Marsh, The)
New Rd. Meon —7C 38
New Rd. Net A —7K 89
New Rd. Ports —1K 145
New Rd. Roms —2B 28
New Rd. Sotn —7D 68 (2E 4)
New Rd. Swanm —1C 74
New Rd. Swanw —5A 92
New Rd. Wars —6J 111
New Rd. Water —7K 59
(Drift Rd.)
New Rd. Water —6F 79
(Lovedean La.)
New Rd. Win —1A 10
New Rd. E. Ports —7A 134
New Theatre Royal.
—3H 145 (4E 6)
Newton Clo. Fare —3K 129
Newton La. Roms —3K 27
Newton Pl. Lee S —1B 142
Newton Rd. Sotn —3H 69
Newton Rd. Twy —2F 23
New Town. Portc —6C 116
Newtown Ct. Wars —5H 111
Newtown La. Hay I —4B 148
Newtown Rd. Eastl —6K 31
Newtown Rd. Sotn —3K 89
Newtown Rd. Wars —7H 111
Nicholas Ct. Hay I —5B 148
Nicholas Ct. Lee S —3B 142
Nicholas Cres. Fare —4C 114
Nicholas Rd. Black —1C 140
Nicholl Pl. Gos —5F 131
Nichol Rd. Chan F —1G 31
Nicholson Gdns. Ports —3H 7
Nicholson Pl. Alr —2E 14
Nicholson Wlk. Rown —5E 46
Nicholson Way. Hav —3B 120
Nichols Rd. Sotn —7E 68 (1G 5)
Nickel Clo. Win —7G 11
Nickel St. S'sea —5G 145 (7E 6)
Nickleby Gdns. Tot —5G 65
Nickleby Ho. Ports —1J 145 (1H 7)
Nickleby Rd. Water —5J 59
Nickson Clo. Chan F —2E 30
Nightingale Av. Eastl —2F 49
Nightingale Clo. Burs —5E 90
Nightingale Clo. Gos —2J 143
Nightingale Clo. Roms —3B 28
Nightingale Clo. Row C —4D 100
Nightingale Clo. Win —2A 16
Nightingale Ct. Sotn —6K 67
Nightingale Cres. Shir H —4C 74
Nightingale Dri. Tot —4H 65
Nightingale Gro. Sotn —5K 67
Nightingale Ho. Net A —2B 110
Nightingale Ho. Roms —2B 28
Nightingale M. L Hth —2B 110
(Nightingale Wlk.)
Nightingale M. L Hth —3C 112
(Woodpecker Copse)
Nightingale Pk. Hav —5E 120
Nightingale Rd. Ptsfld —7B 24
Nightingale Rd. Ports —5A 118
Nightingale Rd. Sotn —5K 67
Nightingale Rd. S'sea —6G 145
Nightingale Wlk. Net A —2B 110
Nightjar Clo. Water —5H 79
Nile Rd. Sotn —2D 68
Nile St. Ems —6J 121
Nimrod Dri. Gos —2G 143
(in two parts)
Nine Elms La. Fare —2G 115
Ninian Clo. F Oak —2H 51
Ninian Pk. Rd. Ports —5B 134
Ninian Path. Ports —5B 134
Ninth St. Hythe —3G 125
Niton Clo. Gos —5F 131
Noads Clo. Dib P —4C 108
Noads Way. Dib P —5B 108
Nobbs La. Ports —4F 145 (6C 6)
Nobes Av. Gos —4F 131
Nobes Clo. Gos —5G 131
Noble Rd. H End —6J 71
Nob's Crook. Col C —2F 33
Nomad Clo. Sotn —3A 70
Nook, The. Eastl —5A 32
Nook, The. Gos —6H 131
Norbury Clo. Chan F —3E 30
Norbury Gdns. Hamb —4D 110
Norcliffe Rd. Sotn —4D 68
Norcroft Ct. Sotn —2K 67
Nordik Gdns. H End —7H 71
Nore Cres. Ems —5G 121
Nore Farm Av. Ems —5G 121
Noreuil Rd. Ptsfld —6B 24
Norfolk Ct. Chan F —7F 31
Norfolk Cres. Hay I —6A 148
Norfolk Ho. Hav —5D 120
Norfolk M. Hay I —5B 148
Norfolk Rd. Gos —1J 143
Norfolk Rd. Sotn —4A 68
Norfolk St. S'sea —5H 145 (7F 7)
Norgett Way. Fare —1A 132
Norham Av. Sotn —2K 67
Norham Clo. Sotn —2K 67
Norland Rd. S'sea —5K 145 (7K 7)
Norlands Dri. Ott —5B 22
Norley Clo. Hav —1B 120
Norman Clo. Fare —1C 132
Norman Ct. S'sea —6K 145
Normandy Clo. Rown —5F 47
Normandy Ct. Wars —5H 111
Normandy Ct. Wick —1E 94
Normandy Gdns. Gos —4J 143
Normandy Ho. Roms —3B 28
(off Chambers Av.)
Normandy Rd. Ports —3J 133
Normandy Way. March —2G 87
Norman Gdns. H End —7F 71
Norman Ho. Sotn —6F 69 (1J 5)
Norman Rd. Black —7J 125
Norman Rd. Gos —3K 143
Norman Rd. Hay I —6E 148
Norman Rd. Sotn —7A 68
Norman Rd. S'sea —5K 145 (7K 7)
Norman Rd. Win —2E 16
Normans Flats. Win —2E 16
Norman Way. Hav —4K 119
Norris Clo. Roms —7D 18
Norris Gdns. Hav —6D 120
Norris Hill. Sotn —3H 69
Norset Rd. Fare —4K 113
Northam Bri. Sotn —6F 69
Northam Bus. Cen. Sotn —6F 69
Northam Cen. Sotn —1J 5
Northam M. Ports —3J 145 (3H 7)
Northampton La. Black —7H 125
Northam Rd. Sotn —7E 68 (2F 5)
Northam St. Ports —2J 145 (2H 7)
Northarbour Rd. Ports —6H 117
Northarbour Spur. Ports —6J 117
North Av. Ports —2K 133
N. Battery Rd. Ports —5G 133
North Bay. Ems —4K 137
Northbourne Clo. Dib P —5D 108
Northbrook Av. Win —1G 17
Northbrook Clo. Ports —1J 145
Northbrook Clo. Win —1H 17
Northbrook Ct. Win —1H 17
Northbrook Ind. Est. Sotn —2K 67
Northbrook Rd. Sotn —7E 68 (1G 5)
North Clo. Gos —4J 143
North Clo. Hav —6D 120
North Clo. Roms —1D 28
Northcote Rd. Sotn —2F 69
Northcote Rd. S'sea —5K 145
Northcott Clo. Gos —5J 143
North Ct. Ports —1K 145
North Ct. Sotn —4J 67
North Cres. Hay I —5E 148
Northcroft Rd. Gos —2J 143
N. Cross St. Gos —4C 144
Northdene Rd. Chan F —5F 31
North Dri. S'wick —7E 96
North Dri. Win —2A 10
N. East Clo. Sotn —7B 70
N. East Rd. Sotn —1K 89
N. End Av. Ports —5J 133
N. End Clo. Chan F —6F 31
N. End Gro. Ports —5J 133
Northend La. Drox —1K 55
Northern Access Rd. Fawl —5B 126
(in two parts)
Northern Anchorage. Sotn
—2G 89 (5K 5)
Northern Pde. Ports —4J 133
Northern Rd. Fawl —5D 126
Northern Rd. Ports —1A 134
Northerwood Av. Lyn —1H 103
Northerwood Clo. N Bad —6G 29
Northesk Ho. Ports —2J 145 (1H 7)
Northfield Av. Fare —7C 114
Northfield Cvn. Pk. Fare —4A 116
Northfield Clo. Bish W —2H 53
Northfield Clo. Water —2K 79
Northfield Pk. Fare —5A 116
Northfield Rd. Sotn —1J 69
North Fields. Twy —2F 23
Northfields Farm La. Wick —7E 74
North Front. Sotn —7D 68 (2E 4)
(in two parts)
Northgate Av. Ports —7A 134
N. Grove Ho. S'sea —5J 145 (7H 7)
N. Harbour Bus. Pk. Ports —7H 117
North Hill. Fare —3E 114
North Hill. S'wick —4G 117
N. Hill Clo. Win —5E 10
N. Hill Ct. Win —6E 10
Northington Rd. It Ab —1G 13
Northlands Clo. Tot —4J 65
Northlands Dri. Win —5F 11
Northlands Gdns. Sotn —5B 68
Northlands Rd. Eastl —7K 31
Northlands Rd. Roms —4D 28
Northlands Rd. Sotn —5B 68
Northlands Rd. Tot —4K 65
North La. Beau —3F 123
North La. Bton —5G 43
North La. Water —6F 61
(Chalton La.)
North La. Water —5J 59
(Church Clo.)
Northleigh Corner. Sotn —6H 49
N. Millers Dale. Chan F —1D 30
Northmore Clo. L Hth —1C 112
Northmore Rd. L Hth —1C 112
Northney La. Hay I —3F 137
Northney Rd. Hay I —2D 136
Northolt Gdns. Sotn —6H 47
Northover Rd. Ports —7C 134
N. Park Bus. Cen. Know —5A 94
North Rd. Dib P —4A 108
North Rd. King W —5G 9
North Rd. Ptsfld —5D 24
North Rd. Sotn —3F 69
North Rd. S'wick —4F 117
North Rd. Water —2K 79
North Rd. E. S'wick —7F 97
North Rd. W. S'wick —7F 97
N. Shore Rd. Hay I —4A 148
North St. Bed —4A 120
North St. Ems —5J 121
North St. Gos —4C 144
(in two parts)
North St. Hav —5C 120
North St. Ports —2J 145 (1H 7)
(Cornwallis Cres.)
North St. Ports —3F 145 (3C 6)
(Prince George St.)
North St. Westb —1K 121
North St. Arc. Hav —5C 120
N. Stroud La. Ptsfld —1A 42
N. Trestle Rd. Hythe —1A 126
Northumberland Rd. Sotn
—7E 68 (1H 5)
Northumberland Rd. S'sea
—4K 145 (5K 7)
North Vw. Win —7D 10 (1A 150)
North Wallington. Fare —4F 115
North Walls. Win —7F 11 (1D 150)
North Way. Gos —3F 131
North Way. Hav —5B 120
Northway. Titch —3F 113
Northways. Stub —5A 130
Northwood Clo. Sotn —5D 48
Northwood La. Hay I —6D 136
Northwood Rd. Ports —3K 133
Northwood Sq. Fare —4E 114
Norton Clo. Sotn —2H 89
Norton Clo. S'wick —7E 96
Norton Clo. Water —6E 98
Norton Dri. Fare —3D 114
Norton Rd. S'wick —7E 96
Norton Welch Clo. N Bad —6J 29
Norway Rd. Ports —3A 134
Norwich Clo. Sar G —2K 111
Norwich Pl. Lee S —1B 142
Norwich Rd. Ports —5J 117
Norwich Rd. Sotn —6F 69
Nottingham Pl. Lee S —1B 142
Novello Gdns. Water —7F 99
Noyce Dri. F Oak —2J 51
Nuffield Cen. Ports —4G 145 (5D 6)
Nuns Rd. Win —6F 11
Nuns Wlk. Win —6F 11
(in two parts)
Nursery Clo. Ems —3J 121
Nursery Clo. Gos —4E 130
Nursery Gdns. Chan F —7F 31
Nursery Gdns. Roms —3B 28
Nursery Gdns. Sotn —6A 70
Nursery Gdns. Water —7H 79
Nursery Gdns. Win —7C 10
Nursery Gro. H End —7H 71
Nursery La. Fare —5K 129
Nursery Rd. Alr —2G 15
Nursery Rd. Hav —4K 119
Nursery Rd. Sotn —3G 69
Nurse's Path. Twy —3F 23
Nursling Cres. Hav —1D 120
Nursling Ind. Est. Nurs —7C 46
Nursling St. Nurs —6D 46
Nutash. Fare —2D 112
Nutbeem Rd. Eastl —1K 49
Nutbourne Ho. Ports —7E 118
Nutbourne Rd. Hay I —6H 149
Nutbourne Rd. Ports —7E 118
Nutburn Rd. N Bad —5J 29
Nutfield Ct. Sotn —1F 67
Nutfield Pl. Ports —2J 145 (1J 7)
Nutfield Rd. Rown —5E 46
Nuthatch Clo. Row C —4E 100
Nutley Rd. Hav —1A 120
Nutsey Av. Tot —2J 65
Nutsey Clo. Tot —1K 65

Nutsey La.—Oyster M.

Nutsey La. Tot —2K 65
Nutshalling Av. Rown —6E 46
Nutshalling Clo. Cal —2H 65
Nutwick Rd. Hav —3E 120
Nutwood Way. Tot —2K 65
Nyewood Av. Fare —5C 116
Nyria Way. Gos —4C 144

Oakapple Gdns. Ports —6F 119
Oakbank Rd. Eastl —6B 32
Oakbank Rd. Sotn —2G 89
Oak Clo. Dib P —5B 108
Oak Clo. Lyn —2J 103
Oak Clo. Sotn —4D 66
Oak Clo. Uphm —5G 35
Oak Clo. Water —3F 99
Oak Coppice Clo. Eastl —1F 51
Oak Ct. Fare —4K 113
Oakcroft La. Fare —2K 129
Oakdene. Gos —6G 131
Oakdene. Sotn —2E 68
Oakdene. Tot —5H 65
Oakdene Ct. F Oak —1H 51
Oakdown Rd. Fare —4A 130
Oak Dri. F Oak —1H 51
Oak Dri. Ptsfld —1H 43
Oakenbrow. Dib P —4A 108
Oakes, The. Fare —3J 129
Oakfield Ct. Hav —1E 120
Oakfield Rd. Bart & Tot —5A 64
Oakfield Rd. Tot —5A 66
Oakfields. Eastl —3K 31
Oak Grn. Way. Sotn —4K 69
Oakgrove Gdns. Eastl —1D 50
Oakgrove Rd. Eastl —1D 50
Oak Hill. Alr —3G 15
Oakhill. Burs —4G 91
Oakhill Clo. Burs —4G 91
Oakhill Clo. Chan F —5H 31
Oakhill Ct. Chan F —5H 31
Oakhill Ter. Burs —4G 91
Oakhurst Clo. Net A —7B 90
Oakhurst Dri. Water —5H 99
Oakhurst Gdns. Water —4C 118
Oakhurst Rd. Sotn —1D 68
Oakhurst Way. Net A —7B 90
Oakland Dri. March —4F 87
Oaklands. S Won —2C 8
Oaklands Av. Tot —5A 66
Oaklands Clo. Win —2A 16
Oaklands Gdns. Fare —5D 112
Oaklands Gro. Water —2E 98
Oaklands Rd. Hav —5D 120
Oaklands Rd. Ptsfld —5C 24
Oaklands, The. Chan F —7F 31
Oaklands Way. Dib P —4K 107
Oaklands Way. Fare —5D 112
Oaklands Way. Sotn —7C 48
Oaklea Clo. Water —4C 118
Oak Leaf Clo. March —5F 87
Oakleigh Cres. Tot —6K 65
Oakleigh Gdns. Roms —3B 28
Oakley Clo. Holb —3F 125
Oakley Ho. Sotn —5C 68
Oakley Ho. S'sea —5H 145 (7F 7)
Oakley John Wlk. Sotn —6J 69
Oakley Rd. Hav —1A 120
Oakley Rd. Sotn —3G 67
Oak Mdw. Clo. Ems —3K 121
Oakmont Dri. Water —3G 99
Oakmount Av. Chan F —6G 31
Oakmount Av. Sotn —3D 68
Oakmount Av. Tot —4A 66
Oakmount Rd. Chan F —3H 31
Oak Pk. Dri. Hav —3D 120
Oakridge Rd. Sotn —4E 66
Oak Rd. Bish W —3A 54
Oak Rd. Burs —5E 90
Oak Rd. Dib P —5A 108
Oak Rd. Fare —4A 114
Oak Rd. Sotn —3G 89
Oak Rd. Water —6K 59
Oaks Coppice. Water —6H 79
Oakshott Dri. Hav —1D 120
Oaks, The. Burs —5E 90
Oaks, The. Sotn —7J 69
Oak St. Gos —4B 144
Oak Thorn Clo. Gos —2F 143
Oaktree. Sotn —1B 68
Oaktree Cvn. Pk. W End —7C 50
Oak Tree Clo. Col C —2E 32
Oak Tree Dri. Ems —2H 121
Oaktree Gdns. H End —6G 71
Oak Tree Rd. Sotn —3G 69
Oak Tree Way. Eastl —5K 31
Oakum Ho. Ports —2B 146
Oak Va. W End —1A 70
Oakville Mans. Sotn —1C 4
Oak Wlk. F Oak —1H 51
Oakwood Av. Hav —3J 119
Oakwood Av. Ott —6B 22
Oakwood Cen., The. Hav —2E 120
Oakwood Clo. Chan F —1G 31
Oakwood Clo. Ott —5B 22
Oakwood Clo. Roms —1C 28
Oakwood Clo. Wars —6J 111
Oakwood Ct. Chan F —1G 31
Oakwood Ct. W End —1D 70
Oakwood Dri. Sotn —6K 47
Oakwood Rd. Chan F —2G 31
Oakwood Rd. Hay I —5C 148
Oakwood Rd. Ports —3K 133
Oakwood Way. Hamb —3F 111
Oatfield Gdns. Cal —3H 65
Oatlands. Roms —2A 28
Oatlands Clo. Bot —3A 72
Oatlands Rd. Bot —3A 72
Oatley Wlk. Black —5J 125
Obelisk Rd. Sotn —3G 89
Oberon Clo. Water —5H 99
Occupation La. Fare —6F 113
Ocean Clo. Fare —4A 114
Ocean Ct. Hay I —6B 148
Ocean Pk. Ports —6C 134
Ocean Quay. Sotn —7F 69 (1J 5)
Ocean Rd. E Dock —4D 88
Ocean Rd. Fare —2C 130
Ocean Way. Sotn —3E 88 (7G 5)
Ockendon Clo. S'sea —4H 145 (6F 7)
Ocknell Gro. Dib —3K 107
O'Connell Rd. Eastl —1H 49
Octavia Gdns. Chan F —3J 31
Octavia Hill. Win —2C 16
Octavia Rd. Sotn —7H 49
Octavius Ct. Water —4J 99
Odell Clo. Fare —3C 114
Odiham Clo. Chan F —7E 30
Odiham Clo. Sotn —7G 47
Odway La. Bton —6H 43
Oglander Rd. Win —5F 11
Ogle Rd. Sotn —1C 88 (3D 4)
O'Jays Ind. Pk. Ports —5B 134
Okement Clo. W End —2A 70
Olave Clo. Lee S —2B 142
Old Barn Clo. Cal —2H 65
Old Barn Cres. Hmbdn —2H 77
Old Barn Gdns. Water —6G 79
Old Bitumen Rd. Hythe —3A 126
Old Bri. Clo. Burs —4G 91
Old Bri. Ho. Rd. Burs —4G 91
Old Bri. Rd. S'sea —6K 145
Oldbury Ct. Sotn —2E 66
Oldbury Ho. S'sea —6F 7
Oldbury Way. Fare —6K 113
Old Canal. S'sea —4C 146
Old Canal, The. S'sea —4C 146
Old Commercial Rd. Ports —1H 145
Old Common. L Hth —2B 112
Old Comn. Gdns. L Hth —2B 112
Old Copse Rd. Hav —4D 120
Old Cracknore Clo. March —3G 87
Oldenburg. White —5C 92
Old Farm Dri. Sotn —1J 69
Old Farm La. Fare —6K 129
Old Farm Way. Ports —7F 119
Old Flour Mill, The. Ems —6K 121
Old Forge, The. Shed —5A 74
Old Garden Clo. L Hth —4D 112
Old Gdns. Win —5E 10
Oldgate Gdns. Ports —3A 134
Old Gosport Rd. Fare —6E 114
Old Hillside Rd. Win —6B 10
Old Ivy La. W End —2A 70
Old Kennels La. Win —5A 16
Old La. Water —2J 79
Old London Rd. Ports —3A 134
Old Lyndhurst Rd. Cad —4J 63
Old Magazine Clo. March —3G 87
Old Mnr. Farm. Hav —5J 119
Old Mnr. Way. Ports —7C 118
Old Mill La. Den & Hmbdn —5C 78
Old Mill La. Ptsfld —4F 25
Old Mill Way. Sotn —3H 67
Old Parsonage Ct. Ott —6B 22
Old Priory Clo. Hamb —4F 111
Old Rectory Clo. Ems —3K 121
Old Rectory Ct. Tot —7C 66
Old Rectory Gdns. Abb W —1J 11
Old Rectory La. Twy —2F 23
Old Rectory Rd. Ports —6F 119
Old Redbridge Rd. Sotn —4D 66
Old Reservoir Rd. Ports —7E 118
Old River. Water —2A 98
Old Rd. Gos —5B 144
Old Rd. Roms —1B 28
Old Rd., The. Ports —1A 134
Old Romsey Rd. Cad —4H 63
Old Salisbury La. Roms —1B 26
(in two parts)
Old Salisbury Rd. Ower —4D 44
Old School Clo. Holb —1E 124
Old School Clo. Net A —6B 90
Old School Dri. Hay I —6E 148
Old School Gdns. W End —2D 70
Old School, The. Bish W —4J 53
Old Shamblehurst La. H End —2H 71
Old Spring La. Swanm —6E 54
Old Stable M. Win —1A 10
Old Star Pl. Ports —3F 145 (3B 6)
Old Station App. Win —1G 17 (3F 150)
Old Station Rd. It Ab —1F 13
Old Stoke Rd. Sto C —1F 9
Old St. Fare —6H 129
(in two parts)
Old Swanwick La. Lwr S —5J 91
Old Timbers. Hay I —5C 148
Old Turnpike. Fare —3E 114
Old Turnpike Bus. Pk. Fare —4E 114
Old Van Diemans Rd. Water —1D 118
Old Well Clo., The. Sotn —2B 90
Old Winchester Hill Fort. —4H 39
Old Winchester Hill La. W'frd & W Meon —1G 39
(in two parts)
Old Winchester Hill Nature Reserve. —4J 39
Old Wymering La. Ports —6K 117
Oleander Clo. L Hth —1B 112
Oleander Dri. Tot —4G 65
Olinda St. Ports —2K 145 (2K 7)
Olive Cres. Fare —1C 132
Olive Rd. Sotn —7H 47
Oliver Rd. Sotn —1G 69
Oliver Rd. S'sea —5B 146
Oliver's Battery Cres. Win —4A 16
Oliver's Battery Gdns. Win —5A 16
Oliver's Battery Rd. N. Win —3A 16
Oliver's Battery Rd. S. Win —5A 16
Olivers Clo. Tot —5G 65
Olivia Clo. Water —4H 99
Olympic Way. Eastl —7F 33
Omdurman Rd. Sotn —2D 68
Omega Cen. S'sea —3J 145 (4H 7)
Omega Enterprise Pk. Chan F —4F 31
Omega Ho. S'sea —3J 145 (4H 7)
Omega St. S'sea —3J 145 (4H 7)
Onibury Clo. Sotn —3K 69
Onibury Rd. Sotn —3K 69
Onslow Rd. Sotn —6D 68
Onslow Rd. S'sea —7J 145
Ophir Rd. Ports —5J 133
Oracle Dri. Water —3F 119
Orange Gro. Gos —6G 131
Orange Row. Ems —6J 121
Orchard Av. Eastl —2E 50
Orchard Cvn. Pk., The. W'lnds —7C 64
Orchard Clo. Alr —3G 15
Orchard Clo. Col C —1E 32
Orchard Clo. Fawl —4A 126
Orchard Clo. Gos —6K 131
Orchard Clo. Hay I —6C 148
Orchard Clo. N Bad —5G 29
Orchard Clo. S Won —2B 8
Orchard Clo. Tot —7A 66
Orchard Clo. Water —6K 79
Orchard Ct. Bot —5K 71
Orchard Gro. Fare —7K 115
Orchard Gro. Water —2G 99
Orchard Ho. Sotn —2D 88 (5E 4)
Orchard La. Ems —6K 121
Orchard La. Roms —3K 27
Orchard La. Sotn —2D 88 (5F 5)
Orchard Lea. Swanm —1E 74
Orchard Pl. Sotn —2D 88 (6E 4)
Orchard Rd. F Oak —1H 51
Orchard Rd. Gos —2C 144
Orchard Rd. Hav —6C 120
Orchard Rd. Hay I —6D 148
Orchard Rd. L Hth —4A 112
Orchard Rd. S'sea —4K 145 (5K 7)
Orchard Rd. S Won —2B 8
Orchards Way. Sotn —2D 68
Orchards Way. W End —3C 70
Orchard, The. Chilw —2B 48
Orchard, The. Ports —7A 118
Orchard, The. Sotn —6E 48
Orchard, The. Water —1A 98
Orchard Wlk. Win —5C 10
(Fromond Rd.)
Orchard Wlk. Win —1D 150
(off Jewry St.)
Orchard Way. Dib P —4B 108
Ordnance Ct. Ind. Est. Ports —2B 134
Ordnance Rd. Gos —4C 144
Ordnance Rd. Sotn —6D 68
Ordnance Row. Ports —3F 145 (4B 6)
Ordnance Way. March —2H 87
Oregon Clo. Sotn —1K 89
Orford Ct. Ports —7A 118
Oriana Way. Nurs —7C 46
Oriel Dri. Fare —5D 112
Oriel Rd. Ports —5J 133
Oriental Ter. Sotn —2D 88 (6E 4)
Orient Dri. Win —4B 10
Orion Clo. Fare —5A 130
Orion Clo. Sotn —7G 47
Orion Ind. Cen. Sotn —6J 49
Orkney Clo. Sotn —7F 47
Orkney Rd. Ports —5A 118
Ormesby Dri. Chan F —1E 30
Ormond Clo. F Oak —7G 33
Ormsby Rd. S'sea —5H 145
Orpen Rd. Sotn —2B 90
Orpine Clo. Fare —3G 113
Orsmond Clo. Water —7G 99
Orwell Clo. Sotn —3F 67
Orwell Cres. Fare —4D 112
Orwell Rd. Ptsfld —7C 24
Osborn Cres. Gos —3E 130
Osborne Clo. Net A —1C 110
Osborne Clo. Water —6H 99
Osborne Dri. Chan F —5H 31
Osborne Gdns. F Oak —2J 51
Osborne Gdns. Sotn —3F 69
Osborne Rd. Gos —3C 144
Osborne Rd. Lee S —2B 142
Osborne Rd. Ptsfld —5D 24
Osborne Rd. S'sea —6H 145
Osborne Rd. Tot —5B 66
Osborne Rd. Wars —6H 111
Osborne Rd. N. Sotn —3F 69
Osborne Rd. S. Sotn —4E 68
Osborne Vw. Rd. Fare —6H 129
Osborn Mall. Fare —5F 115
Osborn Rd. Fare —5E 114
Osborn Rd. S. Fare —5E 114
Osborn Sq. Fare —5F 115
Osier Clo. Ports —5H 133
Oslands La. Swanw —6J 91
Oslo Towers. Sotn —5H 89
Osprey Clo. March —4F 87
Osprey Clo. Ports —7G 119
Osprey Clo. Sotn —6J 47
Osprey Ct. Fare —6J 115
Osprey Dri. Hay I —5E 148
Osprey Gdns. Lee S —2C 142
Osprey Quay. Ems —7K 121
Osterley Clo. Bot —6K 71
Osterley Rd. Sotn —7H 69
Othello Dri. Water —5H 99
Otterbourne Cres. Hav —1A 120
Otterbourne Golf Cen. —4J 21
Otterbourne Hill. Ott —1K 31
Otterbourne Ho. Ott —7A 22
Otterbourne Ho. Gdns. Ott —7A 22
Otterbourne Pk. Wood & Nature Reserve. —1A 32
Otterbourne Rd. Comp —1C 22
Otterbourne Rd. Shaw —3C 22
Otter Clo. Eastl —1E 50
Otter Clo. Gos —3G 143
Ouse Clo. Chan F —2D 30
Outer Circ. Sotn —7H 47
Outlands La. Curd —6E 72
Outram Rd. S'sea —5J 145 (7J 7)
Oval Gdns. Gos —4J 143
Overbrook. Hythe —4C 108
Overbrook Way. N Bad —5F 29
Overcliff Ri. Sotn —7B 48
Overdell Ct. Sotn —5B 68
Overton Cres. Hav —1A 120
Oviat Clo. Tot —5G 65
Ovington Ct. Sotn —4C 70
Ovington Rd. Eastl —2K 49
Owen Clo. Gos —1F 143
Owen Ho. Ports —2A 146
(off Whitcombe Gdns.)
Owen Rd. Eastl —1J 49
Owens Rd. Win —6E 10
Owen St. S'sea —6B 146
Ower La. Calm —7D 126
Owl Wlk. Ows —2A 34
Owslebury Gro. Hav —1C 120
Oxburgh Clo. Eastl —5J 31
Ox Drove. S Won —2E 8
Oxenbourne Nature Reserve. —1B 60
Oxenwood Grn. Hav —7A 100
Oxford Av. Sotn —6D 68 (1F 5)
Oxford Clo. Fare —4C 114
Oxford La. Drox —3H 55
Oxford M. Sotn —2D 88 (6F 5)
Oxford Rd. Gos —3J 143
Oxford Rd. Sotn —5D 68
Oxford Rd. S'sea —5K 145 (7K 7)
Oxford St. Sotn —2D 88 (6F 5)
Oxlease Clo. Roms —1B 28
Oxleys Clo. Fare —6J 113
Oxted Ct. S'sea —3C 146
Oyster Ind. Est. Ports —7D 118
Oyster M. Ports —5F 145 (7B 6)

A-Z Southampton, Portsmouth & Winchester 177

Oyster Quay—Petersfield Rd.

Oyster Quay. *Port S* —7G **117**
Oyster St. *Ports* —5F **145** (7B **6**)
Oyster Vw. *Lee S* —1A **142**
Ozier Rd. *Sotn* —2K **69**

Pacific Clo. *Sotn* —3E **88** (7J **5**)
Packridge La. *Roms* —2F **47**
Padbury Clo. *Ports* —3A **134**
Paddington Rd. *Ports* —6A **134**
Paddock Clo. *S Won* —2D **8**
Paddock End. *Water* —2A **98**
Paddocks, The. *Fawl* —4A **126**
Paddock, The. *Cal* —2H **65**
Paddock, The. *Eastl* —4A **32**
Paddock, The. *Fare* —3K **129**
Paddock, The. *Gos* —5K **143**
Paddock, The. *King W* —1H **11**
Paddock Wlk. *Ports* —6F **117**
Paddock Way. *Alr* —3F **15**
Paddock Way. *Ptsfld* —7B **24**
Padnell Av. *Water* —2H **99**
Padnell Pl. *Water* —3J **99**
Padnell Rd. *Water* —2H **99**
Padwell Rd. *Sotn* —5D **68**
Padwick Av. *Ports* —6B **118**
Padwick Ct. *Hay I* —5B **148**
Paffard Clo. *Gos* —1F **143**
Page Clo. *Holb* —5G **125**
Paget Rd. *Gos* —6K **143**
Paget St. *Sotn* —2E **88** (5H **5**)
Pagham Clo. *Ems* —6K **121**
Pagham Gdns. *Hay I* —6J **149**
Paignton Av. *Ports* —7B **134**
Paignton Rd. *Sotn* —3G **67**
Paimpol Pl. *Roms* —4K **27**
Pain's Rd. *S'sea* —4J **145** (6H **7**)
Painswick Clo. *Ports* —6H **117**
Painswick Clo. *Sar G* —7A **92**
Painter Clo. *Ports* —4D **134**
Painters Fld. *Win* —4D **16**
Palace House. —6G 123
Palace La. *Beau* —6G **123**
*Palace M. Bish W —4K **53***
(off Winchester Rd.)
Paling Bus. Pk. *H End* —1G **91**
Palk Rd. *Hav* —4A **120**
Pallant Gdns. *Fare* —4G **115**
Pallant, The. *Hav* —5C **120**
Pallet Clo. *Col C* —2E **32**
Pallot Clo. *Burs* —4E **90**
Palm Ct. *S'sea* —6H **145**
Palmers Clo. *F Oak* —1J **51**
Palmer's Rd. *Ems* —5J **121**
Palmers Rd. Ind. Est. *Ems* —5J **121**
Palmerston Av. *Fare* —5E **114**
Palmerston Bus. Pk. *Fare* —7D **114**
Palmerston Ct. *Win* —3E **16**
Palmerston Dri. *Fare* —7D **114**
Palmerston Ho. *Sotn* —5E **4**
*Palmerston Mans. S'sea —6H **145***
(off Palmerston Rd.)
Palmerston Rd. *Hay I* —4D **148**
Palmerston Rd. *Sotn* —7D **68** (2E **4**)
Palmerston Rd. *S'sea* —6H **145**
Palmerston St. *Roms* —3K **27**
Palmerston Way. *Gos* —6H **143**
Palm Hall Clo. *Win* —1H **17** (3G **150**)
Palm Rd. *Sotn* —1H **67**
Palmyra Rd. *Gos* —1K **143**
Palomino Dri. *White* —6C **92**
Pamela Av. *Ports* —5E **116**
Pangbourne Av. *Ports* —7C **118**
Pangbourne Clo. *Sotn* —1K **89**
Pannall Rd. *Gos* —1K **143**
Pan St. *Ports* —2H **145** (1G **7**)
Pansy Rd. *Sotn* —7D **48**
Pantheon Rd. *Chan F* —3J **31**
Panton Clo. *Ems* —3H **121**
Panwell Rd. *Sotn* —5K **69**
Parade Ct. *Ports* —2K **133**
Parade, The. *Fare* —4K **129**
Parade, The. *Gos* —4E **130**
Parade, The. *Navy* —2F **145** (2B **6**)
Paradise La. *Ems* —2K **121**
Paradise La. *Fare* —5H **115**
(in two parts)
Paradise La. *Wal C* —5B **54**
Paradise La. *W'lnds* —6C **64**
Paradise St. *Ports* —2H **145** (2G **7**)
Parchment St. *Win* —1F **17** (3D **150**)
(in two parts)
Parchment, The. *Hav* —5C **120**
Pardoe Clo. *H End* —7H **71**
Parham Dri. *Eastl* —6J **31**
Parham Rd. *Gos* —2B **144**
Park Av. *Water* —4D **118**
Park Av. *Win* —7F **11** (1E **150**)
Park Building. *Ports* —3G **145** (4E **6**)
Park Clo. *Gos* —2J **143**
Park Clo. *Hythe* —2E **108**
Park Clo. *March* —4E **86**
Park Clo. *Win* —5F **11**
Park Ct. *Roms* —5D **28**
Park Ct. *S'sea* —5H **145** (7F **7**)
Park Ct. *Win* —5F **11**
Park Cres. *Ems* —5G **121**
Parker Clo. *Gos* —6K **131**
Parker Gdns. *Water* —4D **118**
Pk. Farm Av. *Fare* —2K **113**
Pk. Farm Clo. *Fare* —3A **114**
Pk. Farm Rd. *Water* —2E **118**
Park Ga. Bus. Cen. *Swanw* —7C **92**
Park Glen. *Park G* —2D **112**
Park Gro. *Ports* —7A **118**
Pk. Hill Clo. *Holb* —4F **125**
Park Ho. *S'sea* —6H **145**
Park Ho. *Win* —1E **150**
Park Ho. Farm Way. *Hav* —2J **119**
Parklands. *Den* —2A **98**
Parklands. *Sar G* —2B **112**
Parklands. *Sotn* —3H **69**
Parklands. *Tot* —4A **66**
Parklands Av. *Water* —7H **79**
Parklands Bus. Pk. *Den* —2A **98**
Parklands Clo. *Chan F* —3F **31**
Parklands Clo. *Gos* —2A **144**
Park La. *Abb W* —1J **11**
Park La. *Bed* —4K **119**
Park La. *Cosh* —6B **118**
Park La. *Cowp* —3H **99**
Park La. *Drox* —2A **56**
Park La. *Fare* —3E **114**
Park La. *Holb* —3E **124**
Park La. *March* —3D **86**
Park La. *Ott & Eastl* —1A **32**
(in two parts)
Park La. *Sotn* —7C **68** (1C **4**)
Park La. *Stub* —4K **129**
(in three parts)
Park La. *Swanm* —3E **54**
Park La. *Twy* —4F **23**
Park La. *Water* —4J **99**
Park Mans. *Ports* —7B **118**
Park Mt. *Alr* —1F **15**
Park Pde. *Hav* —2B **120**
(in two parts)
Park Rd. *Bish W* —3H **53**
Park Rd. *Chan F* —2F **31**
Park Rd. *Den* —7A **78**
Park Rd. *Gos* —6A **144**
Park Rd. *Hay I* —4K **147**
Park Rd. *Ptsfld* —6D **24**
Park Rd. *Ports* —4F **145** (5C **6**)
Park Rd. *Sotn* —6K **67**
Park Rd. *Water* —2D **118**
Park Rd. *Win* —5E **10**
Park Rd. N. *Hav* —4B **120**
Park Rd. S. *Hav* —5C **120**
Park Royal. *Ports* —4K **133**
Parkside. *Hav* —4K **119**
Parkside. *Tot* —7A **66**
Parkside Av. *Sotn* —4E **66**
Parkside Gdns. *Win* —5B **10**
Parkstone Av. *S'sea* —7K **145**
Parkstone La. *S'sea* —6K **145**
Park St. *Gos* —3A **144**
Park St. *Sotn* —4J **67**
Park St. *S'sea* —4G **145** (6E **6**)
Park Terraces. *Gos* —4B **144**
Park, The. *Drox* —2K **55**
Park Vw. *Bot* —5B **72**
Park Vw. *H End* —5G **71**
Park Vw. *Row C* —5E **100**
Park Vw. *Shaw* —3D **22**
Pk. View Ho. *Fare* —2E **114**
Parkville Rd. *Sotn* —7G **49**
Park Vista. *E Meo* —1E **40**
Park Wlk. *Fare* —3A **114**
Park Wlk. *Sotn* —7D **68** (2E **4**)
Park Way. *F Oak* —1K **51**
Parkway. *Fare* —3E **114**
Park Way. *Hav* —5B **120**
Parkway. *White* —6F **93**
Parkway Ct. *Chan F* —3G **31**
Parkway Gdns. *Chan F* —3F **31**
Parkway, The. *Gos* —5E **130**
Parkway, The. *Sotn* —6D **48**
Parkwood Cen. *Water* —5F **99**
Pk. Wood Clo. *H End* —5J **71**
Parliament Pl. *Win* —4B **16**
Parmiter Ho. *Win* —2G **150**
Parnell Rd. *Eastl* —1J **49**
Parr Rd. *Ports* —6J **117**
Parry Clo. *Ports* —6D **116**
Parry Rd. *Sotn* —1C **90**
Parsonage Clo. *Ptsfld* —4F **25**
Parsonage La. *Durl* —5C **52**
Parsonage Rd. *Sotn* —6E **68** (1H **5**)
Parsons Clo. *Ports* —3A **134**
Partridge Clo. *Fare* —6H **115**
Partridge Down. *Win* —5A **16**
Partridge Gdns. *Water* —1E **98**
Partridge Rd. *Dib P* —5C **108**
Partry Clo. *Chan F* —2D **30**
Passage La. *Wars* —5G **111**
Passfield Av. *Eastl* —2H **49**
Passfield Clo. *Eastl* —1H **49**
Passfield Wlk. *Hav* —1E **120**
Passingham Wlk. *Water* —1H **99**
Pasteur Rd. *Ports* —6K **117**
Pastures, The. *Fare* —2D **112**
Pastures, The. *King W* —5G **9**
Pastures, The. *Water* —2K **97**
Pat Bear Clo. *Sotn* —4D **66**
Patchway Dri. *Fare* —6K **113**
Paternoster Ho. *Win* —3E **150**
Paternoster Row. *Win* —1F **17** (3E **150**)
Patricia Clo. *W End* —2C **70**
Patricia Dri. *H End* —5J **71**
Patrick Howard Dobson Ct. *Water* —1G **99**
Patterdale Ho. *Ports* —5G **117**
Paulet Clo. *Sotn* —3K **69**
Paulet Lacave Av. *Sotn* —5E **46**
Paulet Pl. *Win* —3D **16**
Pauletts La. *Cal* —2G **65**
Paulsgrove Enterprise Cen. *Ports* —6G **117**
Paulsgrove Ind. Cen. *Ports* —6G **117**
Paulsgrove Rd. *Ports* —7A **134**
Paulson Clo. *Chan F* —2F **31**
Paultons Golf Centre & Course. —4B 44
Paultons Pk. —5H 45
Paultons Pk. Watermill. —5D 44
Pauncefoot Hill. *Roms* —1G **45**
Pavilion Clo. *F Oak* —3H **51**
Pavilion Ct. *Sotn* —5B **68**
Pavilion Rd. *H End* —4K **71**
Paxton Clo. *H End* —7J **71**
Paxton Rd. *Fare* —5C **114**
Paynes Hay Rd. *Brfld* —1C **18**
Paynes La. *F Oak* —7H **33**
Payne's Rd. *Sotn* —6K **67**
Paynes Rd. *Sotn* —6K **67**
Peach Rd. *Sotn* —7H **47**
Peacock Clo. *Fare* —6H **115**
Peacock La. *Ports* —5F **145** (7C **6**)
Peacock Pl. *Win* —7H **11**
Peak Clo. *Sotn* —4G **67**
Peak Dri. *Fare* —6A **114**
Peake New Rd. *W'frd* —1D **38**
Peakfield. *Water* —1K **97**
Peak La. *Fare* —6A **114**
Peak La. *Uphm* —5H **35**
Peak Rd. *Water* —6H **59**
Peak, The. *Row C* —2F **101**
(in two parts)
Pearce Ct. *Gos* —3B **144**
Peartree Av. *Sotn* —1H **89**
Pear Tree Clo. *Bot* —2A **72**
Peartree Clo. *Fare* —4A **130**
Peartree Clo. *Sotn* —1G **89**
Peartree Gdns. *Sotn* —6K **69**
Peartree Rd. *Dib P* —4B **108**
Peartree Rd. *Sotn* —1G **89**
Pebble Clo. *Hay I* —6E **148**
Pebble Ct. *March* —3G **87**
Pebmarsh Rd. *Ports* —6J **117**
Pedam Clo. *S'sea* —5B **146**
Peel Clo. *Roms* —1D **28**
Peel Pl. *S'sea* —4H **145** (6F **7**)
Peel Rd. *Gos* —3B **144**
Peel St. *Sotn* —7F **69** (1J **5**)
Peewit Hill Clo. *Burs* —2F **91**
Pegasus Clo. *Gos* —3G **143**
Pegasus Clo. *Hamb* —4E **110**
Pegasus Clo. *Sotn* —7G **47**
Peggotty Ho. *Ports* —1J **145**
Pegham Ind. Est. *Fare* —7K **93**
Pelham Rd. *Gos* —3A **144**
Pelham Rd. *S'sea* —5H **145** (7G **7**)
Pelham Rd. Pas. *S'sea* —5H **145** (7G **7**)
Pelham Ter. *Ems* —6K **121**
Pelican Clo. *Fare* —4A **114**
Pelican Ct. *Hurs* —2E **20**
Pelican Rd. *Fare* —2C **130**
Pembers Clo. *F Oak* —1J **51**
Pemberton Rd. *Lyn* —1K **103**
Pembrey Clo. *Sotn* —6G **47**
Pembroke Chambers. *Ports* —7C **6**
Pembroke Clo. *Eastl* —5J **31**
Pembroke Clo. *Ports* —5F **145** (7C **6**)
Pembroke Clo. *Roms* —3A **28**
Pembroke Clo. *Tot* —4B **66**
Pembroke Ct. *Gos* —6F **131**
Pembroke Ct. *Sotn* —3D **68**
Pembroke Cres. *Fare* —5H **129**
Pembroke Rd. *Ports* —5F **145** (7C **6**)
(in two parts)
Pembroke Rd. *Sotn* —1A **90**
Pembury Rd. *Fare* —3A **130**
Pembury Rd. *Hav* —6D **120**
Pemerton Rd. *Win* —4C **10**
Penarth Av. *Ports* —6C **118**
Pendennis Rd. *Ports* —5E **116**
Pendle Clo. *Sotn* —4G **67**
Pendleton Gdns. *Black* —6H **125**
Pendula Way. *Eastl* —5D **32**
Penelope Gdns. *Burs* —4E **90**
Penford Paddock. *Bish W* —4A **54**
Penhale Gdns. *Fare* —5C **112**
Penhale Rd. *Ports* —3K **145** (3K **7**)
Penhale Way. *Tot* —7K **65**
Penhurst Rd. *Hav* —4J **119**
Peninsula Rd. *Win* —1D **16** (4A **150**)
Peninsula Sq. *Win* —1E **16** (3B **150**)
Penistone Clo. *Sotn* —3K **89**
Penjar Av. *Water* —2D **118**
Penk Ridge. *Hav* —6G **119**
Pennant Hills. *Hav* —4J **119**
Pennant Pk. *Fare* —3F **115**
Pennard Way. *Chan F* —6D **30**
Pennerly Ct. *Hav* —6A **100**
Penner Rd. *Hav* —7B **120**
Pennine Gdns. *Dib P* —4A **108**
Pennine Ho. *Sotn* —5G **67**
Pennine Rd. *Sotn* —5F **67**
Pennine Wlk. *Fare* —7B **114**
Pennine Way. *Chan F* —6G **31**
Pennine Way. *Lee S* —4D **142**
Pennington Clo. *Col C* —2E **32**
Pennington Way. *Fare* —3A **114**
Penns Rd. *Ptsfld* —5C **24**
Penn Way. *Gos* —5H **143**
Pennycress. *L Hth* —4K **111**
Penny Pl. *Water* —3F **119**
Penny St. *Ports* —5F **145** (7B **6**)
Penrhyn Av. *Ports* —6C **118**
Penrhyn Clo. *Eastl* —5J **31**
Penrose Clo. *Ports* —5J **133**
Penshurst Way. *Eastl* —4K **31**
Pentagon, The. *Black* —5K **125**
Pentere Rd. *Water* —6H **79**
Pentice, The. *Win* —3D **150**
Pentire Av. *Sotn* —3A **68**
Pentire Way. *Sotn* —2A **68**
Pentland Clo. *Dib P* —4A **108**
Pentland Ri. *Fare* —5C **116**
Penton Ct. *Hav* —7E **100**
Penton Pl. *Win* —2G **17** (5G **150**)
Penton Rd. *Twy* —2F **23**
Pentridge Way. *Tot* —7J **65**
Penwood Grn. *Hav* —1E **120**
Peper Harow. *Water* —6J **79**
Peppard Clo. *Sotn* —5K **69**
Peppercorn Way. *H End* —1G **71**
Pepys Av. *Sotn* —7C **70**
Pepys Clo. *Gos* —7A **144**
Pepys Clo. *S'sea* —5A **146**
Percivale Rd. *Chan F* —6C **30**
Percival Rd. *Ports* —7A **134**
Percy Chandler St. *Ports* —2J **145**
Percy Clo. *Hythe* —1C **108**
Percy Rd. *Gos* —4B **144**
Percy Rd. *Sotn* —4H **67**
Percy Rd. *S'sea* —4K **145** (6K **7**)
Peregrine Clo. *Tot* —6H **65**
Peregrines, The. *Fare* —6J **115**
Perins Clo. *Alr* —3E **14**
Perkins Ho. *Ports* —3D **6**
Pern Dri. *Bot* —5B **72**
Peronne Clo. *Ports* —2A **134**
Peronne Rd. *Ports* —2A **134**
Perran Rd. *Sotn* —3E **66**
Perrywood Clo. *Holb* —4F **125**
Perrywood Gdns. *Tot* —4H **65**
Perseus Pl. *Water* —3F **119**
Pershore Clo. *L Hth* —3B **112**
Persian Dri. *White* —6C **92**
Perth Ho. *Ports* —3J **145** (3H **7**)
Perth Rd. *Gos* —4G **131**
Perth Rd. *S'sea* —4C **146**
Pervin Rd. *Ports* —6A **118**
Peststead La. *Sob* —7B **56**
Peter Ashley La. *Ports* —5E **118**
*Peterborough Ct. Gos —3G **143***
(off Anson Clo.)
Peterborough Rd. *Ports* —5K **117**
Peterborough Rd. *Sotn* —5D **68**
Peters Clo. *L Hth* —3K **111**
Peterscroft Av. *Asht* —4F **85**
Petersfield Bus. Pk. *Ptsfld* —6B **24**
Petersfield Golf Course. —6F 25
(Sussex Rd.)
Petersfield Ho. *Ports* —2H **7**
Petersfield Mus. —6D 24
Petersfield Rd. *Bton* —5G **43**
Petersfield Rd. *Clan* —5K **59**
Petersfield Rd. *Hav* —4B **120**

178 A-Z Southampton, Portsmouth & Winchester

Petersfield Rd.—Promenade, The

Petersfield Rd. Win —1G 17 & 7C 12 (5G 150)
(in two parts)
Petersham Clo. Water —4E 98
Petersham Ho. S'sea —7J 145
(off Clarendon Rd.)
Peters Rd. L Hth —3K 111
Petrel Wlk. Gos —5E 130
Petrie Rd. Lee S —2C 142
Pettinger Gdns. Sotn —4G 69
Petty Clo. Roms —4B 28
Pettycot Cres. Gos —4E 130
Petworth Gdns. Eastl —5K 31
Petworth Gdns. Sotn —6J 47
Petworth Rd. Ports —2C 146
Pevensey Clo. Sotn —3E 66
Peverells Rd. Chan F —3H 31
Peverells Wood Av. Chan F —3H 31
Peverells Wood Clo. Chan F —3J 31
Peveril Rd. Sotn —1H 89
Pewitt Hill. Burs —2F 91
(in two parts)
Pewsey Pl. Sotn —2A 68
Phi Ho. Sotn —2K 47
Philip Rd. Water —1G 119
Phillimore Rd. Sotn —7G 49
Phillips Clo. Rown —5F 47
Philpott Dri. March —4G 87
Phoenix Bldgs. Ports —5B 134
Phoenix Clo. Burs —4F 91
Phoenix Ind. Pk. Eastl —1B 50
Phoenix Sq. Ports —3K 133
Phoenix Way. Gos —6G 131
Physic Garden, The. —6D 24
Pickwick Clo. Tot —5G 65
Pickwick Ho. Ports —1J 145
Picton Ho. S'sea —4H 145 (5G 7)
Pidham La. E Meo —1J 41
Pier Head Rd. Ports —7F 133
Pier Rd. S'sea —6G 145 (7D 6)
Pier St. Lee S —2B 142
Pigeonhouse La. Pur —7J 97
Pikes Hill Av. Lyn —7H 83
Pilands Wood Rd. Burs —5E 90
Pilbrow Ct. Gos —4J 143
Pilchards Av. F Oak —7G 33
Pilgrim Pl. Sotn —7H 49
Pilgrims Clo. Chan F —5C 30
Pilgrims Ga. Win —6D 10 (1A 150)
Pilgrims Ho. Win —6D 10
Pilgrims Way. Fare —6J 129
Pilning Clo. Fare —6K 113
Pimpernel Clo. L Hth —4K 111
Pine Clo. Asht —2H 85
Pine Clo. Dib P —4C 108
Pine Clo. N Bad —5G 29
Pine Clo. S Won —2D 8
Pine Clo. Win —5A 16
Pine Ct. Ems —2J 121
Pine Cres. Chan F —1F 31
Pine Dri. Sotn —5C 70
Pine Dri. Water —6K 59
Pine Dri. E. Sotn —5D 70
Pinefield Rd. Sotn —2J 69
Pine Gro. Hav —5D 120
Pinegrove Rd. Sotn —2J 89
Pinehurst Clo. Water —3K 99
Pinehurst Rd. Sotn —4C 48
Pinelands Ct. Sotn —7K 47
Pinelands Rd. Chilw —3C 48
Pine Rd. Bish W —3A 54
Pine Rd. Chan F —1E 30
Pine Rd. Roms —4D 28
Pines, The. Fare —5K 115
Pines, The. Sotn —1J 67
Pine Tree Gdns. Water —3H 99
Pine Trees Clo. Fare —6A 114
Pine Vw. Clo. Burs —4F 91
Pine Wlk. Chilw —4B 48
(in two parts)
Pine Wlk. Sar G —1B 112
Pine Way. Sotn —4C 48
Pinewood. Gos —6H 131
Pinewood. Sotn —5C 48
Pinewood Av. Hav —3J 119
Pinewood Clo. Fare —3A 130
Pinewood Clo. Roms —1D 28
Pinewood Cres. Hythe —4E 108
Pinewood Dri. Hythe —5E 108
Pinewood Lodge. Fare —4E 114
(off Northwood Sq.)
Pinewood Pk. Sotn —7E 70
Pinkney La. Lyn —4G 103
Pink Rd. Ports —7K 133
Pinks Hill. Fare —4G 115
Pinsley Dri. S'wick —7E 96
Pinto Clo. White —6D 92
Pipers Clo. Tot —6J 65
Pipers Mead. Water —6H 59
Pipers Wood Ind. Est. Water —5D 98
Piping Clo. Col C —2E 32
Piping Grn. Col C —2E 32
Piping Rd. Col C —2E 32
Pipit Clo. Gos —1A 144
Pipit Clo. Water —6H 79
Pirelli St. Sotn —1C 88 (3C 4)
Pirrie Clo. Sotn —3A 68
Pitcairn M. S'sea —6C 146
Pitchponds Rd. Wars —6H 111
Pitcroft La. Bton —5J 43
Pitcroft La. Ports —7J 133
(in two parts)
Pitcroft Rd. Ports —6J 133
Pitmore Clo. Eastl —2A 32
Pitmore Rd. Eastl —2A 32
Pitreavie Rd. Ports —1A 134
Pitter Clo. Win —2A 10
Pitt Hill La. Hmbdn —2K 77
Pitt Rd. Sotn —6K 67
Pitymoor La. S'wick —2G 117
Place Cres. Water —1G 119
Place Ho. Clo. Fare —5K 113
Place La. Comp —1C 22
Plaitford Gro. Hav —2J 119
Plaitford Wlk. Sotn —3G 67
Plantation Dri. March —4F 87
Plantation, The. Curd —3F 73
Plants Clo. E Wel —1A 44
Platform Rd. Sotn —3D 88 (7E 4)
Players Cres. Tot —7K 65
Playfair Rd. S'sea —4J 145 (6H 7)
Plaza Pde. Roms —3A 28
Pleasant Rd. S'sea —4C 146
Plough La. Sob —2B 76
Plough Way. Win —4C 16
Plover Clo. Fare —5J 129
Plover Clo. Sotn —6J 47
Ploverfield. Burs —5G 91
Plover Reach. S'sea —3C 146
Plover Rd. Tot —5H 65
Plovers Down. Win —5A 16
Plovers Rd. Water —5H 79
P.L.P.H. Rd. Hythe —2K 125
Plumley Wlk. Hav —6A 100
Plumpton Gdns. Ports —4D 134
Plumpton Gro. Water —4J 99
Plymouth Dri. Fare —5H 129
Plymouth St. S'sea —4H 145 (5G 7)
Poets Way. Win —7C 10
Poinsettia Clo. Fare —3F 113
Pointout Clo. Sotn —1B 68
Pointout Rd. Sotn —1B 68
Polesden Clo. Chan F —2E 30
Poles La. Ott —3E 20
Police Sta. La. Drox —2A 56
Pollards Moor Rd. Copy —3K 63
Polygon, The. Sotn —7B 68 (1B 4)
Pond Clo. March —3G 87
Pondhead Clo. Holb —4F 125
Pond La. Water —5J 59
Pond Piece. Water —2A 98
Pond Rd. Sar G —7A 92
Pondside La. Bish W —3J 53
(in two parts)
Ponsonby Ho. S'sea —4H 145 (5G 7)
Pook La. Fare —2E 114
Pook La. Hav —7D 120
(in three parts)
Pooksgreen. March —3D 86
Poole Rd. Sotn —1H 89
Popes La. Tot —5A 66
Popes La. Uphm —5D 34
Popham Ct. Hav —7K 99
Poplar Dri. Fare —6B 114
Poplar Dri. March —4E 86
Poplar Gro. Hay I —4D 148
Poplar Rd. Sotn —6J 69
Poplars, The. Wal C —1B 74
Poplar Wlk. Ptsfld —1H 43
Poplar Way. H End —5J 71
Poplar Way. N Bad —5G 29
Poppy Clo. L Hth —4A 112
Poppyfields. Chan F —4D 30
Poppy Rd. Sotn —6F 49
Porchester Rd. Sotn —2H 89
Porlock Rd. Sotn —2E 66
Portal Rd. Eastl —7C 32
Portal Rd. Gos —4F 131
Portal Rd. Sotn —1A 90
Portal Rd. Tot —5J 65
Portal Rd. Win —2G 17 (5G 150)
Portchester Castle. —1D 132
Portchester La. S'wick —3C 116
Portchester Ri. Eastl —3K 31
Portchester Rd. Fare —5J 115
Portchester Rd. Ports —7K 133
Portchester Roman Fortress. —1D 132
Portcreek Cotts. Ports —2C 134
Portcullis Ho. Sotn —7F 5
Portelet Ho. Sotn —1E 66
Portelet Pl. H End —7H 71
Porteous Cres. Chan F —4J 31
Portersbridge M. Roms —3K 27
Portersbridge St. Roms —3K 27
Porter's La. Sotn —2C 88 (6D 4)
Portfield Ind. Est. Ports —4B 134
Portfield Rd. Ports —4B 134
Port Hamble. Hamb —3F 111
Portland Building. Ports —3G 145 (3D 6)
Portland Bldgs. Gos —4B 144
Portland Dri. Gos —5G 143
Portland Ho. Gos —4C 144
Portland Rd. S'sea —6H 145
Portland Rd. Water —6F 99
Portland's Clo. Ptsfld —4F 25
Portland St. Fare —5E 114
Portland St. Ports —3G 145 (4D 6)
Portland St. Sotn —1C 88 (3D 4)
Portland Ter. Sotn —1C 88 (2D 4)
Portland Ter. S'sea —6H 145
Port La. Hurs —2E 20
Portobello Gro. Fare —5C 116
Port Royal St. S'sea —3J 145 (4J 7)
Port Royal St. Ind. Est. S'sea —3J 145 (4H 7)
Portsbridge Roundabout. Ports —1K 133
Portsdown Av. Ports —6D 118
Portsdown Hill Rd. Fare —3A 116
Portsdown Hill Rd. Ports & Hav —4J 117
Portsdown Rd. Ports & Fare —5D 116
Portside Clo. March —2H 87
Portsmouth Cathedral. —5F 145 (7B 6)
(St Thomas of Canterbury)
Portsmouth Enterprise Cen. Ports —4C 134
Portsmouth F.C. —4B 146
Portsmouth Golf Course. —4F 119
Portsmouth R.C. Cathedral. —3G 145 (3E 6)
Portsmouth Rd. Burs —4F 91
Portsmouth Rd. Cosh —1A 134
Portsmouth Rd. Fish P —4G 33
Portsmouth Rd. Horn —7J 79
Portsmouth Rd. Lee S —4C 142
Portsmouth Rd. Sotn & Burs —2G 89
Portsview Av. Fare —5C 116
Portsview Gdns. Fare —5C 116
Portswood Av. Sotn —4E 68
Portswood Cen. Sotn —3E 68
Portswood Pk. Sotn —4E 68
Portswood Rd. Hav —7A 100
Portswood Rd. Ports —2K 133
Portswood Rd. Sotn —4E 68
Portuguese Fireplace. —2C 102
Portview Rd. Sotn —2J 69
Port Way. Port S —6F 117
Portway Clo. Sotn —5A 70
Posbrooke Rd. S'sea —4B 146
Posbrook La. Fare —2F 129
Postern Clo. Fare —6C 116
Postern Ct. Sotn —2C 88 (5D 4)
Post Office Rd. Water —1D 118
Potash Ter. Hav —4B 120
Potteries, The. Fare —3E 114
Potters Av. Fare —2D 114
Potters Heron Clo. Amp —6B 20
Potters Heron La. Amp —6B 20
Poulner Clo. Sotn —4K 89
Poulner Ct. Hav —7K 99
Pound Clo. Gos —7G 131
Pound Cotts. Meon —5B 38
Pound Ga. Dri. Fare —5D 112
Pound Hill. Alr —1F 15
Pound La. Amp —6J 19
Pound La. Copy & Wins —2B 64
Pound La. Meon —5B 38
Pound La. Tot —2K 85
Pound Lea. Hay I —3D 148
Pound Rd. Burs —4D 90
Pound Rd. King W —6H 9
Pound Rd. S'wick —4G 117
Pounds Ter. Ports —2F 145 (2C 6)
Pound St. Sotn —5K 69
Pound Tree Rd. Sotn —1D 88 (3E 4)
Powell Cres. Tot —7A 66
Power Rd. Ports —2K 145
Powerscourt Rd. Ports —7K 133
Poyner Clo. Fare —4E 114
Poynings Pl. Ports —5G 145 (7C 6)
Precinct, The. Gos —4C 144
Precinct, The. Hay I —5D 148
Precinct, The. H End —6H 71
Precinct, The. Holb —3F 125
Precinct, The. Water —6F 99
Precosa Rd. Bot —7K 71
Prelate Way. Titch —4D 112
Premier Bus. Pk. Fare —1E 130
Premier Cen., The. Roms —4E 28
Premier Pde. Sotn —1J 69
Premier Way. Roms —5E 28
Preshaw Clo. Sotn —7K 47
Preston Rd. Ports —7A 134
Prestwood Rd. H End —6H 71
Pretoria Rd. H End —7G 71
Pretoria Rd. S'sea —5A 146
Pricketts Hill. Shed —5C 74
Prideaux-Brune Av. Gos —3F 131
Priest Cft. Black —5H 125
Priestcroft Dri. Black —5H 125
Priestfields. Fare —4D 112
Priestlands. Roms —2K 27
Priestlands Clo. W'Inds —6F 65
Priestley Clo. Tot —5J 65
Priestwood Clo. Sotn —5C 70
Primate Rd. Fare —3E 112
Primrose Clo. Chan F —6C 30
Primrose Clo. Gos —2F 131
Primrose Clo. H End —7H 71
Primrose Ct. Water —7H 99
Primrose Rd. Sotn —7D 48
Primrose Way. L Hth —4A 112
Primrose Way. Roms —2D 28
Prince Albert Rd. S'sea —5B 146
Prince Alfred St. Gos —5A 144
Prince George's St. Hav —5C 120
Prince George St. Ports —3F 145 (3C 6)
Prince of Wales Av. Sotn —5H 67
Prince of Wales Clo. Water —6H 99
Prince of Wales Rd. Gos —4B 144
Prince Regent Ct. S'sea —6F 7
Prince Rd. Fare —1C 130
Prince Rd. Rown —5F 47
Prince's Bldgs. Win —2E 150
Princes Clo. Bish W —3J 53
Princes Cotts. E Meo —2E 40
Princes Ct. Ports —1J 145
Princes Ct. Sotn —6F 69
Princes Cres. Lyn —1A 104
Princes Dri. Water —4H 99
Princes Ho. Sotn —6F 69
(off Graham St.)
Princes Ho. S'sea —5G 145 (7E 6)
(off King's Ter.)
Prince's Pl. Ports —1H 145
Prince's Pl. Win —3D 16
Princes Rd. Ptsfld —5B 24
Prince's Rd. Roms —2K 27
Princes Rd. Sotn —6A 68
Princess Clo. W End —2D 70
Princess Ct. Win —7F 11 (1D 150)
Princess Gdns. Water —5J 79
Princess Rd. Asht —3G 85
Prince's St. Ports —1J 145
Princes St. Sotn —6F 69
Prince William Ct. Eastl —1E 50
Prinstead Clo. Win —2G 17
Prinsted Cres. Ports —7E 118
Prinsted Wlk. Fare —6A 114
Printers Row. Win —2C 150
Priors Barton. Win —3E 16
Priorsdean Av. Ports —2B 146
Priorsdean Cres. Hav —2A 120
Priors Dean Rd. Win —3C 10
Priors Hill La. Burs —5D 90
Priors Way. Win —5A 16
Priory Av. Sotn —3G 69
Priory Clo. Bish W —3J 53
Priory Clo. Sotn —3G 69
Priory Ct. Bish W —3J 53
Priory Ct. S'sea —4K 145 (5K 7)
Priory Cres. S'sea —4B 146
Priory Gdns. Fare —7B 116
Priory Gdns. Water —4F 99
Priory Ho. Sotn —7D 68 (2F 5)
Priory Rd. Eastl —2J 49
Priory Rd. Fare —4A 114
Priory Rd. Gos —7A 132
Priory Rd. Net A —7A 90
Priory Rd. Sotn —3F 69
Priory Rd. S'sea —6B 146
Priory Rd. S'wick —7F 97
Priory, The. Bish W —4J 53
Prite La. Titchb —7F 15
Privett Ho. Ports —2F 145 (2C 6)
Privett Pl. Gos —4H 143
Privett Rd. Fare —4K 113
Privett Rd. Gos —5F 143
Privett Rd. Water —3E 118
Prochurch Rd. Water —1J 99
Proctor Clo. Sotn —7C 70
Proctor Dri. N Bad —7G 29
Proctor La. Ports —3A 146
Promenade. Lee S —1A 142
Promenade. Ports & S'sea —5F 145 (7B 6)
Promenade Ct. Lee S —2B 142
Promenade, The. Hythe —1D 108
Promenade, The. Ports —6J 133

A-Z Southampton, Portsmouth & Winchester 179

Prospect Ho.—Ridge La.

Prospect Ho. Sotn —7J 69
Prospect La. Hav —1E 120
Prospect Pl. Chan F —4F 31
Prospect Pl. Hythe —1D 108
Prospect Rd. Alr —3E 14
Prospect Rd. Ports —1H 145
Protea Gdns. Titch —5H 113
Provene Clo. Wal C —7B 54
Provene Gdns. Wal C —7A 54
Providence Hill. Burs —3F 91
Pruetts La. Liss —1K 25
Prunus Clo. Sotn —6K 47
Przewalski Wlk. Ows —2A 34
Pudbrooke Gdns. H End —4G 71
Pudbrook Ho. Bot —6A 72
Pudding La. Win —2G 11
Puffin Clo. Sotn —6J 47
Puffin Cres. Fare —3J 129
Puffin Gdns. Gos —4E 130
Puffin Wlk. Water —1E 98
Pulens Cres. Ptsfld —5G 25
Pulens La. Ptsfld —4F 25
Pump La. Gos —6F 131
Pump La. Water —7H 79
Pundle Grn. Bart —6A 64
Purbeck Dri. Fare —6A 114
Purbeck St. Ports —3G 145 (4D 6)
Purbeck Wlk. Fare —6A 114
Purbrook Chase Precinct. Water —3F 119
Purbrook Clo. Sotn —7K 47
Purbrook Gdns. Water —1D 118
Purbrook Heath Rd. Water —1A 118
Purbrook Rd. Ports —3K 145
Purbrook Way. Pur & Hav —2G 119
Purcell Clo. Water —1F 119
Purcell Rd. Sotn —2C 90
Purkess Clo. Chan F —3G 31
Purkiss Clo. W'lnds —7B 64
Purlieu Dri. Dib P —4A 108
Purrocks, The. Ptsfld —4D 24
Purslane Gdns. Fare —3F 113
Purvis Gdns. Sotn —3A 90
Pycroft Clo. Hay I —4F 137
Pycroft Clo. Sotn —7K 69
Pye St. Ports —2H 145 (2G 7)
Pyland's La. Burs —2G 91
Pyle Clo. Water —1H 99
Pyle La. Horn —7B 80
Pylewell Rd. Hythe —1D 108
Pyramid Cen. Ports —4C 134
Pyrford Clo. Gos —5H 143
Pyrford Clo. Water —3F 99
Pytchley Clo. Fare —5H 129

Quadrangle, The. Eastl —6K 31
Quadrangle, The. Roms —4E 28
Quail Way. Water —6H 79
Quantock Rd. Sotn —4F 67
Quantocks, The. Dib P —4A 108
Quarely Rd. Hav —7K 99
Quarry Rd. Win —1G 17 (4G 150)
Quarterdeck Av. Ports —6G 133
Quartremaine Rd. Ports —4C 134
Quartremaine Rd. Ind. Est. Ports —5C 134
Quay Haven. Swanw —6J 91
Quay La. Gos —6A 132
Quay La. H'way —4D 144
Quay La. Lwr S —6J 91
Quayside. Bot —6B 72
Quay Side Commerce Cen. Fare —6E 114
Quayside Rd. Fawl —6E 126
Quayside Rd. Sotn —5F 69
Quayside Wlk. March —2G 87
Quay St. Fare —6F 115
(in two parts)
Quay, The. Hamb —4F 111
Quebec Gdns. Burs —4E 90
Queen Anne's Dri. Hav —4K 119
Queen Elizabeth Country Pk. & Info. Cen. —2C 60
Queen Elizabeth Ct. Sotn —1F 69
Queen Mary Rd. Fare —7C 116
Queen Rd. Fare —1C 130
Queens Bldgs. Sotn —1D 88 (4F 5)
Queens Clo. Hythe —3E 108
Queens Clo. Lee S —2B 142
Queen's Clo. Roms —3B 28
Queens Ct. Gos —4B 144
Queen's Ct. Sotn —7B 68 (1B 4)
Queens Cres. Fare —4A 130
Queens Cres. Horn —5J 79
Queen's Cres. S'sea —5H 145
Queens Ga. S'sea —6G 145
(off Osborne Rd.)
Queen's Gro. S'sea —6H 145
Queens Gro. Water —1E 118
Queens Ho. Sotn —2D 88 (5E 4)
Queens Keep. S'sea —6H 145
Queen's Mall, The. Ports —3H 145 (4F 7)
Queens Mead. Win —2B 16
Queen's Pde. Gos —4H 143
Queen's Pde. Lyn —1J 103
Queen's Pde. Water —6F 99
Queen's Pl. S'sea —5H 145 (7G 7)
Queens Ride. N Bad —6F 29
Queens Rd. Chan F —1G 31
Queen's Rd. Fare —5E 114
Queen's Rd. Gos —3B 144
Queen's Rd. Navy —2E 144 (1A 6)
Queens Rd. Lee S —4C 142
Queens Rd. Lyn —1K 103
Queens Rd. Ptsfld —5B 24
Queen's Rd. Ports —7K 133
Queen's Rd. Sotn —2K 67
Queens Rd. Wars —6H 111
Queen's Rd. Water —3F 99
Queen's Rd. Win —1C 16
Queens Ter. Sotn —2D 88 (6F 5)
Queen's Ter. S'sea —5H 145
Queenstown Rd. Sotn —6A 68
Queen St. Ems —6K 121
Queen St. Ports —3F 145 (3B 6)
Queen St. Twy —3E 22
Queens Vw. Net A —7A 90
Queensway. Hay I —4D 136
Queen's Way. Sotn —2D 88 (6E 4)
Queen's Way. S'sea —5H 145
Queensway, The. Fare —6A 116
Querida Clo. Lwr S —5J 91
Quilter Clo. Sotn —1C 90
Quinton Clo. S'sea —4J 145 (5H 7)
Quintrell Av. Fare —6K 115
Quob Farm Clo. W End —1D 70
Quob La. W End —7D 50

Racecourse La. Ports —6G 117
Racecourse Vw. Lyn —7J 83
Rachel Clo. Eastl —1G 51
Racton Av. Ports —6C 118
Racton Rd. Ems —3J 121
Radcliffe Ct. Sotn —6E 68 (1H 5)
Radcliffe Rd. Sotn —7E 68 (1H 5)
Radclyffe Rd. Fare —4F 115
Radleigh Gdns. Tot —4G 65
Radley Clo. H End —3H 71
Radnor St. S'sea —4H 145 (5G 7)
Radstock Rd. Sotn —2G 89
Radway Cres. Sotn —4A 68
Radway Rd. Sotn —4A 68
Raeburn Dri. H End —5H 71
Raglan Clo. Chan F —6C 30
Raglan Ct. Eastl —4K 31
Raglan Ct. Park G —1B 112
Raglan St. S'sea —3J 145 (4H 7)
Rails La. Hay I —5E 148
Railway Cotts. Sotn —4D 66
(in two parts)
Railway Flats. Ports —3K 145 (4K 7)
Railway Triangle Ind. Est. Cosh —1C 134
Railway Vw. Ports —3J 145 (3H 7)
Railway Vw. Rd. Sotn —4F 69
Rainbow Pl. Sotn —6K 67
Raleigh Ho. Ports —4C 6
Raleigh Wlk. Gos —2G 143
Raley Rd. L Hth —4B 112
Ralph La. Roms —1B 28
Ramalley La. Chan F —2E 30
(in two parts)
Rambler Dri. Gos —2F 143
Ramblers Way. Water —4J 99
Ramillies Ho. Fare —7B 114
Ramillies Ho. Gos —4B 144
(off Anchorage, The)
Rampart Gdns. Ports —2A 134
Rampart Rd. Sotn —5G 69
Rampart Row. Gos —5D 144
(in two parts)
Ramsay Pl. Gos —5F 131
Ramsay Rd. King W —7H 9
Ramsdale Av. Hav —1K 119
Ramsdean Rd. Ptsfld —1A 42
Ramsey Rd. Hay I —5D 148
Ramshill. Ptsfld —5D 24
Rams Wlk. Ptsfld —6D 24
Rances Way. Win —3D 16
Randall Clo. Cal —2H 65
Randall Rd. Chan F —7G 21
Randolph Rd. Ports —4K 133
Randolph St. Sotn —5K 67
(in two parts)
Ranelagh Gdns. Sotn —5B 68
Ranelagh Rd. Hav —5A 120
Ranelagh Rd. Ports —6H 133
Ranelagh Rd. Win —2E 16
Ranfurly Gdns. Dib P —5B 108
Range Gdns. Sotn —2A 90
Range Grn. Ports —4H 133
Ranmore Ct. Dib —3K 107
(off Hawkhill)
Rannoch Clo. Fare —3B 114
Ransome Clo. Fare —7G 113
Ranvilles La. Fare —6J 113
Rapson Clo. Ports —5H 117
Rareridge La. Bish W —3A 54
Rashmere Ga. Hmbdn —2H 77
Ratcliffe Rd. Dib P —5C 108
Ratcliffe Rd. H End —5H 71
Ratlake La. Win —5C 20
Ratsey La. Ports —2K 145 (2K 7)
Rattigan Gdns. White —5D 92
Ravelin Ho. Ports —4G 145 (6E 6)
Raven Clo. Gos —2F 143
Raven Cft. S'sea —5H 145 (7F 7)
Raven Rd. Sotn —6E 68
Ravens Clo. Fare —5A 130
Ravenscroft Clo. Burs —4E 90
Ravenscroft Way. Bot —3A 72
Raven Sq. Eastl —1G 49
Ravenswood. Fare —3D 112
Ravenswood Gdns. S'sea —6J 145
Rawlinson Ter. Ports —2F 145 (2C 6)
Raymond Clo. Holb —4G 125
Raymond Clo. W End —1E 70
Raymond Rd. Ports —5D 116
Raymond Rd. Sotn —4A 68
Rayners Gdns. Sotn —7G 49
Raynes Rd. Lee S —4C 142
Reading Room La. Curd —4E 72
Readon Clo. Ptsfld —5E 24
Recess, The. Eastl —5A 32
Record Rd. Ems —5H 121
Rectory Av. Ports —5G 119
Rectory Clo. Fare —4K 129
Rectory Clo. Gos —6K 143
Rectory Ct. Bot —5A 72
Rectory La. It Ab —1H 13
Rectory La. Meon —5B 38
Rectory Rd. Hav —6C 120
(in two parts)
Redan, The. Gos —7B 144
Red Barn Av. Fare —5B 116
Red Barn La. Fare —2B 114
Redbridge Causeway. Sotn —4C 66
Redbridge Flyover. Sotn —4D 66
Redbridge Gro. Hav —3A 120
Redbridge Hill. Sotn —3G 67
Redbridge La. Sotn & Nurs —2D 66
Redbridge Rd. Sotn —4D 66
Redbridge Towers. Sotn —4D 66
Redcar Av. Ports —6B 134
Redcar St. Sotn —4J 67
Redcliffe Gdns. S'sea —7K 145
Redcote Clo. Sotn —5A 70
Redcourt. Sotn —7C 48
Redcroft La. Burs —4F 91
Redfords, The. Tot —3K 65
Redhill. Sotn —7B 48
Redhill Clo. Sotn —7B 48
Redhill Cres. Sotn —7B 48
Redhill Ho. Ports —2J 145 (1J 7)
Redhill Rd. Row C —5E 100
Redhill Way. Sotn —7B 48
Redhouse Pk. Gdns. Gos —2H 143
Redlands Dri. Sotn —6J 69
Redlands Gro. S'sea —4D 146
Redlands La. Ems —2J 121
(in two parts)
Redlands La. Fare —5C 114
Red La. Uphm —1C 34
Red Leaves. Wal C —2B 74
Red Lodge. Chan F —7E 30
Redlynch Clo. Hav —2E 120
Redmoor Clo. Sotn —6J 69
Rednal Ho. S'sea —3J 145 (4H 7)
Red Oaks Dri. Park G —1D 112
Redoubt Ct. Fare —1C 130
Redrise Clo. Holb —4E 124
Redshank Rd. Water —5H 79
Redward Rd. Rown —6G 47
Redwing Ct. S'sea —3D 146
Redwing Gdns. Tot —4H 65
Redwing Rd. Water —7K 59
Redwood Clo. Dib P —3K 107
Redwood Clo. W End —2B 70
Redwood Ct. Water —5F 99
Redwood Dri. Fare —6A 116
Redwood Gdns. Tot —6H 65
Redwood Gro. Hav —2D 120
Redwood Lodge. Fare —4E 114
Redwood Way. Sotn —5D 48
Reed Dri. March —3G 87
Reedling Dri. S'sea —3D 146
Reedmace Clo. Water —7H 99
Reed's Pl. Gos —3K 143
Reeds Rd. Gos —1A 144
Rees Rd. Wor D —4B 8
Reeves Way. Burs —4E 90
Regal Clo. Ports —6A 118
Regency Ct. Ports —4F 145 (6B 6)
Regency Gdns. Water —7E 98
Regency Pl. Fare —5B 114
Regent Clo. Ott —5B 22
Regent Ct. Ports —1J 145
Regent Ct. Sotn —3D 68
Regent Ct. Win —5F 11
(off Northlands Dri.)
Regent Ho. H End —1H 71
Regent Pl. S'sea —5G 145 (7E 6)
Regent Rd. Chan F —4G 31
Regents Ct. Hav —6C 120
Regents Ct. Sotn —4J 67
Regents Ga. Sar G —1K 111
Regents Gro. Sotn —3J 67
Regents M. Ptsfld —5B 24
Regent's Pk. Gdns. Sotn —5J 67
Regent's Pk. Rd. Sotn —6H 67
Regent St. Ports —1H 145
Regent St. Sotn —1C 88 (3D 4)
Reginald Mitchell Ct. Eastl —6J 31
Reginald Rd. S'sea —5B 146
Reigate Ho. Ports —2J 145 (1J 7)
Relay Rd. Water —5E 98
Reldas, The. Ports —5F 145 (7B 6)
(off Oyster St.)
Reliant Clo. Chan F —5E 30
Renda Rd. Holb —3F 125
Renny Rd. Ports —3K 145
Renown Clo. Chan F —5E 30
Renown Gdns. Water —7G 79
Renown Ho. Gos —4B 144
(off Anchorage, The)
Repton Clo. Gos —4H 143
Repton Gdns. H End —2J 71
(in two parts)
Reservoir La. H End —6F 71
Reservoir La. Ptsfld —3D 24
Resolution Ho. Gos —4B 144
(off Anchorage, The)
Rest-a-Wyle Av. Hay I —3D 148
Retreat, The. Eastl —6A 32
Retreat, The. S'sea —5H 145 (7G 7)
Retreat, The. Tot —7B 66
Revenge Clo. S'sea —2D 146
Revenge Ho. Gos —4B 144
Rewlands Dri. Win —4B 10
Rex Est. Chan F —5G 31
Reynolds Ct. Roms —4B 28
Reynolds Dale. Asht —7J 65
Reynolds Rd. F Oak —2J 51
Reynolds Rd. Gos —6B 144
Reynolds Rd. Sotn —4K 67
Rhinefield Arboretum. —7C 102
Rhinefield Clo. Eastl —1E 50
Rhinefield Clo. Hav —2K 119
Rhinefield Ornamental Drive. —7C 102
Rhyme Hall M. Fawl —4A 126
Rhys Ct. S'sea —4B 146
Ribble Clo. Chan F —5G 31
Ribble Ct. Sotn —3F 67
Richard Gro. Gos —6K 131
Richard Moss Ho. Win —1D 150
Richards Clo. Black —5J 125
Richards Clo. L Hth —3B 112
Richards Ct. Sotn —3J 67
Richards Ct. W End —2B 70
Richard Taunton Pl. Sotn —2D 68
Richlans Rd. H End —6H 71
Richmond Clo. Cal —3G 65
Richmond Clo. Chan F —1F 31
Richmond Clo. Hay I —4A 148
Richmond Dri. Hay I —4A 148
Richmond Gdns. Sotn —3E 68
Richmond Ho. Ports —4D 6
Richmond La. Roms —1B 28
Richmond Pk. Ott —5C 22
Richmond Pl. Ports —3G 145 (4D 6)
Richmond Pl. S'sea —6H 145
Richmond Ri. Fare —5B 116
Richmond Rd. Gos —4K 143
Richmond Rd. Lee S —1A 142
Richmond Rd. Sotn —6K 67
Richmond Rd. S'sea —6J 145
Richmond St. Sotn —2D 88 (5F 5)
Richmond Ter. S'sea —6H 145
(off Netley Rd.)
Richville Rd. Sotn —4H 67
Ridding Clo. Sotn —3J 67
Riders La. Hav —2B 120
(in two parts)
Ridge Clo. Water —7K 59
Ridge Comn. La. Steep & Strd —4A 24
Ridge La. Bot —2E 92
Ridge La. Roms —2G 45

Sandisplatt—Ship Leopard St.

Sandisplatt. Fare —6K 113
Sandleford Rd. Hav —6A 100
Sandlewood Clo. Cal —4H 65
Sandlewood Clo. Water —6K 59
Sandown Clo. Gos —5G 143
Sandown Heights. Fare —6K 113
Sandown Rd. Ports —7K 117
Sandown Rd. Sotn —3J 67
Sandpiper Clo. March —4F 87
Sandpiper Clo. Water —5H 79
Sandpiper Rd. Sotn —6H 47
Sandpipers. Ports —7F 119
Sandport Gro. Fare —7A 116
Sandringham Clo. Chan F —6C 30
Sandringham Ct. Sotn —6H 67
(off Regents Pk. Rd.)
Sandringham La. Ports —3K 145 (3K 7)
Sandringham Rd. Fare —6J 113
Sandringham Rd. Ptsfld —5D 24
Sandringham Rd. Ports —3K 145 (3K 7)
Sandringham Rd. Sotn —3H 69
Sandsbury La. Steep —4A 24
Sandy Beach Est. Hay I —7J 149
Sandy Brow. Water —2E 118
Sandy Clo. Ptsfld —6G 25
Sandycroft. Wars —5J 111
Sandyfield Cres. Water —2F 99
Sandy La. F Oak —1G 51
Sandy La. Fare —6G 113
Sandy La. Lyn —2J 103
Sandy La. N Bad —5J 29
Sandy La. Roms —6B 18
Sandy La. Shed & Wal C —4K 73
Sandy Point. Hay I —5J 149
Sandy Point Nature Reserve. —7J 149
Sandy Point Rd. Hay I —7H 149
Sanross Clo. Fare —6H 129
Sapphire Ridge. Water —6H 99
Saracens Rd. Chan F —3J 31
Sarah Robinson Ho. Ports —3F 145 (3C 6)
Sarisbury Ct. L Hth —2H 111
Sarisbury Ga. Park G —1C 112
Sarnia Ct. Sotn —7F 47
Sarum Clo. Win —1B 16
Sarum Ho. Tot —3J 65
Sarum Rd. Chan F —4H 31
Sarum Rd. Win —1A 16
Sarum Vw. Win —1A 16
Satchell La. Hamb —7D 90
Saturn Clo. Sotn —7F 47
Saunders M. S'sea —6C 146
Savernake Clo. Gos —5G 131
Savernake Clo. Roms —1C 28
Saville Clo. Eastl —5C 32
Saville Clo. Gos —5J 143
Saville Gdns. Fare —3D 114
Savoy Ct. S'sea —7K 145
Sawyer Clo. Win —6A 10
Sawyer's Hill. Water —4B 78
Saxholm Clo. Sotn —5C 48
Saxholm Dale. Sotn —5C 48
Saxholm Way. Sotn —5C 48
Saxley Ct. Hav —7K 99
Saxon Clo. Fare —5A 116
Saxon Clo. Wars —5K 111
Saxon Clo. Water —1K 79
Saxon Gdns. H End —7F 71
Saxon Ho. Sotn —6F 69 (1J 5)
Saxon Rd. Black —6J 125
Saxon Rd. Sotn —7A 68
Saxon Rd. Win —6F 11
Saxon Wlk. Chan F —5H 31
Saxon Way. Roms —3C 28
Sayers Rd. Eastl —1C 50
Scafell Av. Fare —6A 114
Scantabout Av. Chan F —3H 31
Scholars' Wlk. Ports —7D 118
School Clo. Chan F —5E 30
School Hill. Sob —5B 56
School La. Chan F —6D 30
School La. Den —7H 77
School La. Ems —1K 121
(Long Copse La.)
School La. Ems —6J 121
(West St.)
School La. Hamb —5F 111
School La. It Ab —1G 13
School La. Min —1D 82
School La. Ptsfld —3F 25
School La. Ports —1J 145
School La. Win —2F 11
School Pl. Sotn —1H 89
School Rd. Burs —4F 91
School Rd. Fawl —4K 125
School Rd. Gos —6J 131
School Rd. Hav —5B 120
School Rd. Hythe —2D 108
School Rd. Roms —1D 28
School Rd. Tot —6B 66
School Rd. Twy —3E 22
School Rd. Wick —2D 94
Schooners Clo. Lee S —2C 142
Schooner Way. S'sea —2D 146
Schooner Way. Wars —5K 111
Scimitars, The. Fare —4J 129
Scivier's La. Uphm —7D 34
Scotland Clo. F Oak —1K 51
Scotney Ct. Hav —7E 100
Scott Clo. Col C —2F 33
Scott Clo. Fare —3K 129
Scotter Rd. Eastl —7C 32
Scotter Sq. Eastl —7C 32
Scott Ho. Ports —5H 133
Scott Rd. Eastl —1J 49
Scott Rd. Hils —2A 134
Scott Rd. Navy —2E 144 (2A 6)
Scott Rd. Sotn —4J 89
Scratchface La. Hav —4J 119
Scratchface La. Water —2G 119
(in three parts)
Scrubbs La. Bish S —6J 15
Scullards La. Sotn —1C 88 (3D 4)
Seabird Way. Fare —7E 114
Seacombe Grn. Sotn —3E 66
Sea Crest Rd. Lee S —3C 142
Seafarers Wlk. Hay I —7J 149
Seafield Pk. Rd. Fare —6J 129
Seafield Rd. Fare —7A 116
Seafield Rd. Ports —6B 134
Seafield Rd. Sotn —2E 66
Seafields. Ems —6H 121
Seafield Ter. Gos —5B 144
Seaford Clo. Burs —4E 90
Sea Front. Hay I —5K 147
Sea Front Est. Hay I —6E 148
Seagarth Clo. Sotn —1A 68
Seagarth La. Sotn —1A 68
Seager's Ct. Ports —5E 144 (7A 6)
Sea Gro. Av. Hay I —6D 148
Seagrove Rd. Ports —6J 133
Seagull Clo. S'sea —2D 146
Seagull La. Ems —5J 121
(in two parts)
Seagulls, The. Lee S —4D 142
Seahorse Wlk. Gos —3C 144
Sea Kings. Fare —4J 129
(in two parts)
Sea La. Fare —7K 129
Sea Life Cen. —7H 145
Seaman's La. Min —1E 82
Seamead. Fare —7K 129
Sea Mill Gdns. Ports —3F 145 (4C 6)
Searles Clo. Alr —2G 15
Sea Rd. Sotn —2G 89 (5K 5)
Seathrift Clo. Lee S —2B 142
Seathwaite Ho. Ports —5G 117
Seaton Av. Ports —7B 134
Seaton Clo. Fare —5K 129
Seaton Clo. W End —3B 70
Seaview Av. Fare —5D 116
Seaview Ct. Gos —5G 143
Seaview Ct. Lee S —3C 142
Sea Vw. Est. Net A —1A 110
Sea Vw. Rd. Hay I —5F 149
Sea Vw. Rd. Ports —5D 118
Seaward Gdns. Sotn —1H 89
Seaward Rd. Sotn —1H 89
Seaward Tower. Gos —4D 144
Seaway Cres. S'sea —4E 146
Seaway Gro. Fare —1B 132
Sebastian Gro. Water —5H 99
Second Av. Farl —7E 118
Second Av. Hav —4E 120
Second Av. Ports —6K 117
Second Av. Sotn —4E 66
Second St. Hythe —6H 109
(Avenue F)
Second St. Hythe —4J 125
(South Av.)
Sedbergh Ho. Sotn —3E 66
Sedbergh Rd. Sotn —3E 66
Sedgefield Clo. Ports —6E 116
Sedgefield Clo. Tot —4H 65
Sedgeley Gro. Gos —7K 131
Sedge Mead. Net A —1A 110
Sedgemead Ct. Net A —1A 110
Sedgewick Clo. Gos —7F 131
Sedgewick Ct. Eastl —7C 32
Sedgewick Rd. Eastl —7C 32
Sedgewick Rd. Sotn —7B 70
Sedgley Clo. S'sea —4J 145 (5H 7)
Segars La. Twy —4E 22
Segensworth E. Ind. Est. Fare —1E 112
(in two parts)
Segensworth N. Ind. Est. Fare —1F 113
Segensworth Rd. Fare —2E 112
Segensworth W. Ind. Est. Seg W —1D 112
Selangor Av. Ems —5F 121
Selborne Av. Hav —1A 120
Selborne Av. Sotn —4B 70
Selborne Ct. Roms —1D 28
Selborne Dri. Eastl —6K 31
Selborne Gdns. Gos —4J 143
Selborne Pl. Win —3C 16
Selborne Rd. Tot —3J 65
Selborne Wlk. Sotn —4B 70
Selbourne Clo. Ptsfld —4D 24
Selbourne Rd. Hav —5B 120
Selbourne Ter. Ports —3K 145 (4K 7)
Seldon Clo. Win —4A 16
Selhurst Ho. Ports —2J 145 (1J 7)
Selhurst Way. F Oak —2H 51
Sellwood Rd. Net A —7B 90
Selma Ct. S'sea —6J 145
Selsdon Av. Roms —2C 28
Selsey Av. Gos —7K 131
Selsey Av. S'sea —6B 146
Selsey Clo. Hay I —6J 149
Selsey Clo. Sotn —1F 67
Selsmore Av. Hay I —6F 149
Selsmore Rd. Hay I —5D 148
Selworth La. Sob —1A 76
Selwyn Gdns. Eastl —5K 31
Sembal Ho. Sotn —1B 4
Sengana Clo. Bot —6K 71
Senlac Rd. Roms —3C 28
Sennen Pl. Port S —7F 117
Sentinel Clo. Water —4J 99
Seps 4 Rd. Hythe —3B 126
September Clo. W End —3C 70
Serle Clo. Tot —5G 65
Serle Gdns. Tot —6J 65
Sermon Rd. Win —6A 10
Serpentine Rd. Fare —3E 114
Serpentine Rd. S'sea —6H 145
(Clarence Pde.)
Serpentine Rd. S'sea —6H 145
(Portland Rd.)
Serpentine Rd. Wid —3D 118
Service Rd. Ports —6J 117
Setters Clo. Col C —2E 32
Settle Clo. Sotn —4J 67
Settlers Clo. Ports —2J 145 (2H 7)
Sevenoaks Rd. Ports —6K 117
Seventh St. Hythe —4H 125
(in three parts)
Severn Clo. Fare —6K 115
Severn Clo. Ports —5G 117
(in two parts)
Severn Rd. Sotn —4F 67
Severn Way. W End —2C 70
Seward Ri. Roms —2D 28
Seward Rd. Hythe —3E 108
Seymour Clo. Cal —3H 65
Seymour Clo. Chan F —5H 31
Seymour Clo. Ports —1J 145
Seymour Clo. Sotn —1K 67
Seymour Ho. Sotn —1A 68
Seymour La. N Bad —6G 29
Seymour Rd. Lee S —4C 142
Seymour Rd. Sotn —1K 67
Shackleton Ho. Ports —5K 133
Shackleton Rd. Gos —7G 131
Shadwell Ct. Ports —5H 133
Shadwell Rd. Ports —5J 133
Shaftesbury Av. Chan F —6F 31
Shaftesbury Av. Sotn —3E 68
Shaftesbury Av. Water —2E 118
Shaftesbury Rd. Gos —4B 144
(in two parts)
Shaftesbury Rd. S'sea —6H 145
Shags Mdw. Lyn —1J 103
Shakespeare Av. Sotn —4E 68
Shakespeare Bus. Cen. Eastl —6A 32
Shakespeare Dri. Tot —2J 65
Shakespeare Gdns. Water —2F 99
Shakespeare M. Titch —6H 113
(off East St.)
Shakespeare Rd. Eastl —5J 31
Shakespeare Rd. Ports —2K 145
Shakespeare Ter. Ports —7C 6
Shalbourne Rd. Gos —1K 143
Shalcombe. Net A —6B 90
Shalden Clo. Sotn —7K 47
Shaldon Rd. Hav —7E 100
Shales Rd. Sotn —5A 70
Shamblehurst La. H End —2H 71
Shamblehurst La. N. H End —2J 71
Shamblehurst La. S. H End —4H 71
Shamrock Clo. Gos —4C 144
Shamrock Enterprise Cen. Gos —6J 131
Shamrock Quay. Sotn —7G 69 (1K 5)
Shamrock Rd. Sotn —2G 89
Shamrock Vs. Sotn —3F 69
Shamrock Way. Hythe —7D 88
Shanklin Cres. Sotn —3B 68
Shanklin Pl. Fare —6K 113
Shanklin Rd. Sotn —2A 68
Shanklin Rd. S'sea —4K 145 (6K 7)
Shannon Clo. Fare —4A 114
Shannon Ho. Sotn —1J 5
Shannon Rd. Fare —3J 129
(Old St.)
Shannon Rd. Fare —2D 130
(Royal Sovereign Av.)
Shannon Way. Chan F —4D 30
Shapton Clo. Holb —3E 124
Sharlands Rd. Fare —1D 130
Sharon Ct. Gos —3B 144
Sharon Rd. W End —2B 70
(in two parts)
Sharpness Clo. Fare —6K 113
Sharps Clo. Ports —4C 134
Sharps Rd. Hav —1E 120
Shavard La. Meon —4C 38
Shaw Clo. Tot —5J 65
Shaw Clo. W End —2K 69
Shawcross Ind. Pk. Ports —2B 134
Shawfield Rd. Hav —5D 120
Shawford Clo. Sotn —7B 48
Shawford Clo. Tot —5G 65
Shawford Gro. Hav —1K 119
Shawford Rd. Shaw —3D 22
Shayer Rd. Sotn —3K 67
Sheardley La. Drox —3E 56
Shearer Rd. Ports —1K 145
Shear Hill. Ptsfld —4F 25
Shears Rd. Eastl —7D 32
Shearwater Av. Fare —5H 115
Shearwater Clo. Gos —5E 130
Shearwater Dri. Ports —7G 119
Sheep Pond La. Drox —7J 37
Sheep St. Ptsfld —6D 24
Sheepwash La. Water —4K 97
Sheepwash Rd. Horn —6A 80
(Havant Rd.)
Sheepwash Rd. Horn —2K 99
(Padnell Rd.)
Sheffield Clo. Eastl —5C 32
Sheffield Ct. Gos —2F 143
Sheffield Rd. Ports —3K 145 (3K 7)
Sheldrake Gdns. Sotn —6J 47
Shelford Rd. S'sea —3C 146
Shell Ct. March —3G 87
Shellcroft. Wars —6J 111
Shelley Av. Ports —5D 116
Shelley Clo. It Ab —1F 13
Shelley Clo. Win —7C 10
Shelley Ct. Sotn —7B 68 (1B 4)
Shelley Gdns. Water —2F 99
Shelley La. Ower —1C 44
Shelley Rd. Eastl —2J 49
Shelley Rd. Sotn —6C 70
Shelley Rd. Tot —2J 65
Shenley Clo. Fare —4K 113
Shepards Clo. Fare —6K 113
Shepheard's Way. Gos —6B 144
Shepherds Clo. Bart —6A 64
Shepherds Clo. Win —4A 16
Shepherds Down. Alr —3F 15
Shepherdshey Rd. Cal —3G 65
Shepherds La. Comp —3J 21
Shepherds Purse Clo. L Hth —4K 111
Shepherds Rd. Bart —6A 64
Shepherds Rd. Win —7H 11
Shepherds Way. Nurs —6D 46
Sheppard Clo. Water —6H 79
Sherborne Ct. Eastl —4J 31
Sherborne Rd. Sotn —2E 68
Sherborne Way. H End —6H 71
Sherbrooke Clo. King W —6H 9
Sherecroft Gdns. Bot —5C 72
Sherfield Av. Hav —1D 120
Sherfield Ho. Sotn —6B 68
Sheridan Clo. Sotn —7C 70
Sheridan Clo. Win —3B 16
Sheridan Gdns. Tot —5J 65
Sheridan Gdns. White —5D 92
Sheringham Rd. Ports —5J 117
Sherley Grn. Burs —4F 91
Sherringham Clo. Fawl —4A 126
Sherwin Wlk. Gos —5K 143
Sherwood Av. H End —1H 91
Sherwood Clo. Sotn —1B 68
Sherwood Gdns. Sar G —2K 111
Sherwood Rd. Chan F —1H 31
Sherwood Rd. Gos —4K 143
Sherwood Way. Black —1C 140
Shetland Clo. Ports —5A 118
Shetland Clo. Tot —4G 65
Shetland Ri. White —6C 92
Shieldhall. —3E 88 (7H 5)
(Steam Ship)
Shillinglee. Water —2F 119
Shinwell Ct. Sotn —3J 67
Shipbuilding Rd. Ports —2E 144 (1A 6)
Shipcote La. Bish W —1K 53
Ship Leopard St. Ports —3F 145 (3B 6)

A-Z Southampton, Portsmouth & Winchester 183

Spencer Rd.—Summers St.

Spencer Rd. Eastl —1H 49
Spencer Rd. Ems —2H 121
Spencer Rd. Sotn —6C 70
Spencer Rd. S'sea —6A 146
Spenlow Clo. Ports —1J 145
Spenser Clo. Wars —6J 111
Spice Quay. Ports —5F 145 (7A 6)
Spicer Ho. Ports —2D 6
Spicers Ct. Win —7E 10 (1B 150)
Spicer's Hill. Tot —7K 65
Spicer St. Ports —2H 145 (2G 7)
Spicer's Way. Tot —6K 65
Spicewood. Fare —4B 114
Spindle Clo. Hav —3F 121
Spindle Warren. Hav —3F 121
Spindlewood Clo. Sotn —5D 48
Spindlewood Way. March —5G 87
Spinnaker Clo. Gos —1G 143
Spinnaker Clo. Hay I —4B 148
Spinnaker Dri. Ports —3J 133
Spinnaker Grange. Hay I —3F 137
Spinnaker Vw. Hav —5H 119
Spinney Cvn. Pk., The. Alr —1F 15
Spinney Clo. Water —1F 99
Spinney Dale. Hythe —4E 108
Spinney Gdns. Hythe —4E 108
Spinney, The. Cal —3H 65
Spinney, The. Comp —2B 22
Spinney, The. Den —2A 98
Spinney, The. Eastl —1F 51
Spinney, The. Fare —5J 115
Spinney, The. Gos —6G 131
Spinney, The. Sotn —5C 48
Spinney, The. Water —6H 79
Spinney Wlk. Sotn —1J 69
Spitfire Ct. Sotn —2F 89 (6K 5)
Spitfire End. Win —7J 11
Spitfire Link. Win —1J 17
Spitfire Loop. Sotn —4J 49
Spitfire Quay. Sotn —1F 89 (3K 5)
Spitfire Way. Hamb —4E 110
Spithead Av. Gos —7B 144
Spithead Heights. S'sea —5F 147
Spithead Ho. Fare —7D 114
Spring Clo. F Oak —1H 51
Spring Clo. Sotn —1J 89
Spring Ct. Lee S —3C 142
Spring Ct. Sotn —7B 68 (1A 4)
Spring Cres. Sotn —4E 68
Springcroft. Gos —2E 130
Springdale Ct. Tot —5A 66
Springfield Av. Holb —3G 125
Springfield Clo. Hav —4J 119
Springfield Clo. Wick —1D 94
Springfield Ct. Sotn —3J 89
Springfield Dri. Tot —6K 65
Springfield Gro. Holb —3G 125
Springfields Clo. Col C —1E 32
Springfield Way. Fare —6K 129
Spring Firs. Sotn —2J 89
Springford Clo. Sotn —7J 47
Springford Cres. Sotn —1J 67
Springford Gdns. Sotn —7J 47
Springford Rd. Sotn —1J 67
Spring Garden La. Gos —3B 144
Spring Gdns. Alr —3E 14
Spring Gdns. Ems —6J 121
Spring Gdns. N Bad —5G 29
Spring Gdns. Ports —3H 145 (4E 6)
Spring Gro. Burs —4F 91
Springhill Rd. Chan F —4F 31
Spring Hills. Sotn —7B 70
Spring Ho. Clo. Col C —1F 33
Spring La. Col C —1E 32
Spring La. Eastl —6C 32
Spring La. Swanm —7E 54
Springles La. Fare —1G 113
Spring Pl. Roms —3K 27
Spring Rd. Hythe —2D 108
Spring Rd. Sar G —7A 92
Spring Rd. Sotn —6J 69
Spring St. Ports —3H 145 (3F 7)
Spring, The. Water —2A 98
Spring Vale. Swanm —6D 54
Spring Va. Water —1J 99
Springvale Av. King W —7G 9
Springvale Rd. Win —2G 11
Spring Wlk. Ports —2H 145 (2F 7)
Spring Way. Alr —3F 15
Springwood Av. Water —7G 99
Spruce Av. Water —6H 99
Spruce Clo. S Won —1D 8
Spruce Clo. Wars —6J 111
Spruce Dri. Sotn —7D 70
Spruce Dri. Tot —4G 65
Spruce Wlk. Lee S —2C 142
Spurlings Rd. Fare —2G 115
Spur Rd. Cosh —6A 118
Spur Rd. Water —6F 99
Spur, The. Gos —6J 143
Spur, The. Wick —1D 94
Square, The. F Oak —1H 51
Square, The. Fawl —4A 126
Square, The. Gos —7B 132
Square, The. Hamb —4F 111
Square, The. Ptsfld —6D 24
Square, The. Titch —6G 113
Square, The. Wick —2D 94
(in two parts)
Square, The. Win —1F 17 (3D 150)
Square Tower, The. —5F 145 (7B 6)
Squires Wlk. Sotn —4H 89
Squirrel Clo. Eastl —1E 50
Squirrel Dri. Sotn —2K 89
Squirrels Wlk. Dib P —4C 108
Stable Clo. Fare —4E 112
Stable La. Ptsfld —6D 24
(off Folly La.)
Stables, The. L Hth —4B 112
Stacey Ct. Hav —6A 100
Stafford Rd. Ptsfld —4D 24
Stafford Rd. Sotn —5A 68
Stafford Rd. S'sea —5J 145 (7H 7)
Staffwise Bus. Cen. Cosh —7A 118
Stagbrake Clo. Holb —4E 124
Stag Clo. Eastl —1E 50
Stag Gates. Black —6H 125
Stagshorn Rd. Water —5K 79
Stag Way. Fare —1A 114
Stainer Clo. Sotn —2C 90
Stainers La. S Won —2B 8
(in two parts)
Staith Clo. Sotn —7B 70
Stakes Hill Rd. Water —6F 99
Stakes La. Uphm —1F 53
Stakes Rd. Water —1D 118
Stallard Clo. Ems —5H 121
Stalybridge Clo. Park G —7B 92
Stamford Av. Hay I —5B 148
Stamford St. Ports —2K 145 (2K 7)
Stamford Way. F Oak —2H 51
Stampsey Ct. Ports —5H 133
Stamshaw Promenade. Ports —3J 133
Stamshaw Rd. Ports —5J 133
Stanbridge Rd. Hav —3E 120
Standard Way. Fare —3F 115
Standen Rd. Sotn —6D 46
Standford St. Sotn —1E 88 (4H 5)
Stanford Clo. Ports —6J 117
Stanford Ct. Hav —1E 120
Stanford Ct. Sotn —2C 90
Stanham Clo. Wor D —4C 8
Stanhope Ga. S'sea —6H 145
Stanhope Rd. Ports —3H 145 (3F 7)
Stanier Way. H End —1H 71
Stanley Av. Ports —7C 134
Stanley Clo. Fare —5B 114
Stanley Clo. Gos —6K 131
Stanley La. S'sea —6H 145
Stanley Rd. Ems —6K 121
Stanley Rd. Holb —3G 125
Stanley Rd. Ports —6H 133
Stanley Rd. Sotn —3F 69
Stanley Rd. Tot —3J 65
Stanley St. S'sea —6H 145
Stanmore La. Win —2B 16
Stannington Cres. Tot —4A 66
Stannington Way. Tot —4A 66
Stanstead Rd. Eastl —6J 31
Stansted Clo. Row C —3F 101
Stansted Cres. Hav —7E 100
Stansted Rd. S'sea —4J 145 (6J 7)
Stanswood Rd. Fawl —4F 141
Stanswood Rd. Hav —7A 100
Stanton Rd. Ptsfld —5C 24
Stanton Rd. Sotn —5G 67
Stanton Rd. Ind. Est. Sotn —5H 67
Staple Clo. Water —4E 98
Stapleford Clo. Roms —1C 20
Stapleford La. Durl —6A 52
Staple Gdns. Win —7E 10 (2C 150)
Staplehurst Clo. Sotn —4A 90
Staplers Reach. Gos —5E 130
Stapleton Rd. Ports —7B 134
Staplewood La. March —6C 86
(in two parts)
Stares Clo. Gos —1F 143
Starina Gdns. Water —5J 99
Starling Sq. Eastl —1G 49
Starling Way. Lee S —1C 142
Station App. Alr —2G 15
Station App. Ems —5J 121
Station App. Fare —5D 114
Station App. It Ab —1F 13
Station App. Ports —3F 145 (4B 6)
Station Clo. It Ab —1F 13
Station Clo. Wick —1D 94
Station Cotts. Beau —5K 105
Station Hill. Burs —6G 91
Station Hill. Curd —5D 72
Station Hill. It Ab —1F 13
Station Hill. Win —7E 10 (1C 150)
Station La. Chan F —4F 31
Station M. Roms —2A 28
Station Rd. Alr —1G 15
Station Rd. Bish W —4K 53
Station Rd. Burs —5G 91
Station Rd. Dray —1D 134
Station Rd. Gos —1J 143
Station Rd. Hay I —4A 148
Station Rd. Net A —1A 110
Station Rd. Nurs —6B 46
Station Rd. Park G —1B 112
Station Rd. Ptsfld —5C 24
Station Rd. Portc —6C 116
Station Rd. Ports —7B 134
Station Rd. Roms —3K 27
Station Rd. Sob —5B 56
Station Rd. Sotn —4D 66
(SO15)
Station Rd. Sotn —2J 89
(SO19)
Station Rd. Wick —1D 94
Station Rd. Win —7E 10 (1B 150)
Station Rd. N. Tot —5C 66
Station Rd. S. Tot —5C 66
Station St. Ports —3H 145 (3F 7)
Station Ter. Shaw —3D 22
Staunton Av. Hay I —5A 148
Staunton Rd. Hav —4B 120
Staunton St. Ports —2H 145 (1G 7)
Stavedown Rd. S Won —2B 8
Stead Clo. Hay I —5E 148
Steele Clo. Chan F —6G 31
Steel St. S'sea —5G 145 (7E 6)
Steep Clo. Fare —5B 116
Steep Clo. Sotn —4B 70
Steeple Way. Fare —3E 112
Steerforth Clo. Ports —7J 133
Steinbeck Clo. White —5D 92
Stenbury Way. Net A —6B 90
Stephen Clo. Water —3J 99
Stephen Lodge. S'sea —5H 145
Stephen Rd. Fare —5C 114
Stephens Ct. Roms —4K 27
(off Middlebridge St.)
Stephenson Clo. Gos —6K 143
Stephenson Rd. Tot —1J 65
Stephenson Way. Fare —4F 113
Stephenson Way. H End —1G 71
Step Ter. Win —7D 10 (2A 150)
Steuart Rd. Sotn —5G 69
Steventon Rd. Sotn —5B 70
Stewart Ho. Chan F —1F 31
Stewart Pl. Ports —1K 145
Stewarts Grn. Hmbdn —1H 77
Stinchar Dri. Chan F —5D 30
Stirling Av. Water —6G 99
Stirling Clo. Tot —4B 66
Stirling Ct. Fare —3B 114
Stirling Cres. H End —3H 71
Stirling Cres. Tot —4B 66
Stirling St. Ports —7J 133
Stirling Wlk. Roms —3K 27
Stockbridge Clo. Hav —1E 120
Stockbridge Rd. Spar & Win —1A 150
Stockbridge Rd. Win —3A 10
Stocker Pl. Gos —6G 131
Stockers Av. Win —5C 10
Stockheath La. Hav —4B 120
Stockheath Rd. Hav —2B 120
Stockheath Way. Hav —3C 120
Stockholm Dri. H End —7H 71
Stocklands. Tot —2H 65
Stockley Clo. Holb —4F 125
Stocks La. Meon —4B 38
Stockton Clo. H End —5J 71
Stoddart Av. Sotn —6J 69
Stodham La. Liss —1J 25
Stoke Charity Rd. King W & Win —1F 9
Stoke Comn. Rd. Eastl —5D 32
Stoke Gdns. Gos —4B 144
Stoke Heights. F Oak —7G 33
Stoke Pk. Dri. Eastl —6C 32
Stoke Pk. Rd. Eastl —6C 32
Stoke Rd. Gos —4A 144
Stoke Rd. Sotn —3H 67
Stoke Rd. Win —4F 11
Stokesay Clo. Hythe —6D 108
Stokes Bay Mobile Home Pk. Gos
(in two parts) —6G 143
Stokes Bay Rd. Gos —6G 143
Stokeway. Gos —4B 144
Stoke Wood Clo. F Oak —1F 51
Stonechat Clo. Ptsfld —7G 25
Stonechat Dri. Tot —4G 65
Stonechat Rd. Water —6H 79
Stone Crop Clo. L Hth —4A 112
Stonecross Ho. Ports —7J 133
Stoneham Cemetery Rd. Sotn —7J 49
Stoneham Clo. Ptsfld —5B 24
Stoneham Clo. Sotn —6G 49
Stoneham Gdns. Burs —4E 90
Stoneham Golf Course. —5E 48
Stoneham La. Eastl & Sotn —2H 49
Stoneham Pk. Ptsfld —5B 24
Stoneham Way. Sotn —7G 49
Stonehills. Fawl —5B 126
Stone La. Gos —4A 144
(in two parts)
Stoneleigh Clo. Fare —6A 116
Stonemasons Ct. Win —2D 150
Stoner Hill Rd. Frox —1A 24
Stoners Clo. Gos —4E 130
Stone Sq. Hav —2C 120
Stone St. S'sea —5G 145 (7E 6)
Stoney La. Win —5C 10
Stony La. Ports —2E 144 (2A 6)
Stonymoor Clo. Holb —4F 125
Storrington Rd. Water —6A 60
Stour Clo. Ptsfld —7C 24
Stour Clo. W End —1A 70
Stourvale Gdns. Chan F —5G 31
Stow Cres. Fare —4A 114
Stowe Clo. H End —3J 71
Stowe Rd. S'sea —4D 146
Stradbrook. Gos —6E 130
Stragwyne Clo. N Bad —5G 29
Straight Mile, The. Roms —1E 28
Strand. Sotn —1D 88 (4E 4)
Strand, The. Hay I —7F 149
Strand, The. S'sea —7J 145
Strategic Pk. H End —5E 70
Stratfield Dri. Chan F —1E 30
Stratfield Gdns. Hav —6A 100
Stratfield Pk. Water —5D 98
Stratford Ct. Sotn —6D 48
Stratford Ct. Win —5F 11
(off Northlands Dri.)
Stratford Ho. S'sea —4H 145 (6F 7)
Stratford Pl. Eastl —6A 32
Stratford Rd. Water —5H 99
Strathmore Rd. Gos —4B 144
Stratton Clo. Ports —6H 117
Stratton Rd. Sotn —3K 67
Stratton Rd. Win —1G 17 (4G 150)
Strawberry Fields. H End —6F 71
Strawberry Hill. L Hth —3A 112
Strawberry Mead. F Oak —2G 51
Streamleaze. Fare —4D 112
Street End. N Bad —5J 29
Stride Av. Ports —2B 146
Strides Way. Tot —5G 65
Strode Rd. Ports —5H 133
Strongs Clo. Roms —2C 28
Strouden Ct. Hav —6A 100
Strouden Ct. Precinct. Hav —6A 100
Stroud Grn. La. Fare —2A 130
Stroudley Av. Ports —1D 134
Stroudley Way. H End —2J 71
Stroudwood Rd. Hav —3C 120
Stroudwood Rd. Uphm —7B 34
Stuart Bridgewater Ho. Sotn —5K 69
Stuart Clo. Fare —5K 129
Stuart Ct. Ports —6A 118
Stuart Cres. Win —2D 16
Stubbington Av. Ports —6K 133
Stubbington Grn. Fare —4K 129
Stubbington La. Fare —4A 130
Stubbington Way. F Oak —1J 51
Stubbs Drove. H End —5J 71
Stubbs Rd. Sotn —3B 90
Studland Clo. Sotn —3E 66
Studland Rd. Lee S —2B 142
Studland Rd. Sotn —4E 66
Studley Av. Holb —3F 125
Sturminster Ho. Sotn —3G 67
Sudbury Rd. Ports —6J 117
Suetts La. Bish W —5C 54
Suffolk Av. Sotn —5A 68
Suffolk Clo. Chan F —1F 49
Suffolk Cotts. Gos —5A 144
Suffolk Dri. Chan F —7F 31
Suffolk Dri. White —6C 92
Suffolk Grn. Chan F —1F 49
Suffolk Rd. S'sea —5B 146
Sullivan Clo. Ports —6D 116
Sullivan Rd. Sotn —1C 90
Sullivan Way. Water —1F 119
Sultan Rd. Ems —5J 121
Sultan Rd. Ports —1J 145
Sumar Clo. Fare —2A 130
Summerfield Gdns. Sotn —6G 49
Summerfields. L Hth —5C 112
Summerhill Rd. Water —2G 99
Summerlands Rd. F Oak —1H 51
Summerlands Wlk. Hav —1E 120
Summer La. Beau —6B 124
Summerleigh Wlk. Fare —2A 130
Summers St. Sotn —6F 69

Up. Cornaway La.—Waterloo Rd.

Up. Cornaway La. *Fare* —4A **116**
(in two parts)
Upper Crabbick La. *Water* —7H **77**
Up. Crescent Rd. *N Bad* —5G **29**
Up. Deacon Rd. *Sotn* —6A **70**
Up. Heyshott. *Ptsfld* —6E **24**
Up. High St. *Win* —7E **10** (1B **150**)
Up. House Ct. *Wick* —2D **94**
Up. Mead Clo. *F Oak* —1J **51**
Up. Moors Rd. *Bram* —2E **32**
Up. Mullins La. *Hythe* —3B **108**
Up. New Rd. *W End* —3C **70**
Up. Northam Clo. *H End* —6F **71**
Up. Northam Dri. *H End* —6D **70**
Up. Northam Rd. *H End* —5F **71**
Up. Old St. *Fare* —3J **129**
Up. Piece. *Water* —2B **98**
Up. St Helens Rd. *H End* —1G **91**
Up. St Michael's Gro. *Fare* —6C **114**
Up. Shaftesbury Av. *Sotn* —2E **68**
Up. Shirley Av. *Sotn* —3K **67**
Up. Spinney. *Wars* —6H **111**
Up. Toothill Rd. *Rown* —2F **47**
Up. Wardown. *Ptsfld* —5F **25**
Up. Weston La. *Sotn* —3K **89**
Up. Wharf. *Fare* —6F **115**
Upton Clo. *Hav* —6A **100**
Upton Cres. *Nurs* —4E **46**
Upton Grey Clo. *Win* —4C **10**
Upton La. *Nurs* —6B **46**

Vadne Gdns. *Gos* —2A **144**
Valdean Mobile Home Pk. *Alr* —1G **15**
Vale Dri. *Sotn* —3J **69**
Vale Gro. *Gos* —1K **143**
Valentine Av. *Sotn* —2B **90**
Valentine Clo. *Fare* —3K **113**
Valentine Ct. *Sotn* —2B **90**
Valentine Ct. *Water* —5H **99**
Valerian Av. *Fare* —3G **113**
Valerian Clo. *H Hth* —5H **51**
Valerian Rd. *H End* —6H **71**
Vale Rd. *Win* —2H **17** (5G **150**)
Vale, The. *Hythe* —3C **108**
Vale, The. *L Hth* —4C **112**
Vale, The. *S'sea* —6H **145**
Vale, The. *Water* —3K **79**
Valetta Pk. *Ems* —6H **121**
Vale Way. *King W* —5G **9**
Valiant Gdns. *Ports* —3J **133**
Valley Clo. *Black* —6J **125**
Valley Clo. *Col C* —2E **32**
Valley Clo. *Water* —3D **118**
Valley Ct., The. *Win* —2C **16**
Valleydene. *Dib P* —4C **108**
Valley Pk. Dri. *Water* —7A **60**
Valley Ri. *Sar G* —2K **111**
Valley Rd. *Chan F* —3F **31**
Valley Rd. *Tot* —7A **66**
Valley Rd. *Win* —2A **10**
Valley, The. *Win* —2B **16**
Valley Wlk. *Uphm* —1K **35**
Valsheba Dri. *Fare* —6J **129**
Vanburgh Ho. *H End* —4J **71**
Vanburgh Way. *Chan F* —1E **30**
Vanguard Rd. *Sotn* —4K **69**
Vanstone Rd. *Gos* —7G **131**
Vardy Clo. *Sotn* —2C **90**
Varna Rd. *Sotn* —7K **67**
Varos Clo. *Gos* —2K **143**
Vaudrey Clo. *Sotn* —3K **67**
Vaughan Clo. *Sotn* —7D **70**
Vaughan Rd. *Dib* —2K **107**
Vauxhall Way. *Ptsfld* —6C **24**
Veals La. *March* —6H **87**
Vear's La. *Col C* —2F **33**
Vectis Ct. *Sotn* —7C **48**
Vectis Rd. *Gos* —5H **143**
Vectis Way. *Ports* —7A **118**
Velder Av. *S'sea* —3B **146**
Vellan Ct. *Sotn* —3E **66**
Velmore Rd. *Chan F* —6E **30**
Velsheda Ct. *Hythe* —7D **88**
Venerable Rd. *Fare* —2D **130**
Vengeance Rd. *Lee S* —1B **142**
Venice Clo. *Water* —5H **99**
Ventnor Ct. *Sotn* —6F **49**
Ventnor Rd. *Gos* —4E **130**
Ventnor Rd. *S'sea* —4K **145**
Ventnor Way. *Fare* —5H **115**
Venture Ind. Pk. *Gos* —4G **131**
Venture Ind. Pk. *Ports* —2B **134**
Venture Rd. *Chilw* —2A **48**
Venture Sidings. *S'sea* —3A **146**
Verbena Cres. *Water* —1J **99**
Verbena Way. *H End* —6J **71**
Verdon Av. *Hamb* —3D **110**
Verger Clo. *Fare* —3D **112**
Vermont Clo. *Sotn* —7C **48**
Vernham Rd. *Win* —5C **10**
Vernon Av. *S'sea* —3B **146**
(in two parts)
Vernon Building. *Ports* —4F **145** (5B **6**)
Vernon Clo. *Bish W* —1A **54**
Vernon Clo. *Gos* —3K **143**
Vernon Ct. *Ports* —5K **133**
Vernon Hill. *Bish W* —1K **53**
Vernon M. *S'sea* —3B **146**
Vernon Rd. *Gos* —3K **143**
Vernon Rd. *Ports* —5B **134**
Vernon Wlk. *Sotn* —6C **68**
(in two parts)
Verona Rd. *Chan F* —3H **31**
Verulam Rd. *Sotn* —5E **68**
Verwood Rd. *Hav* —7E **100**
Veryan. *Fare* —5B **114**
Vespasian Rd. *Sotn* —5G **69**
Vespasian Way. *Chan F* —4H **31**
Vesta Way. *Chan F* —3H **31**
Vian Clo. *Gos* —3F **131**
Vian Pl. *King W* —6H **9**
Vian Rd. *Water* —7E **98**
Vicarage Dri. *H End* —7G **71**
Vicarage Farm Bus. Pk. *F Oak* —5H **33**
Vicarage La. *Copy* —3A **64**
Vicarage La. *Curd* —5D **72**
Vicarage La. *Fare* —4K **129**
Vicarage La. *Hmbdn* —1J **77**
Vicarage La. *Swanm* —6E **54**
Vicarage Rd. *March* —4G **87**
Vicarage Ter. *Gos* —7J **131**
Vice La. *Brook* —1D **62**
Viceroy Rd. *Sotn* —2K **89**
Victena Rd. *F Oak* —1H **51**
Victoria Av. *Hay I* —5C **148**
Victoria Av. *Water* —3C **118**
Victoria Bldgs. *Bish W* —3J **53**
Victoria Clo. *L Hth* —5B **112**
Victoria Ct. *Durl* —4D **52**
Victoria Ga. *Win* —6E **10** (1C **150**)
Victoria Glade. *Net A* —1B **110**
Victoria Gro. *S'sea* —5J **145** (7J **7**)
Victoria M. *Net A* —1A **110**
Victoria Pl. *Gos* —4A **144**
Victoria Rd. *Bish W* —3J **53**
Victoria Rd. *Eastl* —5A **32**
Victoria Rd. *Ems* —5H **121**
Victoria Rd. *Hay I* —5C **136**
Victoria Rd. *Net A* —7K **89**
Victoria Rd. *Ports* —2E **144** (1A **6**)
Victoria Rd. *Sotn* —4G **89**
Victoria Rd. *Water* —6F **99**
Victoria Rd. *Win* —6E **10** (1C **150**)
Victoria Rd. N. *S'sea* —5J **145** (7J **7**)
Victoria Rd. S. *S'sea* —6J **145** (7J **7**)
Victoria Sq. *Lee S* —2B **142**
Victoria St. *Gos* —3B **144**
Victoria St. *Ports* —1H **145**
Victoria St. *Sotn* —7F **69** (2J **5**)
Victoria Wlk. *W End* —2D **70**
Victor Rd. *Ports* —1A **146**
Victor St. *Sotn* —3J **67**
Victory Av. *Water* —6H **79**
Victory Clo. *Chan F* —5E **30**
Victory Ct. *Gos* —6G **131**
Victory Cres. *Sotn* —5J **67**
Victory Ga. *Ports* —3F **145** (3B **6**)
Victory Grn. *Ports* —5H **133**
Victory Ho. *Port S* —7F **117**
Victory Retail Pk. *Ports* —1H **145**
Victory Rd. *Fare* —5A **130**
Victory Rd. *Ports* —3F **145** (4B **6**)
Victory Rd. *Sotn* —6J **67**
Victory Sq. *Sotn* —5J **67**
Victory Trad. Est. *Ports* —5C **134**
Victory Way. *Rown* —4F **47**
Viking Clo. *Black* —7J **125**
Viking Clo. *Fare* —4J **129**
Viking Clo. *Sotn* —6F **47**
Vikings, The. *Roms* —3D **28**
Viking Way. *Water* —1K **79**
Villa Gdns. *Water* —5F **99**
Village Clo. *Fare* —5K **129**
Village Ga. *Titch* —5G **113**
Village Rd. *Gos* —6J **143**
Village St. *Ptsfld* —3F **25**
Ville De Paris Rd. *Fare* —2D **130**
Villiers Ct. *S'sea* —6H **145**
Villiers Ct. *Win* —3C **150**
Villiers Rd. *Dib P* —6C **108**
Villiers Rd. *Sotn* —5K **67**
Villiers Rd. *S'sea* —6H **145**
(in two parts)
Vimy Ho. *Fare* —6B **114**
Vincent Av. *Sotn* —2K **67**
Vincent Gro. *Fare* —7B **116**
Vincent Rd. *Sotn* —4K **67**
Vincent's Gro. *Sotn* —4J **67**
Vincent St. *Sotn* —4K **67**
Vincent's Wlk. *Sotn* —1D **88** (4E **4**)
Vine Bank. *Sotn* —4A **70**
Vine Clo. *Sar G* —3J **111**
Vine Coppice. *Water* —2F **119**
Vine Rd. *Sotn* —1H **67**
Vinery Gdns. *Sotn* —2K **67**
Vinery Rd. *Sotn* —2K **67**
Vineside. *Gos* —6H **131**
Vineyard Clo. *Sotn* —2G **89**
Vineyards, The. *N Bad* —6H **29**
Viney Av. *Roms* —2C **28**
Violet Av. *Fare* —5J **129**
Violet Clo. *Chan F* —4D **30**
Violet Rd. *Sotn* —7D **48**
Virginia Pk. Rd. *Gos* —2J **143**
Vita Rd. *Ports* —4K **133**
Vivash Rd. *Ports* —3K **145** (4K **7**)
Vixen Clo. *Fare* —5J **129**
Vokes Clo. *Sotn* —7A **70**
Vulcan Clo. *Sotn* —5G **67**
Vulcan Rd. *Sotn* —5G **67**
Vyse La. *Sotn* —2C **88** (6D **4**)

Wade Ct. Rd. *Hav* —6D **120**
Wade Hill Drove. *Cal* —7F **45**
Wade La. *Hav* —7D **120**
(in two parts)
Wadham Rd. *Ports* —5J **133**
Wadhurst Gdns. *Sotn* —5K **89**
Wadhurst Rd. *H End* —6H **71**
Wagtail Rd. *Water* —5H **79**
Wagtail Way. *Fare* —6J **115**
Wainscott Rd. *S'sea* —6B **146**
Wainwright Clo. *Ports* —1D **134**
Wainwright Gdns. *H End* —1H **71**
Wait End Rd. *Water* —7F **99**
Wakefield Av. *Fare* —3C **114**
Wakefield Ct. *Roms* —3A **28**
Wakefield Ct. *Sotn* —3K **69**
Wakefield Ct. *Water* —3G **119**
Wakefield Rd. *Sotn* —3K **69**
Wakeford Pl. *Wars* —5B **112**
Wakefords Way. *Hav* —7D **100**
Wake Lawn. *S'sea* —5D **146**
Walberant Bldgs. *Ports* —3A **134**
Walberton Av. *Ports* —6B **118**
Walberton Ct. *Ports* —6B **118**
Walburton Way. *Water* —7A **60**
Waldegrave Clo. *Sotn* —4G **89**
Walden Gdns. *Water* —5J **79**
Walden Rd. *Ports* —5H **133**
Waldon Gdns. *W End* —2A **70**
Wales St. *Win* —7G **11** (2F **150**)
Walford Rd. *Ports* —5H **117**
Walker Gdns. *H End* —3H **71**
Walker Pl. *Gos* —6G **131**
Walker Rd. *Ports* —5H **133**
Walkers Clo. *F Oak* —1J **51**
Walker's La. N. *Black* —6H **125**
Walker's La. S. *Black* —1D **140**
Walk, The. *Win* —7E **10** (3B **150**)
Wallace Rd. *Ports* —7A **134**
Wallace Rd. *Sotn* —4J **89**
Wallington Ct. *Fare* —7C **114**
(PO14)
Wallington Ct. *Fare* —3G **115**
(PO16)
Wallington Dri. *Chan F* —2E **30**
Wallington Hill. *Fare* —4F **115**
Wallington Orchard. *Fare* —3G **115**
Wallington Rd. *Ports* —6A **134**
Wallington Shore Rd. *Fare* —4F **115**
(in two parts)
Wallington Way. *Fare* —4F **115**
Wallisdean Av. *Fare* —6C **114**
Wallisdean Av. *Ports* —1C **146**
Wallis Gdns. *Water* —4F **99**
Wallis Rd. *Water* —4F **99**
Wallrock Wlk. *Ems* —2J **121**
Walmer Clo. *Eastl* —3K **31**
Walmer Rd. *Ports* —3K **145** (4K **7**)
Walnut Av. *Sotn* —6H **49**
Walnut Clo. *Chan F* —7F **21**
Walnut Clo. *Sotn* —3G **67**
Walnut Dri. *Fare* —5J **129**
Walnut Gro. *Sotn* —4G **67**
Walnut Gro. *Win* —6C **10**
Walnut Tree Clo. *Hay I* —5C **148**
Walnut Tree Clo. *S Won* —2C **8**
Walpole La. *Swanw* —5K **91**
Walpole Rd. *Gos* —4C **144**
Walpole Rd. *Win* —3B **16**
Walpole Ter. *Gos* —5A **144**
Walsall Rd. *Ports* —2B **146**
Walsingham Clo. *Ports* —5J **117**
Walsingham Gdns. *Sotn* —1J **69**
Waltham Bus. Pk. *Swanm* —7D **54**
Waltham Clo. *Drox* —1K **55**
Waltham Clo. *Fare* —4B **116**
Waltham Cres. *Sotn* —7J **47**
Waltham St. *S'sea* —4G **145** (5E **6**)
Walton Clo. *Gos* —4K **143**
Walton Clo. *Water* —1F **119**
Walton Ct. *Fare* —2A **114**
Walton Ct. *Ports* —6C **6**
Walton Pl. *Win* —3C **16**
Walton Rd. *Gos* —4K **143**
Walton Rd. *Ports* —1C **134**
Walton Rd. *Sotn* —1C **90**
Walton Rd. Ind. Est. *Ports* —1D **134**
Waltons Av. *Holb* —3F **125**
Wandesford Pl. *Gos* —6K **131**
Wangfield La. *Curd* —3D **72**
Wansbeck Clo. *Chan F* —5E **30**
Warbler Clo. *Sotn* —5J **47**
Warbler Clo. *Water* —5H **79**
Warblington Av. *Hav* —5E **120**
Warblington Castle. —6E 120
Warblington Clo. *Chan F* —7D **30**
Warblington Clo. Roms —2C 28
(off Selsdon Av.)
Warblington Ct. *Ports* —4F **145** (6C **6**)
Warblington Rd. *Ems* —7H **121**
Warblington St. *Ports* —4F **145** (6C **6**)
Warbrook Ct. *Hav* —1E **120**
Warburton Clo. *Sotn* —1D **90**
Warburton Rd. *Sotn* —7C **70**
Ward Ct. *Hay I* —5B **148**
Ward Cres. *Ems* —3K **121**
Warden Clo. *W End* —3C **70**
Wardens Clo. *Hay I* —3C **148**
Warders Ct. *Gos* —3A **144**
Ward Ho. *Ports* —2G **145** (2C **6**)
Wardle Rd. *Highb* —3C **32**
Ward Rd. *S'sea* —6B **146**
Wardroom Rd. *Ports* —6G **133**
Warfield Av. *Water* —6F **99**
Warfield Cres. *Water* —6F **99**
Warlock Clo. *Sotn* —2C **90**
Warnborough Ct. *Hav* —7E **100**
Warner Ct. Win —5F 11
(off Northlands Dri.)
Warnford Clo. *Gos* —4J **143**
Warnford Cres. *Hav* —1A **120**
Warnford La. *Cptn* —5B **38**
Warren Av. *Chan F* —5H **31**
Warren Av. *Sotn* —2H **67**
Warren Av. *S'sea* —3B **146**
Warren Clo. *Chan F* —5H **31**
Warren Clo. *Hay I* —4K **147**
Warren Clo. *Sotn* —2H **67**
Warren Cres. *Sotn* —2H **67**
Warren Gdns. *Roms* —1C **28**
Warren La. *Beau* —7F **139**
Warren Pl. *Cal* —2H **65**
Warren Rd. *Win* —7H **11**
Warren, The. *Holb* —2E **124**
Warrior Bus. Cen., The. *Ports* —7F **119**
Warrior Clo. *Chan F* —6E **30**
Warrior Pk. Ind. Est. *Chan F* —6E **30**
Warrys Clo. *Hythe* —6D **108**
Warsash Clo. *Hav* —7B **100**
Warsash Ct. *Wars* —5H **111**
Warsash Gro. *Gos* —5E **130**
Warsash Rd. *Wars & Fare* —5J **111**
Warspite Clo. *Ports* —3J **133**
Warwick Clo. *Chan F* —6D **30**
Warwick Clo. *Lee S* —4D **142**
Warwick Clo. *Win* —5E **10**
Warwick Ct. Win —5F 11
(off Northlands Dri.)
Warwick Cres. *S'sea* —4H **145** (6G **7**)
Warwick Ho. *Sotn* —1J **5**
Warwick Rd. *Sotn* —2A **68**
Warwick Rd. *Tot* —4A **66**
Warwick Way. *Wick* —1D **94**
Wasdale Clo. *Water* —2K **79**
Washbrook Rd. *Ports* —6J **117**
Washington Rd. *Ems* —5J **121**
Washington Rd. *Ports* —7J **133**
Waterbeech Dri. *H End* —4H **71**
Waterberry Dri. *Water* —4D **98**
Water Clo. *Win* —1F **17** (4E **150**)
Watercress Mdw. *Alr* —3E **14**
Watergate. *Gos* —4D **144**
Waterhouse La. *Sotn* —5J **67**
Waterhouse Way. *Sotn* —5J **67**
Water La. *Abb W* —2J **11**
Water La. *Dib P* —4B **108**
Water La. *It Sto* —2A **14**
Water La. *Ows* —1K **33**
Water La. *Sotn* —7C **68** (1C **4**)
Water La. *Tot* —4J **65**
Water La. *Win* —1G **17** (3F **150**)
Waterlock Gdns. *S'sea* —4E **146**
Waterloo Clo. *Water* —2E **98**
Waterloo Ind. Est. *H End* —3G **71**
Waterloo Rd. *Gos* —7B **144**
Waterloo Rd. *Hav* —4C **120**

Waterloo Rd.—Whitecross Gdns.

Waterloo Rd. Sotn —6K 67
Waterloo St. S'sea —4H 145 (5F 7)
Waterloo Ter. Sotn —6C 68 (1D 4)
Waterlooville Golf Course. —3J 99
Watermans La. Dib P —5B 108
Waterman Ter. S'sea —5K 145
(off Boulton Rd.)
Watermead Rd. Ports —7F 119
Waters Edge. H End —6G 71
Water's Edge. Lee S —4C 142
Watersedge. Wick —1D 94
Watersedge Gdns. Ems —6J 121
Waters Edge Rd. Ports —6F 117
Waterside. Hythe —1C 108
Waterside Gdns. Fare —4G 115
Waterside La. Fare —1D 132
Waterside Rd. Roms —1B 28
Waterside Sq. Hythe —1C 108
Watersmeet. Fare —7E 114
Watersmeet. Win —4F 150
Waters, The. Fare —1B 114
Waterworks Rd. Ott —5B 22
Waterworks Rd. Ptsfld —2E 24
Waterworks Rd. Ports —6E 118
Watkin Rd. H End —2J 71
Watley Clo. Nurs —6E 46
Watley La. Twy —3G 23
(in two parts)
Watson Wlk. Tot —5H 65
Watton La. Drox —1B 56
Watton Rd. Holb —3F 125
Watts Clo. Sotn —2F 67
Watts Rd. H End —5H 71
Watts Rd. Ports —1J 145 (1J 7)
Wavecrest Clo. March —2H 87
Wavell Rd. Gos —4G 131
Wavell Rd. Sotn —5K 69
Wavell Way. Win —3B 16
Waveney Clo. Lee S —2C 142
Waveney Grn. Sotn —3F 67
Waverley Av. Net A —1B 110
Waverley Clo. Roms —1C 28
Waverley Ct. Net A —1B 110
Waverley Dri. S Won —2D 8
Waverley Gro. S'sea —6K 145
Waverley Path. Gos —5H 143
Waverley Rd. Dray —6D 118
Waverley Rd. Sotn —7A 68
Waverley Rd. S'sea —7J 145
Wayfarer Clo. S'sea —3D 146
Wayfarer Clo. Wars —5A 112
Wayfarers. Gos —1G 143
Waylands Pl. H End —1G 91
Waynflete Clo. Bish W —3K 53
Waynflete Pl. Win —2B 16
Wayside. Lwr S —5J 91
Wayte St. Ports —7A 118
Weald Clo. L Hth —2B 112
Weardale Rd. Chan F —6G 31
Weavers Grn. Hav —3F 121
Weavers Pl. Chan F —1E 30
Weavills Rd. Eastl —1F 51
Webb Clo. Hay I —6D 148
Webbers Way. Gos —6B 144
Webb La. Hay I —6D 148
Webb Rd. Fare —1C 132
Webbs Grn. Sob —1A 76
Webburn Gdns. W End —1K 69
Webster Rd. Win —6A 10
Wedgewood Clo. Fare —5K 129
Wedgewood Clo. Holb —3F 125
Wedgwood Way. Water —3F 99
Wedmore Clo. Win —5A 16
Weeke Mnr. Clo. Win —5C 10
Weeks Ct. Bish W —4A 54
(off Shore La.)
Weevil La. Gos —2C 144
Weirs, The. Win —4F 150
Welbeck Av. Sotn —2E 68
Welch Rd. Gos —1K 143
Welch Rd. S'sea —6K 145
Welch Way. Rown —6G 47
Welchwood Clo. Water —6G 79
Welland Gdns. W End —2A 70
Welland Grn. Sotn —4F 67
Wellands Rd. Lyn —1J 103
Wellbrooke Gdns. Chan F —3E 30
Well Copse Clo. Water —3K 79
Weller Ho. Ports —1J 145
Wellers Clo. Tot —5G 65
Wellesley Clo. Water —6F 99
Welles Rd. Chan F —4G 31
Well Hill. Den —5J 77
Well Ho. La. Win —2D 10
Wellington Av. Sotn —5A 70
Wellington Clo. Dib P —5A 108
Wellington Clo. Horn —6A 80
Wellington Ct. Hav —4C 120
Wellington Ct. Sotn —6A 68
Wellington Ct. W End —2B 70
Wellington Gro. Fare —7B 116
Wellington Pk. H End —3F 71
Wellington Rd. Sotn —2G 69
Wellington St. S'sea —4H 145 (5F 7)
Wellington Way. Water —6F 99
Well La. Hamb —4F 111
Well La. Swanm —4E 54
Well Mdw. Hav —7B 100
Wellowbrook Clo. Chan F —4D 30
Wellow Clo. Hav —3A 120
Wellow Clo. Sotn —5B 70
Wellow Gdns. Fare —4D 112
Wellow Golf Course. —6D 26
Wells Clo. White —5D 92
Wellsmoor. Fare —4D 112
Wells Pl. Eastl —1K 49
Wells Rd. Eastl —1A 50
Wellswood Gdns. Row C —2F 101
Wellsworth La. Row C —2F 101
Welshers La. Comp —1B 22
Wembley Gro. Ports —1B 134
Wembley Way. F Oak —2H 51
Wendleholme Nature Reserve. —2H 111
Wendover Rd. Hav —4B 120
Wensley Gdns. Ems —3J 121
Wentworth Dri. Water —5J 79
Wentworth Gdns. Holb —5G 125
Wentworth Gdns. Sotn —4A 90
Wentworth Grange. Win —2D 16 (5A 150)
Wentworth Gro. Holb —4G 125
Wesermarsch Rd. Water —1H 99
Wesley Clo. Sotn —1C 90
Wesley Ct. Ports —3K 145 (3K 7)
Wesley Gro. Ports —4A 134
Wesley Rd. King W —7H 9
Wessex Clo. Black —7J 125
Wessex Ct. Sotn —1K 89
Wessex Dri. Win —5D 10
Wessex Gdns. Fare —7A 116
Wessex Gdns. Roms —3C 28
Wessex Ga. Ind. Est. Water —6K 79
Wessex La. Sotn —1G 69
Wessex Rd. Water —1K 79
Wessex Rd. W End —1A 70
Wessex Way. Col C —2F 33
W. Bargate. Sotn —1C 88 (4D 4)
W. Battery Rd. Ports —6G 133
W. Bay Rd. Sotn & W Dock —6H 67 (3A 4)
Westborn Rd. Fare —5E 114
Westbourne Av. Ems —4J 121
Westbourne Av. Holb —3F 125
Westbourne Clo. Ems —4K 121
Westbourne Ct. Hav —4B 120
Westbourne Cres. Sotn —3D 68
Westbourne Mans. Sotn —3D 68
Westbourne Rd. Ems —3K 121
Westbourne Rd. Ports —7A 134
Westbroke Gdns. Roms —1A 28
Westbrook Cen., The. Water —4J 99
Westbrook Clo. Park G —7B 92
Westbrooke Clo. Water —6J 79
Westbrook Gro. Water —1E 118
Westbrook Rd. Fare —1C 132
Westbrook Way. Sotn —7H 49
Westbury Clo. Ports —5G 117
Westbury Ct. H End —7G 71
Westbury Mall. Fare —5E 114
Westbury Manor Mus. —5E 114
Westbury Rd. Fare —5E 114
Westbury Rd. Sotn —5G 67
Westbury Sq. Fare —5E 114
Westcliff Clo. Lee S —1C 142
Westcliff Wlk. Hythe —1C 108
(off Waterside Sq.)
Westcliff M. Sotn —2G 89
West Comn. Black —1B 140
Westcot Rd. Holb —4E 124
West Ct. Ports —1K 145
West Ct. Sotn —4J 67
West Ct. S'sea —5B 146
Westcroft Rd. Gos —3J 143
W. Downs Clo. Fare —2D 114
West Dri. Eastl —6C 32
W. End Clo. Win —7D 10 (2A 150)
W. End Rd. Sotn & Burs —1E 90
W. End Rd. Sotn & W End —5K 69
W. End Ter. Win —7D 10 (2A 150)
Westerham Clo. Ports —6K 117
Westering. Roms —1D 28
Westerley Clo. Wars —5K 111
Western Av. Ems —6G 121
Western Av. W Dock —7G 67
Western Chester Rd. Uphm —5C 34
Western Ct. Fare —5D 114
Western District Cut. Sotn —5A 68
Western Esplanade. Sotn —7B 68 (2B 4)
Western Pde. Ems —7H 121
Western Pde. S'sea —5G 145
Western Rd. Chan F —1H 31
Western Rd. Fare —5E 114
Western Rd. Fawl —5D 126
Western Rd. Hav —4B 120
Western Rd. Ports —6H 117
Western Rd. W End —3C 70
Western Rd. Win —7D 10 (1A 150)
Western Rd. Ind. Est. Ports —6J 117
Western Ter. Ports —5H 133
Western Way. Fare —5D 114
Western Way. Gos —5H 143
Westfield Av. Fare —6C 114
Westfield Av. Hay I —5C 148
Westfield Clo. Hamb —4D 110
Westfield Clo. H Hth —4J 51
Westfield Comn. Hamb —4C 110
Westfield Corner. Sotn —6H 49
Westfield Cres. Chan F —6F 31
Westfield Dri. Swanm —2G 75
Westfield Ind. Est. Gos —4K 143
Westfield Ind. Est. Horn —5A 80
Westfield Oaks. Hay I —5C 148
Westfield Rd. Chan F —7F 31
Westfield Rd. Gos —3J 143
W. Field Rd. King W —5H 9
Westfield Rd. Sotn —5H 67
Westfield Rd. S'sea —5B 146
Westfield Rd. Tot —4A 66
Westfield Rd. Win —2A 10
Westgate. Fare —6K 129
Westgate M. W End —3D 70
Westgate St. Sotn —2C 88 (6D 4)
Westgate, The. —2C 150
Westgate, The. Win —7E 10
(off High St.)
W. Haye Rd. Hay I —7G 149
West Hayes. Win —1C 16
W. Hill Ct. Sotn —7B 68 (1B 4)
W. Hill Dri. Hythe —1C 108
W. Hill Dri. Win —7D 10
W. Hill Pk. Win —7C 10
W. Hill Rd. S Won —1D 8
W. Hill Rd. N. S Won —1D 8
W. Hill Rd. S. S Won —2D 8
W. Hoe La. Bish W —4C 54
W. Horton Clo. Eastl —1E 50
W. Horton La. Eastl —2E 50
Westland Dri. Water —2G 119
Westland Gdns. Gos —5K 143
Westlands Gro. Fare —7B 116
West La. Hay I —4B 148
West La. N Bad —5F 29
Westley Clo. Win —6C 10
Westley Gro. Fare —6C 114
West Lodge. Lee S —1A 142
Westman Rd. Win —5C 10
Westmarch Ct. Sotn —2F 69
W. Marlands Rd. Sotn —7C 68 (2D 4)
Westmead Clo. Hay I —5A 148
Westminster Gdns. Fare —3D 112
Westminster Ga. Win —3A 16
Westminster Pl. Ports —1J 145
Westmorland Way. Chan F —5H 31
Weston Av. S'sea —4C 146
Weston Clo. Sotn —4J 89
Weston Ct. Ports —4H 7
Weston Cres. Sotn —5B 70
Weston Gro. Rd. Sotn —3G 89
Weston Homes. Sotn —5J 89
Weston Ho. Ptsfld —6C 24
Weston La. Nurs —7B 46
Weston La. Sotn —5H 89
Weston La. West —2E 42
Weston Pde. Sotn —5H 89
Weston Rd. Eastl —7K 31
Weston Rd. Ptsfld —6E 24
Westover Rd. Ports —7C 134
Westover Rd. Sotn —4D 66
W. Park Rd. Sotn —7C 68 (2C 4)
West Point. Lee S —2B 142
W. Quay Retail Pk. Sotn —1B 88 (3B 4)
W. Quay Rd. Sotn —1B 88 (2A 4)
W. Quay Shop. Cen. Sotn —1C 88 (3D 4)
Westridge Ct. Sotn —3E 68
Westridge Rd. Sotn —3E 68
West Rd. Dib P —5G 109
(East St.)
West Rd. Dib P —5A 108
(Roman Rd.)
West Rd. Ems —6G 121
West Rd. H End —6E 70
West Rd. Sotn —3D 88 (7E 4)
(SO14)
West Rd. Sotn —3H 89
(SO19)
West Rd. S'wick —7F 97
Westrow Gdns. Sotn —5B 68
Westrow Rd. Sotn —5B 68
Westside Vw. Water —4D 98
West St. Alr —1G 15
West St. Ems —6J 121
West St. Fare —5D 114
(in two parts)
West St. Hmbdn —2H 77
West St. Hav —4A 120
(in two parts)
West St. Hythe —1C 108
West St. Portc —6A 116
(in two parts)
West St. Ports —5E 144 (7A 6)
West St. Sob —6A 56
West St. Sotn —2C 88 (5D 4)
West St. S'wick —7D 96
West St. Titch —6G 113
Westview Rd. Win —5A 10
Westward Rd. H End —4H 71
Westway. Titch —3F 113
Westways. Hav —6G 119
Westways. Stub —5A 130
Westways Clo. Nurs —6E 46
West Wing. Net A —6K 89
Westwood Bus. Pk. Tot —1J 65
Westwood Clo. Ems —4K 121
Westwood Ct. Sotn —4D 68
Westwood Ct. Tot —2K 65
Westwood Ct. W End —3C 70
Westwood Gdns. Chan F —2H 31
Westwood Mans. Sotn —3D 68
Westwood Rd. Lyn —7J 83
Westwood Rd. Net A —6A 90
Westwood Rd. Ports —3K 133
Westwood Rd. Sotn —4C 68
Wetherby Ct. Tot —4J 65
Wetherby Gdns. Tot —4H 65
Wetherdown. Ptsfld —6E 24
Weyhill Clo. Fare —5B 116
Weyhill Clo. Hav —1A 120
Weymouth Av. Gos —7J 131
Weymouth Rd. Ports —6J 133
Whaddon Chase. Fare —5J 129
Whaddon Ct. Hav —7K 99
Whaddon La. Ows —1B 34
Whale Island Way. Ports —6H 133
Whalesmead Clo. Eastl —2E 50
Whalesmead Rd. Eastl —1E 50
Whaley Rd. Ports —6G 133
Wharf Hill. Win —2G 17 (5F 150)
Wharf Mill. Win —5F 150
Wharf Rd. Ports —7H 133
Wharf Rd. Sotn —2G 89 (6K 5)
Wharncliffe Ho. Sotn —2G 89
Wharncliffe Rd. Sotn —2G 89
Whartons Clo. Asht —2H 85
Whartons La. Asht —1H 85
Wheat Clo. Chan F —4C 30
Wheatcroft Dri. Sotn —3A 70
Wheatcroft Rd. Lee S —2C 142
Wheatear Dri. Ptsfld —6G 25
Wheatland Clo. Win —3C 16
Wheatlands. Fare —2D 112
Wheatlands Av. Hay I —7H 149
Wheatlands Cres. Hay I —7H 149
Wheatley Grn. Hav —7K 99
Wheatsheaf Ct. H End —6G 71
Wheatsheaf Dri. Water —2E 98
Wheatstone Rd. S'sea —5K 145
Wheeler Clo. Gos —2A 144
Wheelers Wlk. Black —7J 125
Wheelhouse Pk. Cvn. Pk. N Bad —1D 30
Whernside Clo. Sotn —4G 67
Wherwell Ct. Hav —1E 120
Whichers Ga. Clo. Row C —5E 100
Whichers Ga. Rd. Row C & Hav —5E 100
Whimbrel Clo. S'sea —3E 146
Whinchat Clo. Fare —2K 113
Whinchat Clo. Sotn —5J 47
Whinfield Rd. Dib P —5B 108
Whinwhistle Rd. E Wel —2A 44
Whippingham Clo. Ports —6J 117
Whistler Clo. Sotn —2B 90
Whistler Rd. Sotn —2B 90
Whitcombe Clo. Tot —5K 65
Whitcombe Gdns. Ports —2A 146
Whiteacres Clo. Gos —3A 144
Whitebeam Clo. Col C —2F 33
Whitebeam Clo. Fare —6B 114
Whitebeam Clo. Water —7K 79
White Beam Ri. Clan —6K 59
Whitebeam Rd. H End —6J 71
Whitebeam Way. N Bad —5H 29
Whitecliffe Av. Ports —1B 146
Whitecliffe Ct. Gos —4G 143
White Cloud Pk. S'sea —5A 146
White Cloud Pl. S'sea —5A 146
Whitecroft. Hythe —4D 108
Whitecross Gdns. Ports —4A 134

A-Z Southampton, Portsmouth & Winchester 189

Whitedell La.—Woodland Clo.

Whitedell La. Fare —2G 115
White Dirt La. Water —2J 79
Whitefield Rd. Holb —4F 125
White Gates. Durl —6C 52
White Harmony Acres Ind. Est. W End —6D 50
White Hart All. Ports —5F 145 (7B 6)
White Hart La. Cad —4J 63
White Hart La. Fare —7A 116
White Hart Rd. F Oak —2H 51
Whitehart Rd. Gos —4A 144
White Hart Rd. Ports —5F 145 (7B 6)
Whitehaven. Fare —7A 116
Whitehaven. Water —6A 80
Whitehaven Home Pk. Black —7H 125
White Heather Ct. Hythe —7D 88
Whitehill Clo. Sotn —4B 70
Whitehill La. Alr —3H 15
White Horse La. Water —5B 78
Whitehouse Gdns. Ptsfld —4C 24
Whitehouse Gdns. Sotn —6H 67
White Ladies Clo. Hav —5D 120
White La. Twy —1F 23
Whitelaw Rd. Sotn —5J 67
Whiteleaf La. Hmbdn —4G 57
Whiteley La. Bur —3C 92
Whiteley La. Fare —5F 93
Whiteley Way. White —7E 92
White Lion Wlk. Gos —3C 144
White Lodge Gdns. Fare —2B 114
Whitemoor La. Ower —7D 44
Whitenap Clo. Roms —4C 28
Whitenap La. Roms —4C 28
White Oak Wlk. Hav —1E 120
White Rd. Eastl —6C 32
Whites Ct. Ports —6J 133
Whiteshute La. Win —5C 16 (in two parts)
Whites La. Fawl —4A 126
Whites Pl. Gos —3A 144
White's Rd. Sotn —7K 69
Whitestone Clo. Sotn —4G 67
White Swan Rd. Ports —3G 145 (4E 6)
Whitethorn Rd. Hay I —5E 148
Whitewater Ri. Dib P —4C 108
White Way. Ext —1J 37
Whiteway M. Wars —5H 111
White Wings Ho. Water —1A 98
Whithedwood Av. Sotn —4A 68
Whithy Clo. Roms —2A 28
Whitley Row. S'sea —3D 146
Whitsbury Rd. Hav —1D 120
Whitstable Rd. Ports —6K 117
Whittington Clo. Hythe —4C 108
Whittington Ct. Ems —6J 121
Whittle Av. Fare —1D 112
Whitwell. Net A —6B 90
Whitwell Rd. S'sea —7K 145
Whitworth Clo. Gos —4A 144
Whitworth Ct. Sotn —4G 69
Whitworth Cres. Sotn —4G 69
Whitworth Rd. Gos —4K 143
Whitworth Rd. Ports —7A 134
Whitworth Rd. Sotn —4G 69
Whyke Ct. Hav —4B 120
Whyte Clo. Holb —4E 124
Whyteways. Eastl —6K 31
Wicket, The. Hythe —4C 108
Wickham Ct. Gos —5G 143
Wickham Cft. Wick —2D 94
Wickham Ho. Sotn —3D 68
Wickham Pk. Golf Course. —1B 94
Wickham Rd. Curd —1K 75 (Cott St.)
Wickham Rd. Curd —5D 72 (Station Hill)
Wickham Rd. Fare —5E 94
Wickham St. Ports —3F 145 (3B 6)
Wickham Vineyard. —5J 73
Wicklow Dri. Chan F —5D 30
Wickor Clo. Ems —4K 121
Wickor Way. Ems —3K 121
Wicor Mill La. Fare —7A 116
Wicor Path. Fare —1C 132 (Bayly Av.)
Wicor Path. Fare —7K 115 (Cador Dri.)
Widecombe Dri. Hythe —2B 108
Wide La. Sotn & Sotn I —6H 49
Widgeon Clo. Gos —1A 144
Widgeon Clo. Sotn —5J 47
Widgeon Ct. Fare —6J 115
Widlers La. Uphm —4F 35
Widley Ct. Fare —1D 130
Widley Ct. Dri. Ports —7B 118
Widley Gdns. Water —3E 118
Widley Rd. Cosh —6B 118
Widley Rd. Ports —5H 133
Widley Wlk. Water —4A 118
Wield Clo. Hav —2K 119
Wigan Cres. Hav —4J 119
Wight Vw. Lee S —1A 142
Wigmore Ho. Ports —2J 145 (2J 7)
Wilberforce Clo. Win —2B 16
Wilberforce Rd. Gos —7B 144
Wilberforce Rd. S'sea —5H 145 (7F 7)
Wilby La. Ports —3D 134
Wilcon Ct. F Oak —4J 51
Wild Arum Way. Chan F —5C 30
Wildburn Clo. Cal —2H 65
Wild Cherry Way. Chan F —4D 30
Wilde Clo. Tot —5J 65
Wildern Clo. L Hth —3A 112
Wilderness Heights. W End —3B 70
Wildern La. H End —4H 71
Wildground La. Hythe —5D 108
Wild Grounds Nature Reserve. —1E 142
Wildmoor Wlk. Hav —1E 120
Wild Ridings. Fare —6J 113
Wild Rose Cres. L Hth —4K 111
Wilkins Clo. Water —5J 59
Wilks Clo. Nurs —6D 46
Willersley Clo. Ports —5H 117
William Booth Ho. Ports —3G 145 (2D 6)
William Clo. Fare —6A 130
William George Ct. Lee S —3B 142
William Macleod Way. Sotn —3H 67
William Price Gdns. Fare —4E 114
Williams Clo. Gos —1G 143
Williams Clo. Holb —4G 125
Williams Rd. Ports —4C 134
William St. Sotn —7F 69 (1K 5)
Willis Av. N Bad —6J 29
Willis Rd. Gos —4B 144 (in two parts)
Willis Rd. Ports —3H 145 (3F 7)
Willis Rd. Sotn —6G 49
Willis Waye. King W —1G 11 (in two parts)
Willment Marine & Bus. Pk. Sotn —1G 89 (3K 5)
Willments Ind. Est. Sotn —2F 89 (5K 5)
Willow Clo. Hav —5D 120
Willow Clo. H End —6J 71
Willow Clo. W End —2D 70
Willow Ct. Sotn —1H 67
Willowdene Clo. Hav —2J 119
Willow Dri. March —5G 87
Willow Dri. Ptsfld —1J 43
Willow Gdns. N Bad —5G 29
Willow Grn. Col C —2F 33
Willow Gro. F Oak —1J 51
Willow Herb Clo. L Hth —4K 111
Willow Pl. Gos —3A 144
Willow Rd. Bish W —4B 54
Willows, The. Chan F —7F 31
Willows, The. Ports —5H 133
Willows, The. Water —1K 97
Willows, The. W End —2D 70
Willow Tree Av. Water —3J 99
Willowtree Gdns. Fare —6B 114
Willow Tree Wlk. Sotn —2A 90
Willow Wood Rd. Hay I —5D 148
Wills Way. Roms —4B 28
Wilmcote Gdns. S'sea —5H 7
Wilmcote Ho. S'sea —3J 145 (5H 7)
Wilmer Rd. Eastl —1K 49
Wilmington Clo. Sotn —1J 69
Wilmot Clo. Eastl —5D 32
Wilmott Clo. Gos —3J 143
Wilmott La. Gos —3J 143
Wilson Gro. S'sea —5J 145 (7J 7)
Wilson Rd. Ports —5H 133
Wilson St. Sotn —7F 69 (1J 5)
Wilton Av. Sotn —6B 68
Wilton Clo. Gos —4J 143
Wilton Ct. Sotn —4A 68
Wilton Cres. Sotn —3A 68
Wilton Dri. Water —7H 79
Wilton Gdns. Sotn —3A 68
Wilton Mnr. Sotn —6C 68 (off Wilton Av.)
Wilton Pl. S'sea —6J 145
Wilton Rd. Sotn —2K 67
Wilton Ter. S'sea —6J 145
Wiltshire Rd. Chan F —7G 31
Wiltshire St. S'sea —4G 145 (5E 6)
Wilverley Av. Hav —2D 120
Wilverley Pl. Black —6H 125
Wimbledon Pk. Rd. S'sea —6J 145
Wimborne Rd. S'sea —4B 146
Wimpole Ct. Ports —2K 145 (2J 7)
Wimpole St. Ports —2J 145 (2J 7)
Wimpson Gdns. Sotn —3G 67
Wimpson La. Sotn —4F 67
Wincanton Way. Water —4J 99
Winchcombe Rd. Ports —5G 117
Winchester By-Pass. Win & King W —7E 8
Winchester By-Pass. Wor D & Win —4A 8
Winchester Castle Great Hall. —1E 16 (3C 150)
Winchester Cathedral. —1F 17 (3D 150)
Winchester Cathedral Triforium Gallery. —1F 17 (4D 150)
Winchester City Mill. —1G 17 (3F 150)
Winchester Clo. Net A —7A 90
Winchester Clo. Roms —1C 28
Winchester Ct. Gos —3G 143
Winchester Gallery. —7G 11 (1F 150)
Winchester Heritage Cen. (off Heritage Ct.) —7F 11 (2E 150)
Winchester Hill. Roms —3B 28
Winchester Ho. Hav —1D 120
Winchester Rd. Alr —2D 14
Winchester Rd. Bish W & Wal C —4A 54
Winchester Rd. Bot —6J 51
Winchester Rd. Chan F —4F 31
Winchester Rd. Chilw —3D 48
Winchester Rd. Comp —1C 22
Winchester Rd. F Oak —4G 33
Winchester Rd. Ptsfld —5A 24
Winchester Rd. Ports —7K 133
Winchester Rd. Roms —3A 28
Winchester Rd. Shed & Wick —6B 74
Winchester Rd. Sotn —3H 67
Winchester St. Bot —4A 72
Winchester St. Sotn —6C 68
Winchester Way. Tot —5H 65
Winchfield Clo. Sotn —4K 89
Winchfield Cres. Hav —2J 119
Winchfield Ho. Gos —4D 144
Windbury Rd. Sotn —2F 67
Windermere Av. Fare —3A 130
Windermere Av. Sotn —2E 66
Windermere Gdns. Alr —3G 15
Windermere Gdns. Tot —4K 65
Windermere Ho. Ports —6G 117
Windermere Rd. Ports —4A 134
Windermere Rd. W End —3A 70
Windfield Dri. Roms —2C 28
Windmill Clo. Water —5K 59
Windmill Ct. Dib P —5C 108
Windmill Fld. Water —1B 98
Windmill Gro. Fare —1A 132
Windmill La. Burs —3F 91
Windover Clo. Sotn —6B 70
Windrush Gdns. Water —6E 98
Windrush Rd. Sotn —3F 67
Windrush Way. Hythe —3D 108
Windsor Ct. Eastl —6C 32
Windsor Ct. Ports —6A 118
Windsor Ct. Sotn —6H 67 (off Regents Pk. Rd., SO15)
Windsor Ct. Sotn —5H 69 (SO18)
Windsor Ga. Eastl —4K 31
Windsor Ho. Ports —3J 145 (3H 7)
Windsor Ho. Win —2F 150
Windsor La. S'sea —4J 145 (6H 7)
Windsor Rd. Alr —3F 15
Windsor Rd. Cosh —7A 118
Windsor Rd. Fare —1C 132
Windsor Rd. Gos —4K 143
Windsor Rd. Ptsfld —5D 24
Windsor Rd. Tot —6B 66
Windsor Rd. Water —3E 98
Windsor Ter. Sotn —2D 4
Winfield Way. Ems —2J 121
Winfrid Ho. Tot —5J 65
Winfrith Way. Nurs —6E 46
Wingate Dri. Sotn —7A 70
Wingate Rd. Gos —6J 131
Wingate Rd. Tot —4J 65
Wingfield St. Ports —1J 145 (1H 7)
Wingrove Rd. Asht —2H 85
Winifred Clo. Eastl —7H 33
Winifred Rd. Water —5F 99
Winkfield Row. Water —7J 79
Winkle St. Sotn —3D 88 (7E 4)
Winkton Clo. Hav —3A 120
Winnall Clo. Win —6H 11
Winnall Ind. Est. Win —5H 11
Winnall Mnr. Rd. Win —7H 11
Winnall Moors Nature Reserve. —7G 11
Winnall Trad. Est. Win —6H 11 (1G 150) (Easton La.)
Winnall Trad. Est. Win —7H 11 (Winnall Valley Rd.)
Winnall Valley Rd. Win —7H 11
Winnards Pk. Sar G —2J 111
Winnham Dri. Fare —5K 115
Winnington. Fare —2A 114
Winnington Clo. Fare —2A 114
Winn Rd. Sotn —4C 68
Winscombe Av. Water —3H 99
Winsford Av. Eastl —2F 51
Winsford Clo. Eastl —2F 51
Winsford Gdns. Eastl —2F 51
Winslade Rd. Hav —1A 120
Winslade Rd. Win —3B 10
Winsor Clo. Hay I —7G 149
Winsor La. Wins —3C 64
Winsor Rd. Bart & Wins —5A 64
Winstanley Rd. Nurs —6D 46
Winstanley Rd. Ports —6H 133
Winston Churchill Av. Ports & S'sea —4H 145 (5F 7)
Winston Clo. Eastl —6K 31
Winston Clo. Hay I —5B 148
Winston Clo. Sotn —2G 67
Winstone Cres. N Bad —7H 29
Winterbourne Rd. Ports —5E 116
Winterbourne Rd. Roms —1C 28
Winterhill Rd. Ports —6J 117
Winter Rd. S'sea —5B 146
Winters Clo. Holb —4G 125
Winters Hill. Durl —3E 52
Winterslow Dri. Hav —7B 100
Winters Rd. Shir H —4D 74
Winton Clo. Win —5E 10
Winton Ct. Ptsfld —6D 24
Winton Ct. W End —3C 70
Winton Rd. Ptsfld —5D 24
Winton Rd. Ports —5A 134
Winton St. Sotn —7D 68 (2F 5) (in two parts)
Wisborough Rd. S'sea —6K 145
Wises All. Gos —4D 144
Wises Ct. Gos —4D 144
Wish Pl. S'sea —5K 145
Wisteria Gdns. Hav —2E 120
Witchampton Clo. Hav —1D 120
Witham Clo. Chan F —4D 30
Witherbed La. Fare —2E 112 (in three parts)
Withewood Mans. Sotn —5K 67
Withies Rd. Gos —7G 131
Withington Clo. Ports —5G 117
Witley Rd. Water —6G 79
Wittensford La. Brook —4F 63
Wittering Rd. Hay I —6J 149
Wittering Rd. Sotn —6H 47
Witton Hill. Alr —3F 15
Witt Rd. F Oak —1H 51
Witts Hill. Sotn —3J 69
Woburn Clo. Eastl —4K 31
Woburn Ct. Lee S —4C 142
Woburn Rd. Sotn —6J 47
Wode Clo. Water —1K 79
Wodehouse Rd. Sotn —1H 89
Wolfe Clo. Win —3B 16
Wolseley Rd. Sotn —5K 67
Wolverley Ct. Sotn —1A 68
Wolverton Rd. Hav —1B 120
Wolverton Rd. Sotn —7E 68 (1G 5)
Wolvesey Castle. —1F 17 (4E 150)
Wolvesey Palace. —1F 17 (4E 150)
Wolvesey Pl. Chan F —6D 30
Wolvesey Ter. Win —2G 17 (5F 150)
Wonston Ct. Hav —7E 100
Wonston Rd. Sotn —7J 47
Woodberry La. Row C & Ems —3F 101
Woodbourne Clo. Fare —5A 114
Woodbridge La. E Meo —1H 41
Woodbury Av. Hav —6C 120
Woodbury Av. Ptsfld —4C 24
Woodbury Gro. Water —7G 79
Wood Clo. Sotn —2B 90
Woodcot Cres. Hav —7D 100
Woodcote La. Fare —4D 130
Woodcote La. Uphm —3G 35
Woodcote Rd. Sotn —1F 69
Woodcroft Gdns. Water —7G 79
Woodcroft La. Water —7G 79
Wood End Way. Chan F —4D 30
Wooderson Clo. F Oak —7G 33
Woodfield Av. Ports —5F 119
Woodfield Dri. Win —2A 16
Woodfield Pk. Rd. Ems —5K 121
Woodgason La. Hay I —6F 137
Wood Glade Clo. March —4G 87
Woodgreen Av. Hav —4A 120
Woodgreen Rd. Win —3C 10
Woodgreen Wlk. Cal —3G 65
Woodhall Way. Fare —3B 114
Woodhay Wlk. Hav —7E 100
Woodhouse La. Bot —5J 71
Woodhouse La. Ids —6D 80
Woodhouse La. Row C & Hav —1E 100
Woodhouse Rd. Horn —4C 80
Woodington Clo. Hav —7D 100
Woodington Rd. E Wel —4B 26
Woodland Clo. E Wel —1A 44
Woodland Clo. Sotn —5C 70

190 A-Z Southampton, Portsmouth & Winchester